마스터스 오브 로마
가이드북

일러두기

- 이 책에 실린 〈마스터스 오브 로마〉 시리즈의 주요 인물 가계도와 일부의 지도는 독자의 편의를 위해 교유서가에서 작성한 것이다.

Masters of Rome
마스터스 오브 로마
가이드북
증보판

콜린
매컬로
지음

강선재 · 신봉아
이은주 · 홍정인
옮김

교유서가

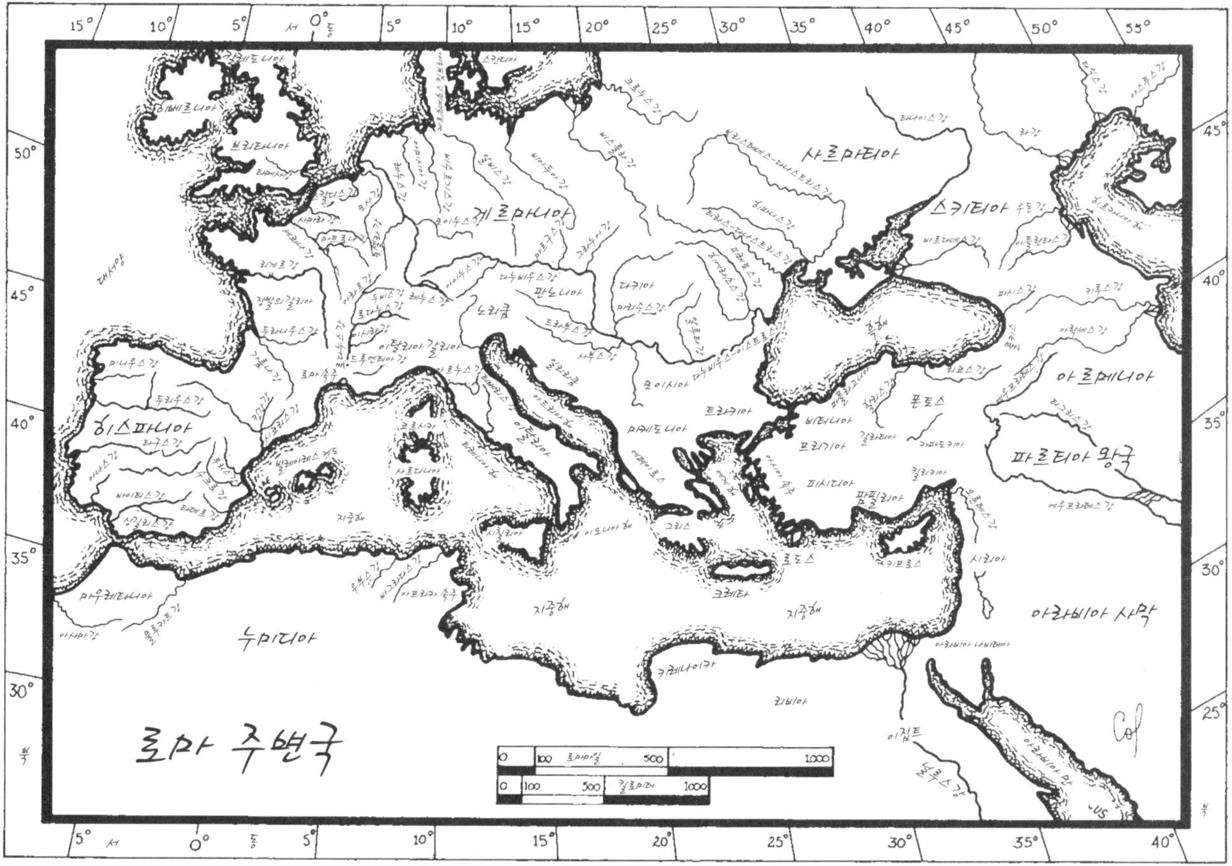

로마 주변국
사르마티아
스키티아
게르마니아
히스파니아
브리타니아
히베르니아
칼레도니아
아르메니아
파르티아 왕국
아라비아 사막
누미디아
마우레타니아
판노니아
노리쿰
다키아
모이시아
마케도니아
트라키아
비티니아
프리기아
피시디아
팜필리아
갈라티아
길리기아
폰토스
시리아
이집트
리비아
키레나이카
이탈리아
이탈리아 갈리아
장발의 갈리아
로마 속주
지중해
흑해
대서양
크레타
로도스
키프로스
그리스
사르디니아
코르시카
아라비아 만

0 100 로마마일 500 1000
0 100 500 킬로미터 1000

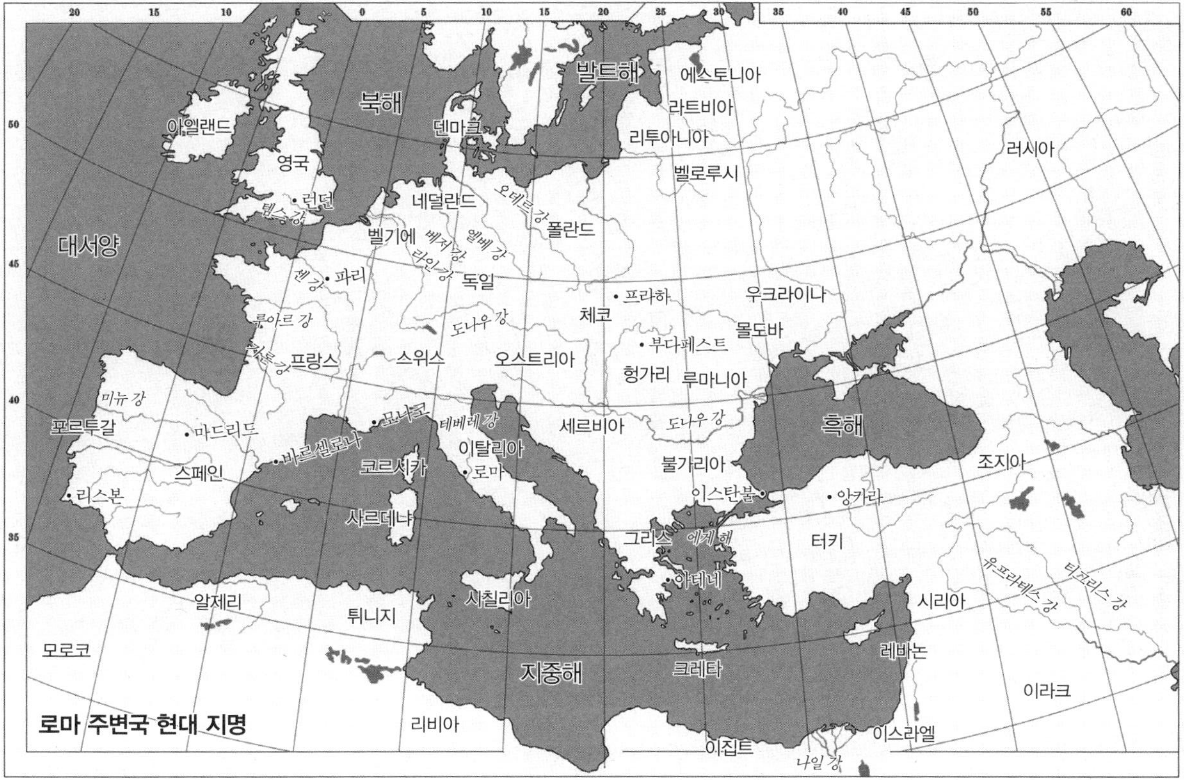

로마 주변국 현대 지명
대서양
북해
발트해
아일랜드
영국
런던
템스 강
덴마크
네덜란드
벨기에
베저 강
엘베 강
라인 강
오데르 강
폴란드
에스토니아
라트비아
리투아니아
벨로루시
러시아
파리
센 강
독일
프라하
체코
우크라이나
루아르 강
도나우 강
몰도바
부다페스트
가론 강
프랑스
스위스
오스트리아
헝가리
루마니아
미뉴 강
포르투갈
마드리드
모나코
테베레 강
세르비아
도나우 강
흑해
바르셀로나
이탈리아
코르시카
로마
스페인
불가리아
조지아
리스본
이스탄불
앙카라
사르데냐
그리스
에게 해
터키
아테네
유프라테스 강
티그리스 강
알제리
시칠리아
시리아
튀니지
모로코
레바논
지중해
크레타
이라크
리비아
이스라엘
이집트
나일 강

MASTERS OF ROMA
GUIDEBOOK

CONTENTS

생활

의식주 및 생활도구 *264*

도시생활 및 직업 *287*

언어 *302*

『로마의 일인자』 이전의 로마사 주요 사건들

(연도는 모두 기원전)

1100년경	트로이아의 망명자 아이네아스가 라티움에 정착하다. 그의 아들 율루스가 알바롱가의 왕이 되다.
753~715	로마의 초대 왕 로물루스가 팔라티누스 시를 세우다.
715~673	2대 왕 누마 폼필리우스가 정원 100명의 원로원과 여러 신관단을 창설하고 1년을 열 달에서 열두 달로 변경하다.
673~642	3대 왕 툴루스 호스틸리우스가 원로원 의사당을 건립하다.
642~617	4대 왕 앙쿠스 마르키우스가 수블리키우스 목교를 만들고 야니쿨룸 언덕을 요새화하고 오스티아의 소금갯벌을 점유하다.
616~578	5대 왕 타르퀴니우스 프리스쿠스가 대경기장을 건립하고 로마 중심부에 하수 설비를 하다. 원로원 정원을 300명으로 확대하고 트리부스 및 계급 제도를 창시하고 인구조사를 시작하다.
578~534	6대 왕 세르비우스 툴리우스가 신성경계선을 창시하고 아게르를 건립하다.
534~510	7대 왕 타르퀴니우스 수페르부스가 유피테르 옵티무스 막시무스 신전을 완성하고 가비 시를 파괴하다.
509	타르퀴니우스 수페르부스가 축출되고 왕정이 폐지되다. 로마 공화정이 시작되다. 브루투스와 발레리우스가 (집정관이 아니라 법무관으로 불린) 첫 수석 정무관을 역임하다.
508	제사장의 권한을 능가하는 최고신관 직이 신설되다.
500	티투스 라르키우스가 최초의 독재관이 되다.
494	평민회가 처음으로 철수 투쟁하다. 각각 두 명으로 구성되는 호민관 및 조영관 직이 신설되다.
471	평민회가 두번째로 철수 투쟁하다. 트리부스를 기준으로 평민회가 창설되다.
459	호민관 정원이 두 명에서 열 명으로 늘어나다.
456	평민회가 세번째로 철수 투쟁하다. 평민들이 토지를 받다.
451	10인 법전 제정관단이 로마 12표법을 집대성하다.
449	평민회가 네번째로 철수 투쟁하다. 발레리우스 · 호라티우스법이 호민관들의 신성불가침권을 규정하다.
447	트리부스 인민회가 창설되다. 정원 두 명의 재무관 직이 신설되다.
445	카눌레이우스법이 제정되어 집정관급 권한을 보유한 군관들이

집정관들을 대신하게 되고 파트리키와 평민의 결혼이 가능하게 되다.

443 감찰관들이 최초로 선출되다.

439 로마의 왕이 되려고 한 마일리우스가 세르빌리우스 아할라에게 살해되다.

421 재무관 정원이 네 명으로 늘고 재무관 직이 평민들에게도 열리다.

396 로마군에 유급제가 도입되다(군인의 봉급은 독재관 카이사르가 두 배로 인상할 때까지 동결 상태였다).

390 갈리아인들이 로마를 약탈하다. 카피톨리누스 언덕은 거위들의 경고로 무사히 지켜지다.

367 집정관 직이 부활하다. 정원 두 명의 고등 조영관 직이 신설되다.

366 최초의 평민 출신 집정관이 당선되다. 수도 담당 법무관 직이 신설되다.

356 최초의 평민 출신 독재관이 탄생하다. 평민도 감찰관이 될 수 있게 되다.

351 최초의 평민 출신 감찰관이 당선되다.

343~341 제1차 삼니움 전쟁이 발발하다. 로마가 화의를 맺다.

342 채무 구제, 10년 내 동일 관직 재선 불가 및 두 집정관 모두 평민 출신이 될 수 있다는 내용의 게누키우스법이 통과되다.

339 감찰관 한 명은 반드시 평민이어야 하고, 백인조회에서 통과된 모든 법은 원로원의 재가를 받아야 하며, 평민회 결의에 일부 법적 효력을 부여함을 골자로 한 푸블릴리우스법이 통과되다.

337 최초로 평민 출신인 수도 담당 법무관이 당선되다.

326~304 제2차 삼니움 전쟁이 벌어지다(카우디움 협곡 전투 패배, 멍에 사건).

300 평민의 신관단 입단을 허용하는 오굴니우스법이 통과되다.

298~290 제3차 삼니움 전쟁이 벌어지다. 이번에는 로마가 우위를 차지하다.

289 화폐 주조소 및 3인 조폐위원단이 신설되다.

287 호르텐시우스법 통과로 평민회 결의가 완전한 법적 구속력을 갖게 되다.

267 재무관 직 정원이 여섯 명에서 여덟 명으로 확대되다.

264　로마에서 처음으로 검투사들이 싸우다(경기장에서가 아니었다!).

264~241　(카르타고와) 제1차 포에니 전쟁을 치르다. 화의 결과 로마가 시칠리아, 사르디니아, 코르시카를 첫 속주로 얻게 되다.

253　최초의 평민 출신 최고신관이 선출되다.

242　외인 담당 법무관 직 신설로 법무관 정원이 두 명이 되다.

241　백인조회 개혁 결과 1계급의 영향력이 다소 약화되다. 마지막 트리부스 두 개가 신설되어 트리부스 수가 총 서른다섯 개가 되다.

227　법무관 수가 두 명에서 네 명으로, 재무관 수는 여섯 명에서 열 명으로 늘어나다.

218~201　제2차 포에니 전쟁이 벌어지다. 한니발이 카르타고군을 지휘하다.

210~206　스키피오 아프리카누스가 히스파니아에서 승전하다.

202　최후의 전통적인 독재관이 단기간 재임하다.

197　두 히스파니아가 속주가 되다. 법무관 수가 여섯, 재무관 수가 열둘이 되다.

180　고등 정무관 직에 빌리우스 정무직 연령법이 적용되다.

171　첫 반역 법정이 임시로 설치되다.

169　보코니우스법에 의해 유언장을 통한 여성의 유산 상속이 대부분 금지되다. 원로원과 기사계급 간의 다툼이 발생하다(감찰관들이 전임 감찰관에게서 계약을 따낸 회사들로부터 입찰을 받지 않으려 하여 엄청난 수익이 발생하다. 감찰관들은 기사계급에 의해 대반역죄 유죄판결을 받을 뻔하다).

149　아티니우스법에 따라 호민관은 자동적으로 원로원 의원이 되다. 칼푸르니우스법에 따라 부당취득 상설 법정이 설치되다.

149~146　제3차 포에니 전쟁이 벌어지다. 아프리카가 로마의 속주가 되다.

147　마케도니아가 로마 속주로 합병되다.

144　법무관 퀸투스 마르키우스 렉스가 로마의 첫 수도교를 건설하다.

139　가비니우스법에 따라 모든 선거에 비밀투표가 도입되다.

137 카시우스법에 따라 법정 배심원단에 비밀투표가 도입되다.

133 티베리우스 그라쿠스가 호민관에 당선되다. 티베리우스 그라쿠스가 살해되다.

123 가이우스 그라쿠스가 호민관에 당선되다.

122 가이우스 그라쿠스가 호민관에 재선되다.

121 원로원이 가이우스 그라쿠스를 처리하기 위해 사상 최초로 최종 결의를 통과시키다. 가이우스 그라쿠스가 자살하고 그의 추종자들이 처형되다.

120 게르만계 킴브리족과 테우토네스족의 영토가 범람되어 민족 대이동이 시작되다.

119 호민관 가이우스 마리우스가 투표소 통로의 폭을 좁히는 마리우스법을 통과시키다(그 결과 뇌물 수수가 어려워지다).

115 젊은 미트리다테스가 권력 장악 후 폰토스의 왕이 되다.

113 게르만계 킴브리족이 노리쿰에서 파피리우스 카르보를 이기다.

112 로마가 누미디아의 유구르타에게 전쟁을 선포하다.

111 로마가 유구르타와 평화협정을 체결하다.

110 아울루스 포스투미우스 알비누스가 승인 없이 누미디아를 공격하다. 유구르타를 상대로 전쟁이 시작되다.

4. 카이피오

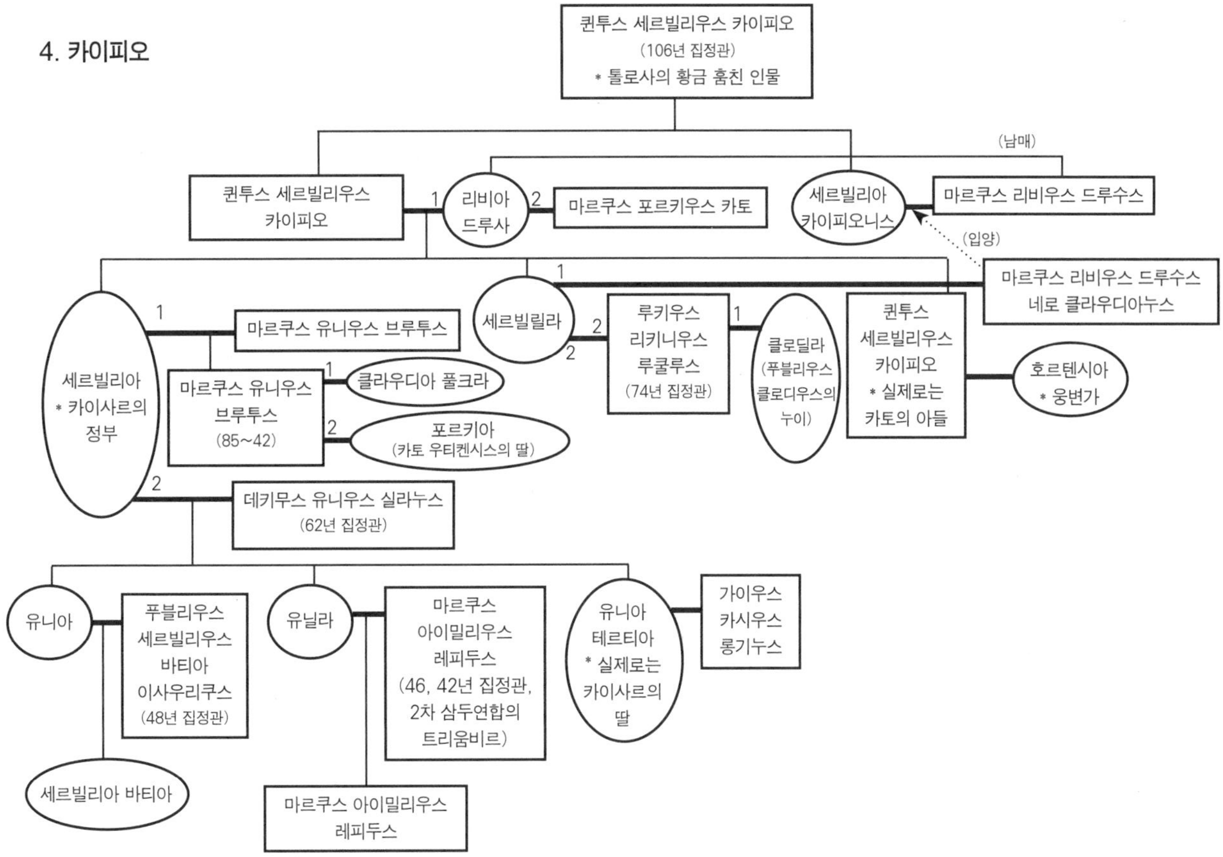
퀸투스 세르빌리우스 카이피오
(106년 집정관)
* 톨로사의 황금 훔친 인물
(남매)
퀸투스 세르빌리우스 카이피오
1
리비아 드루사
2
마르쿠스 포르키우스 카토
세르빌리아 카이피오니스
마르쿠스 리비우스 드루수스
(입양)
1
마르쿠스 리비우스 드루수스 네로 클라우디아누스
세르빌리아
* 카이사르의 정부
1
마르쿠스 유니우스 브루투스
마르쿠스 유니우스 브루투스
(85~42)
1
클라우디아 풀크라
2
포르키아
(카토 우티켄시스의 딸)
2
데키무스 유니우스 실라누스
(62년 집정관)
세르빌릴라
2
2
루키우스 리키니우스 루쿨루스
(74년 집정관)
1
클로딜라
(푸블리우스 클로디우스의 누이)
퀸투스 세르빌리우스 카이피오
* 실제로는 카토의 아들
호르텐시아
* 웅변가
유니아
푸블리우스 세르빌리우스 바티아 이사우리쿠스
(48년 집정관)
세르빌리아 바티아
유닐라
마르쿠스 아이밀리우스 레피두스
(46, 42년 집정관, 2차 삼두연합의 트리움비르)
마르쿠스 아이밀리우스 레피두스
유니아 테르티아
* 실제로는 카이사르의 딸
가이우스 카시우스 롱기누스

5. 드루수스

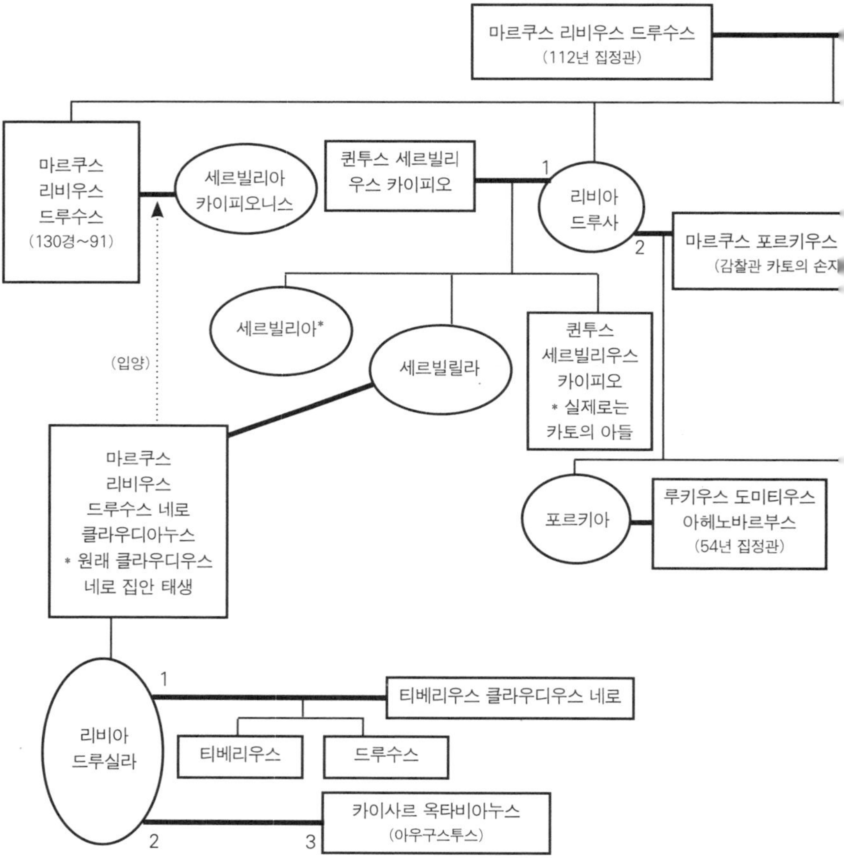

마르쿠스 리비우스 드루수스
(112년 집정관)
마르쿠스 리비우스 드루수스
(130경~91)
세르빌리아 카이피오니스
퀸투스 세르빌리우스 카이피오
1
리비아 드루사
2
마르쿠스 포르키우스
(감찰관 카토의 손자
세르빌리아*
세르빌릴라
퀸투스 세르빌리우스 카이피오
* 실제로는 카토의 아들
(입양)
마르쿠스 리비우스 드루수스 네로 클라우디아누스
* 원래 클라우디우스 네로 집안 태생
포르키아
루키우스 도미티우스 아헤노바르부스
(54년 집정관)
리비아 드루실라
1
티베리우스 클라우디우스 네로
티베리우스
드루수스
2
3
카이사르 옥타비아누스
(아우구스투스)

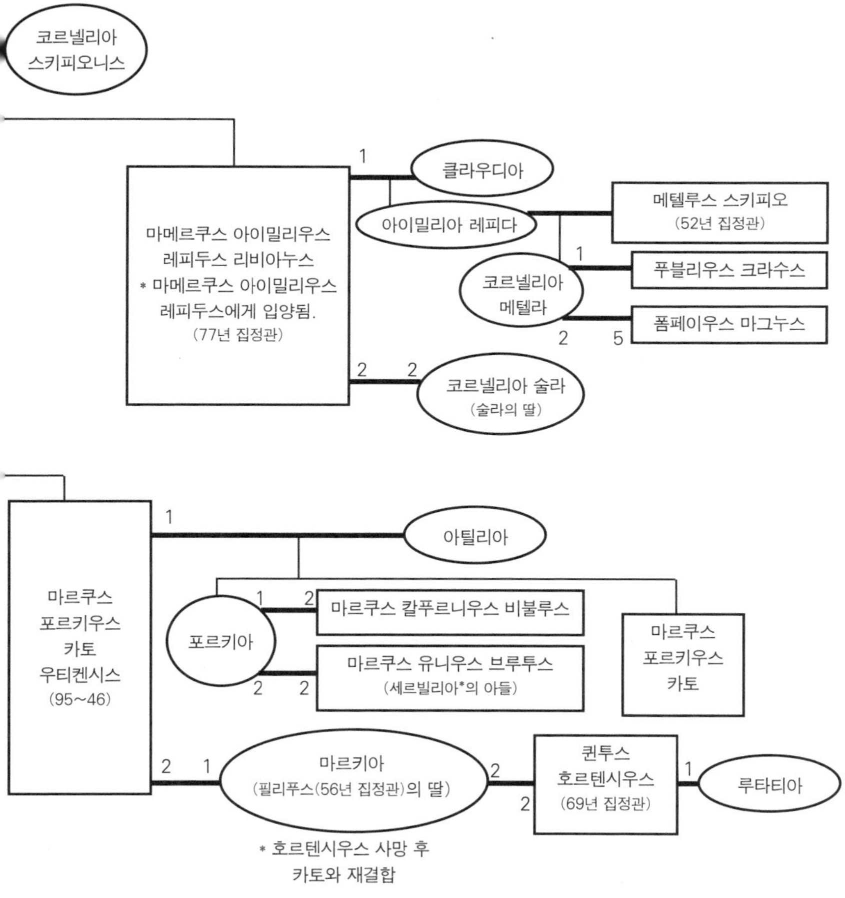

코르넬리아
스키피오니스
마메르쿠스 아이밀리우스
레피두스 리비아누스
* 마메르쿠스 아이밀리우스
레피두스에게 입양됨.
(77년 집정관)
1
클라우디아
아이밀리아 레피다
메텔루스 스키피오
(52년 집정관)
1
코르넬리아
메텔라
푸블리우스 크라수스
2
5
폼페이우스 마그누스
2
2
코르넬리아 술라
(술라의 딸)
마르쿠스
포르키우스
카토
우티켄시스
(95~46)
1
아틸리아
포르키아
1
2
마르쿠스 칼푸르니우스 비불루스
2
2
마르쿠스 유니우스 브루투스
(세르빌리아*의 아들)
마르쿠스
포르키우스
카토
2
1
마르키아
(필리푸스(56년 집정관)의 딸)
* 호르텐시우스 사망 후
카토와 재결합
2
2
퀸투스
호르텐시우스
(69년 집정관)
1
루타티아

6. 아우렐리우스 코타

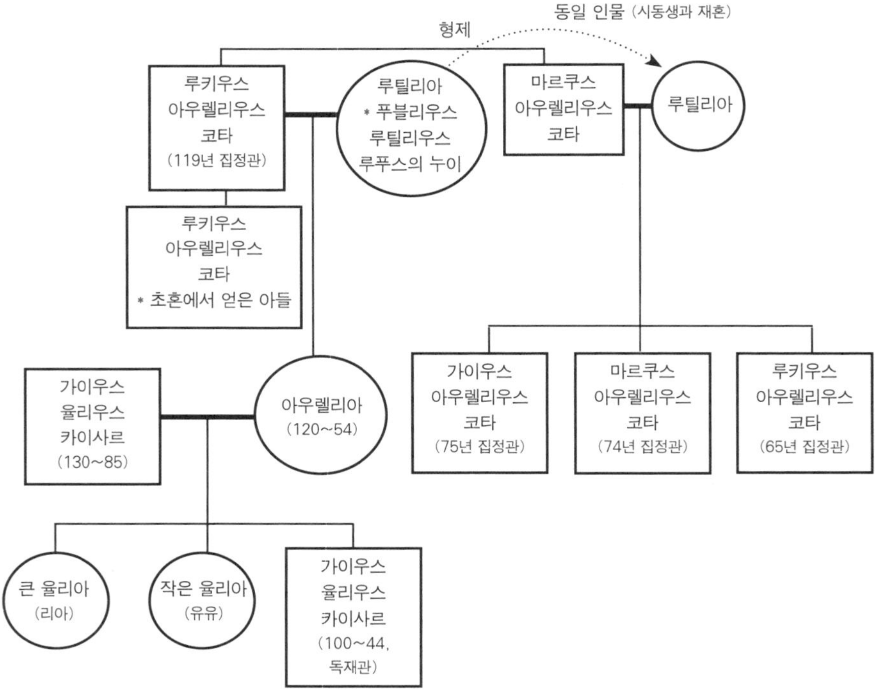
동일 인물 (시동생과 재혼)
형제
루키우스 아우렐리우스 코타 (119년 집정관)
루틸리아 * 푸블리우스 루틸리우스 루푸스의 누이
마르쿠스 아우렐리우스 코타
루틸리아
루키우스 아우렐리우스 코타 * 초혼에서 얻은 아들
가이우스 율리우스 카이사르 (130~85)
아우렐리아 (120~54)
가이우스 아우렐리우스 코타 (75년 집정관)
마르쿠스 아우렐리우스 코타 (74년 집정관)
루키우스 아우렐리우스 코타 (65년 집정관)
큰 율리아 (리아)
작은 율리아 (유유)
가이우스 율리우스 카이사르 (100~44, 독재관)

7. 키케로

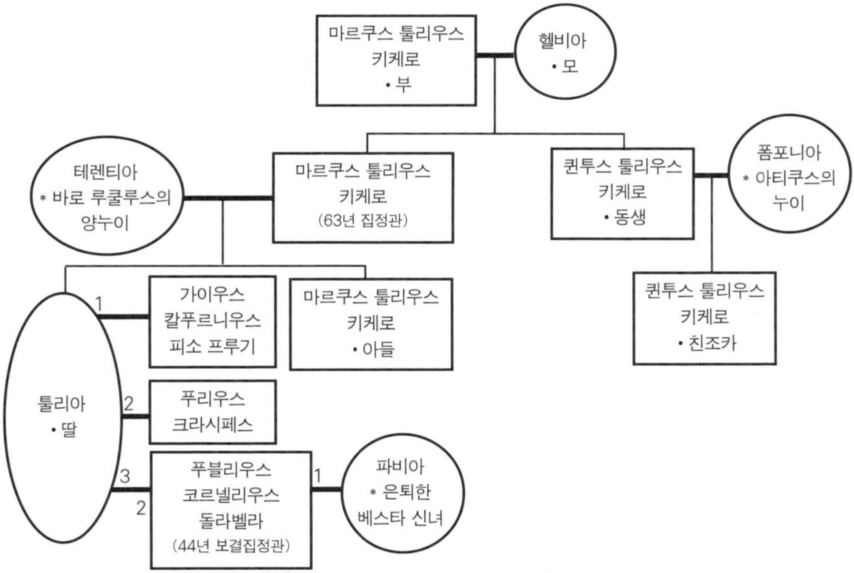
마르쿠스 툴리우스 키케로
• 부
헬비아
• 모
테렌티아
* 바로 루쿨루스의 양누이
마르쿠스 툴리우스 키케로
(63년 집정관)
퀸투스 툴리우스 키케로
• 동생
폼포니아
* 아티쿠스의 누이
퀸투스 툴리우스 키케로
• 친조카
툴리아
• 딸
1
가이우스 칼푸르니우스 피소 프루기
마르쿠스 툴리우스 키케로
• 아들
2
푸리우스 크라시페스
3
2
푸블리우스 코르넬리우스 돌라벨라
(44년 보결집정관)
1
파비아
* 은퇴한 베스타 신녀

8. 메텔루스 1

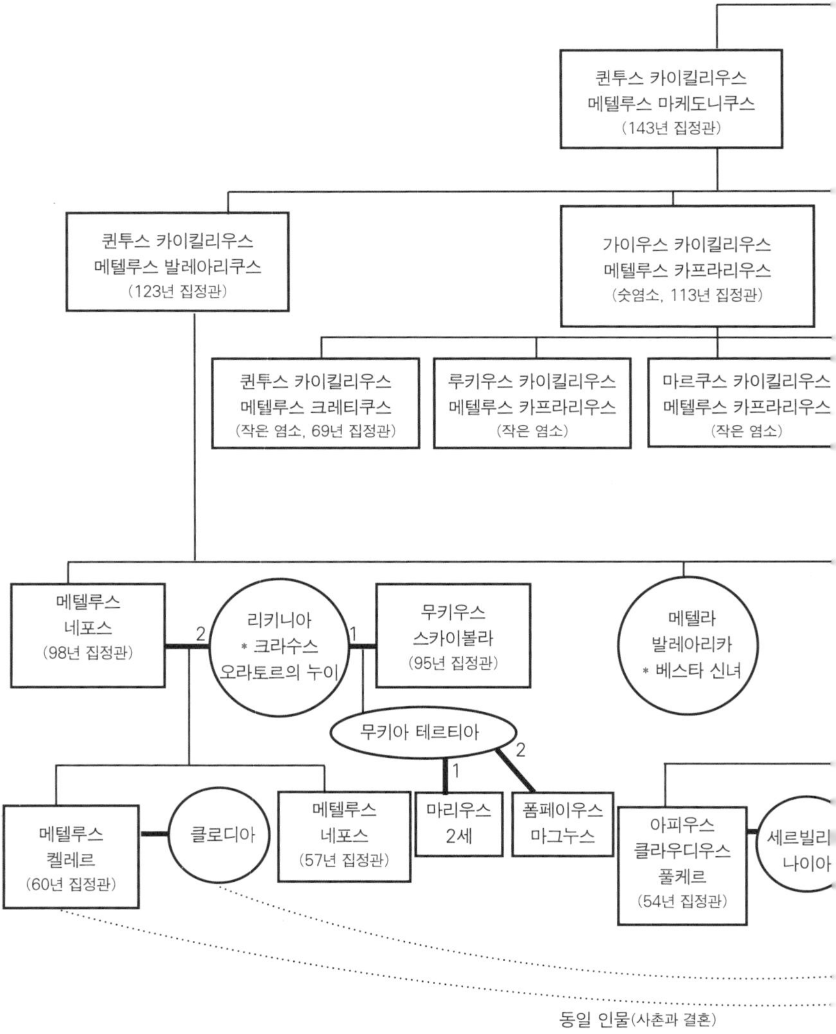

퀸투스 카이킬리우스
메텔루스 마케도니쿠스
(143년 집정관)
퀸투스 카이킬리우스
메텔루스 발레아리쿠스
(123년 집정관)
가이우스 카이킬리우스
메텔루스 카프라리우스
(숫염소, 113년 집정관)
퀸투스 카이킬리우스
메텔루스 크레티쿠스
(작은 염소, 69년 집정관)
루키우스 카이킬리우스
메텔루스 카프라리우스
(작은 염소)
마르쿠스 카이킬리우스
메텔루스 카프라리우스
(작은 염소)
메텔루스
네포스
(98년 집정관)
2
리키니아
* 크라수스
오라토르의 누이
1
무키우스
스카이볼라
(95년 집정관)
메텔라
발레아리카
* 베스타 신녀
무키아 테르티아
1
2
메텔루스
켈레르
(60년 집정관)
클로디아
메텔루스
네포스
(57년 집정관)
마리우스
2세
폼페이우스
마그누스
아피우스
클라우디우스
풀케르
(54년 집정관)
세르빌리
나이아
동일 인물(사촌과 결혼)

(형제)

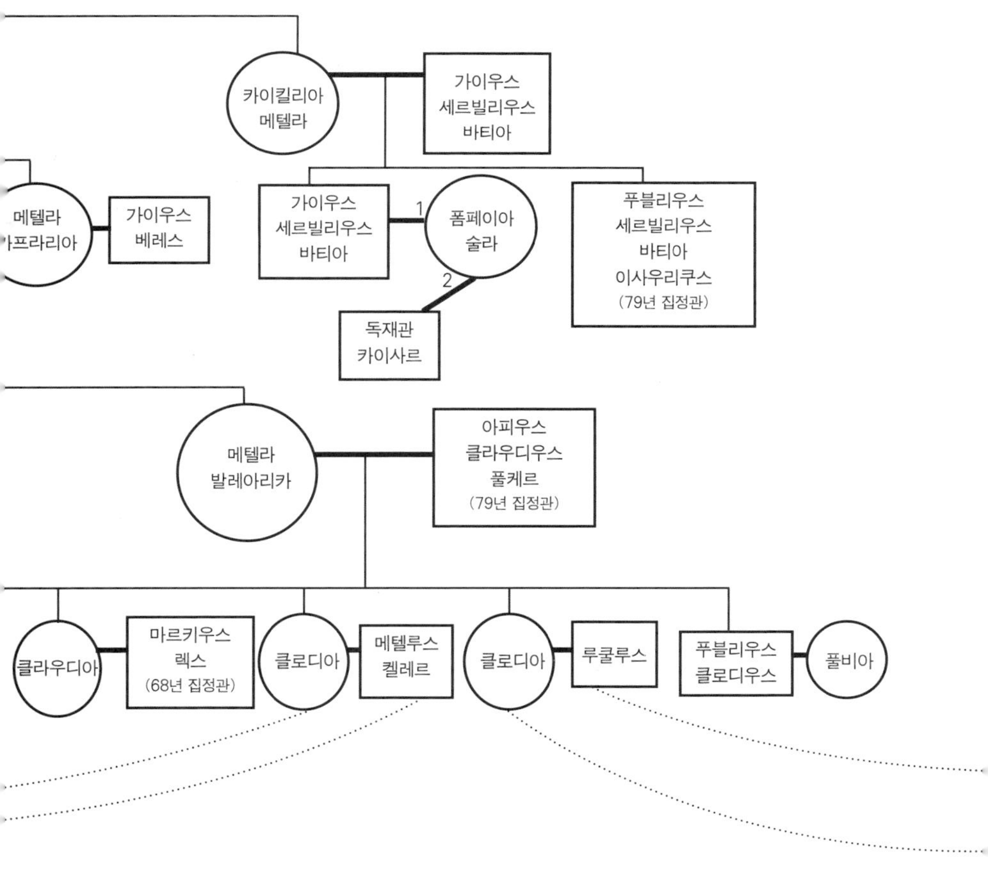

카이킬리아 메텔라
가이우스 세르빌리우스 바티아
메텔라 카프라리아
가이우스 베레스
가이우스 세르빌리우스 바티아
1
폼페이아 술라
2
독재관 카이사르
푸블리우스 세르빌리우스 바티아 이사우리쿠스 (79년 집정관)
메텔라 발레아리카
아피우스 클라우디우스 풀케르 (79년 집정관)
클라우디아
마르키우스 렉스 (68년 집정관)
클로디아
메텔루스 켈레르
클로디아
루쿨루스
푸블리우스 클로디우스
풀비아

9. 메텔루스 2

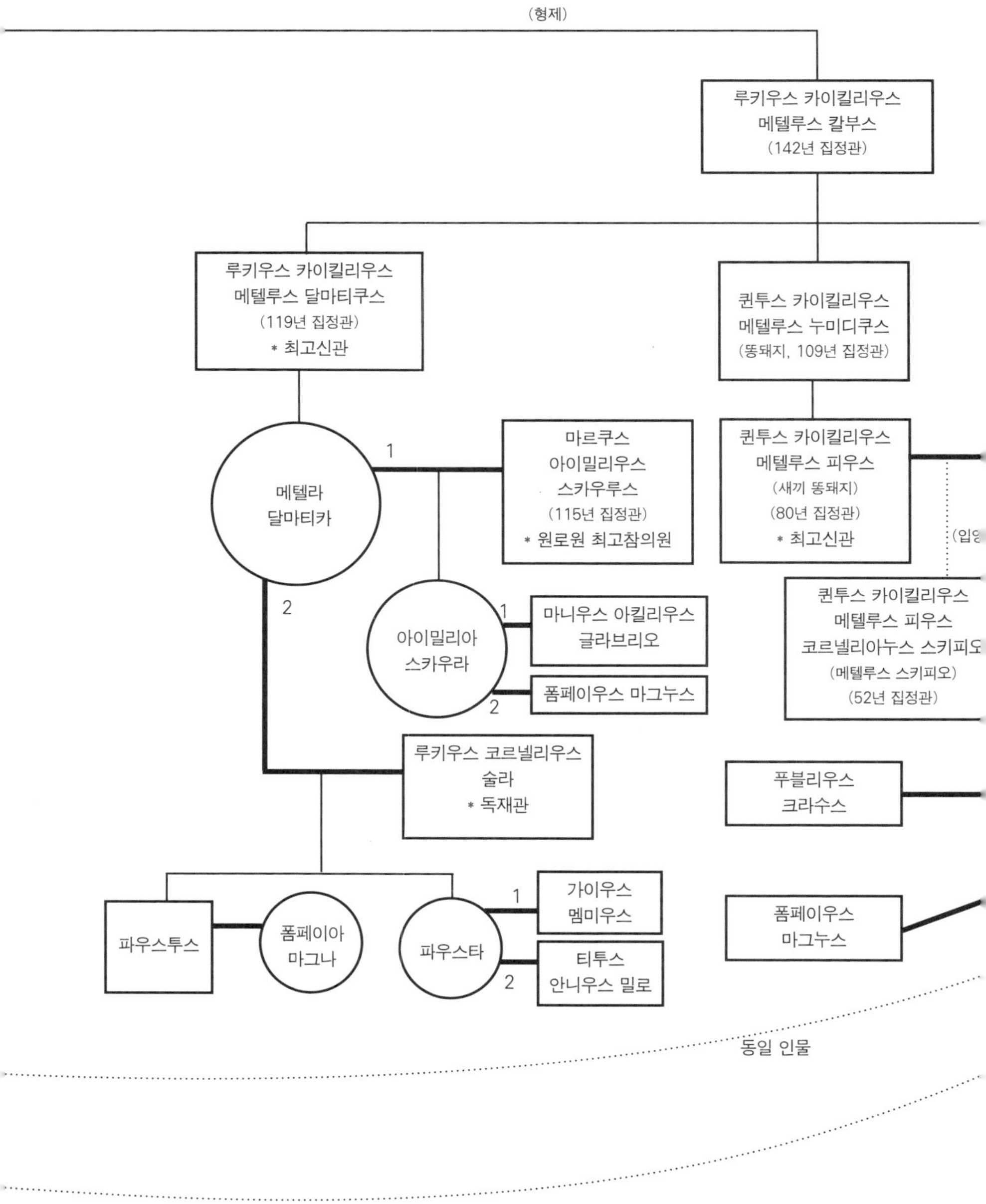

(형제)
루키우스 카이킬리우스 메텔루스 칼부스 (142년 집정관)
루키우스 카이킬리우스 메텔루스 달마티쿠스 (119년 집정관) * 최고신관
퀸투스 카이킬리우스 메텔루스 누미디쿠스 (똥돼지, 109년 집정관)
메텔라 달마티카
1
마르쿠스 아이밀리우스 스카우루스 (115년 집정관) * 원로원 최고참의원
퀸투스 카이킬리우스 메텔루스 피우스 (새끼 똥돼지) (80년 집정관) * 최고신관
2
아이밀리아 스카우라
1
마니우스 아킬리우스 글라브리오
2
폼페이우스 마그누스
퀸투스 카이킬리우스 메텔루스 피우스 코르넬리아누스 스키피오 (메텔루스 스키피오) (52년 집정관)
루키우스 코르넬리우스 술라 * 독재관
푸블리우스 크라수스
파우스투스
폼페이아 마그나
파우스타
1
가이우스 멤미우스
2
티투스 안니우스 밀로
폼페이우스 마그누스
동일 인물

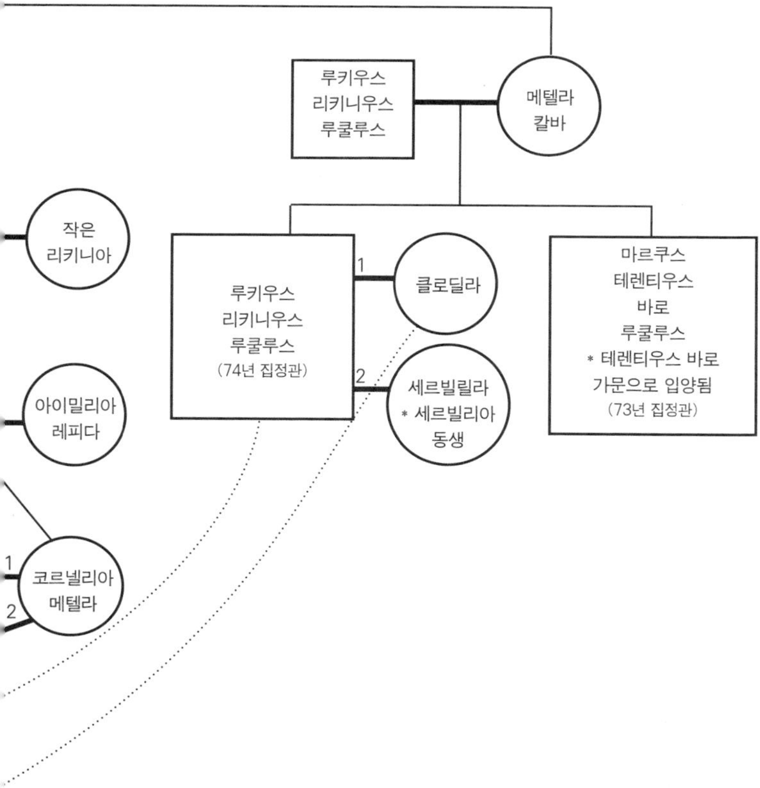
루키우스
리키니우스
루쿨루스
메텔라
칼바
작은
리키니아
루키우스
리키니우스
루쿨루스
(74년 집정관)
1
클로딜라
2
세르빌릴라
* 세르빌리아
동생
마르쿠스
테렌티우스
바로
루쿨루스
* 테렌티우스 바로
가문으로 입양됨
(73년 집정관)
아이밀리아
레피다
1
코르넬리아
메텔라
2

10. 크라수스

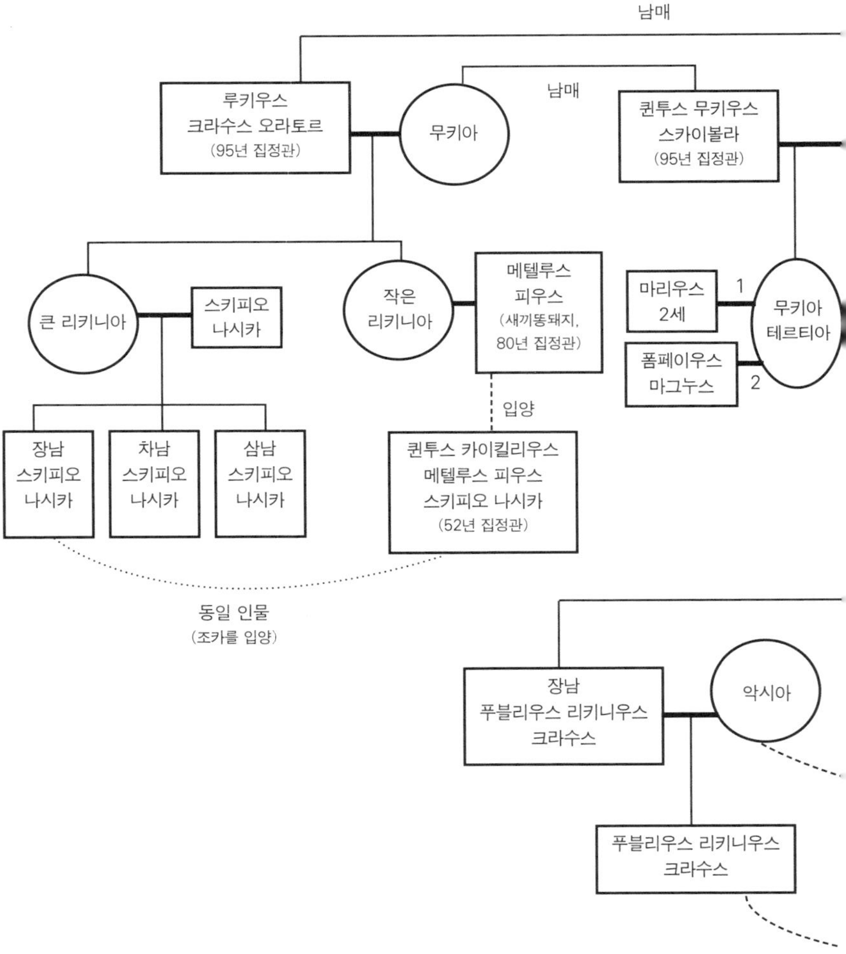
남매
루키우스
크라수스 오라토르
(95년 집정관)
무키아
남매
퀸투스 무키우스
스카이볼라
(95년 집정관)
큰 리키니아
스키피오
나시카
작은
리키니아
메텔루스
피우스
(새끼똥돼지,
80년 집정관)
마리우스
2세
1
무키아
테르티아
폼페이우스
마그누스
2
입양
장남
스키피오
나시카
차남
스키피오
나시카
삼남
스키피오
나시카
퀸투스 카이킬리우스
메텔루스 피우스
스키피오 나시카
(52년 집정관)
동일 인물
(조카를 입양)
장남
푸블리우스 리키니우스
크라수스
악시아
푸블리우스 리키니우스
크라수스

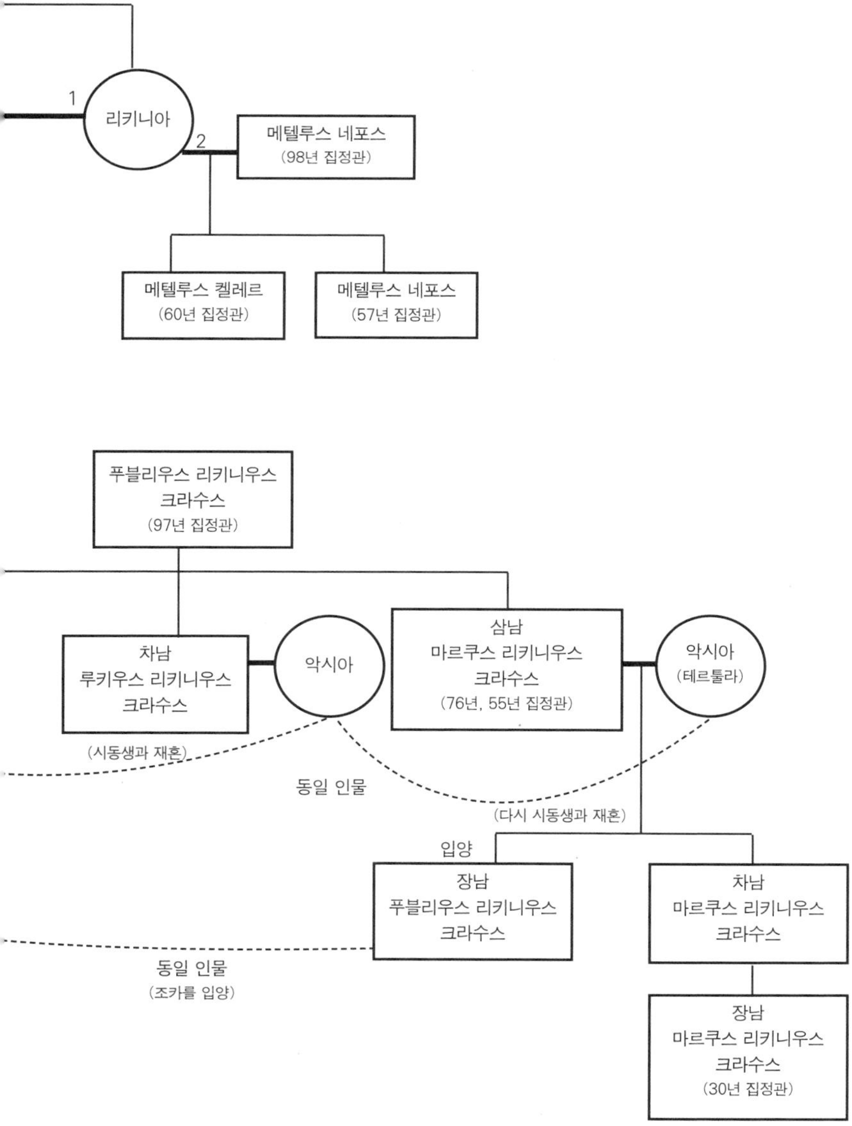
1
리키니아
2
메텔루스 네포스
(98년 집정관)
메텔루스 켈레르
(60년 집정관)
메텔루스 네포스
(57년 집정관)
푸블리우스 리키니우스
크라수스
(97년 집정관)
차남
루키우스 리키니우스
크라수스
악시아
삼남
마르쿠스 리키니우스
크라수스
(76년, 55년 집정관)
악시아
(테르툴라)
(시동생과 재혼)
동일 인물
(다시 시동생과 재혼)
입양
장남
푸블리우스 리키니우스
크라수스
차남
마르쿠스 리키니우스
크라수스
동일 인물
(조카를 입양)
장남
마르쿠스 리키니우스
크라수스
(30년 집정관)

11. 풀비아

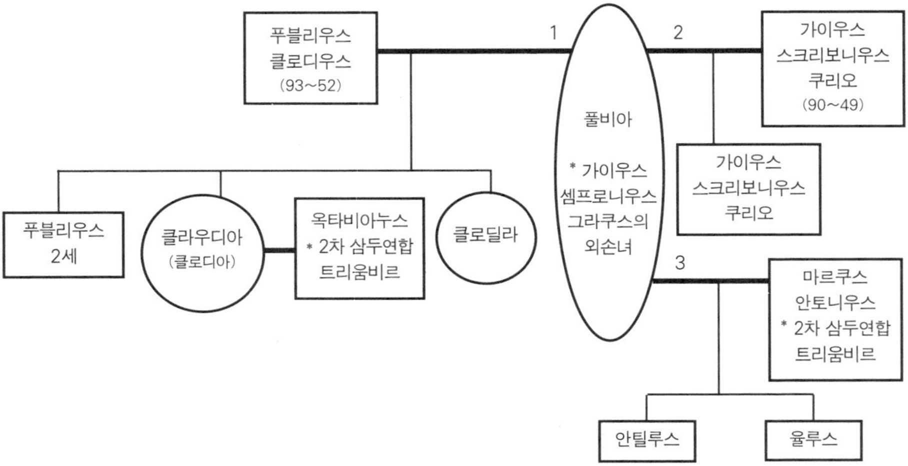
푸블리우스
클로디우스
(93~52)
1
풀비아
* 가이우스
셈프로니우스
그라쿠스의
외손녀
2
가이우스
스크리보니우스
쿠리오
(90~49)
가이우스
스크리보니우스
쿠리오
3
마르쿠스
안토니우스
* 2차 삼두연합
트리움비르
안틸루스
율루스
푸블리우스
2세
클라우디아
(클로디아)
옥타비아누스
* 2차 삼두연합
트리움비르
클로딜라

주요 인물 초상화

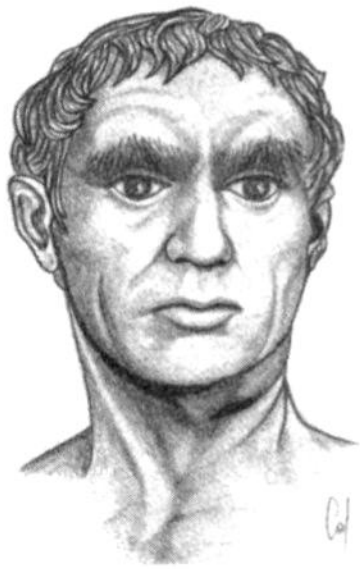

가이우스 마리우스

퀸투스 루타티우스 카툴루스 카이사르

루키우스 코르넬리우스 술라

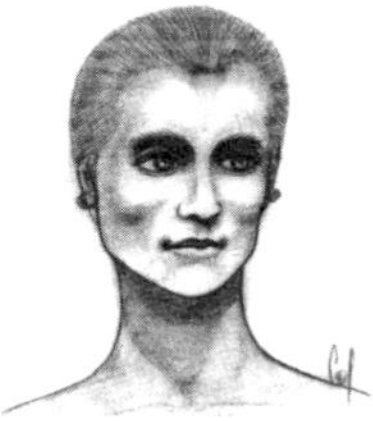

아우렐리아

가이우스 율리우스 카이사르

퀸투스 세르토리우스

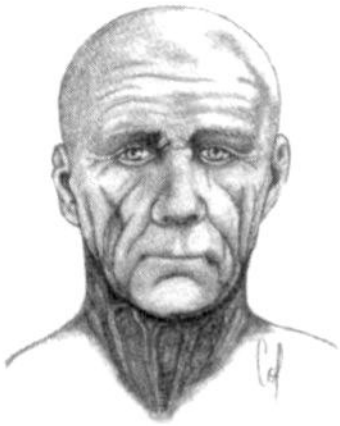

마르쿠스 아이밀리우스 스카우루스

마르쿠스 리비우스 드루수스

미트리다테스 6세 에우파토르

리비아 드루사

루키우스 코르넬리우스 킨나

마르쿠스 포르키우스 카토

가이우스 율리우스 카이사르 옥타비아누스

마르쿠스 칼푸르니우스 비불루스

마르쿠스 빕사니우스 아그리파

마르쿠스 툴리우스 키케로

세르빌리아

루키우스 리키니우스 루쿨루스

마르쿠스 유니우스 브루투스

폼페이아 술라

가이우스 스크리보니우스 쿠리오

풀비아

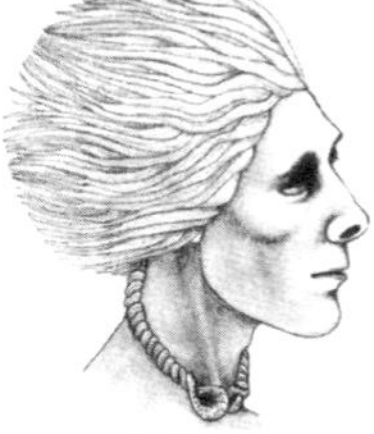
베르킹게토릭스

티투스 라비에누스

포르키아

율리아

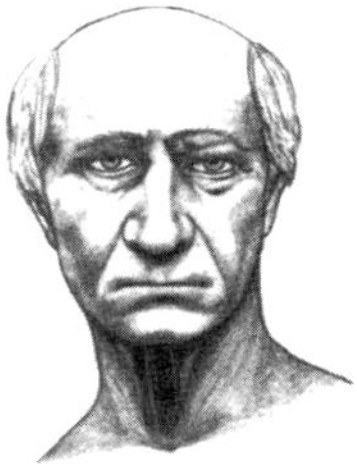

퀸투스 루타티우스 카툴루스

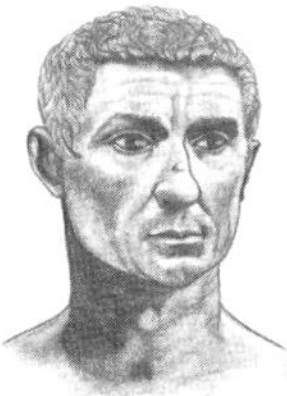

마르쿠스 아이밀리우스 레피두스

마르쿠스 리키니우스 크라수스

클레오파트라

마르쿠스 안토니우스

나이우스 폼페이우스 마그누스

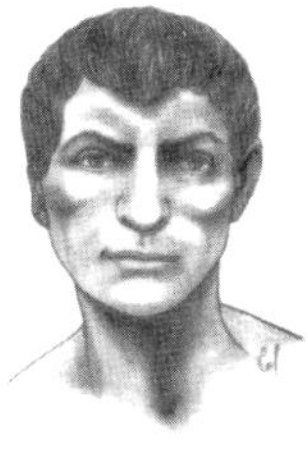

푸블리우스 클로디우스

루키우스 도미티우스 아헤노바르부스

퀸투스 툴리우스 키케로

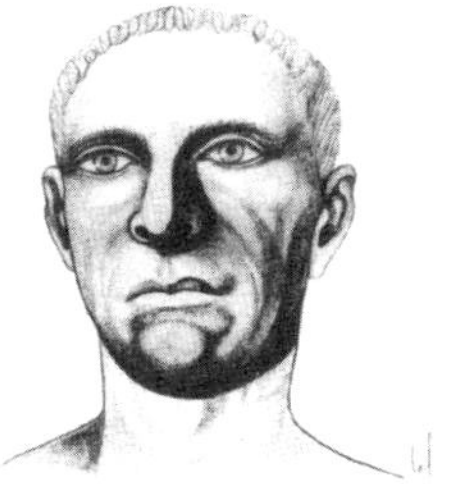

퀸투스 카이킬리우스 메텔루스 피우스 스키피오 나시카
(메텔루스 스키피오)

ROMA URBS
circa 30 B.C.
N
FLUMEN TIBERIS
MARKET GARDENS
VIA FLAMINIA
VIA RECTA
CAMPUS MARTIUS
MEDICINAL SPRINGS
TARENTUM
MILITARY USES
GAMES, SPORTS, SWIMMING
TRIGARIUM
STABULA
HORSE EXERCISES
CAMPUS VATICANUS
VIA LATA
SAEPTA
VILLA PUBLICA
VICUS PALLACINAE
VICUS STABULARIUS
VICUS AESCULETI
CIRCUS FLAMINIUS
ARX
ASYLUM
VICUS TRIUMPHALIS
CAPITOL
INSULA
PONS
FABRICIUS
CESTIUS
VIA AURELIA
FORUM HOLITORIUM
VELABRUM
PONS AEMILIUS
SUBLICIUS (WOODEN BRIDGE)
FORUM BOARIUM
TRANSTIBERIM
WAREHOUSES MIXED WITH LIVING QUARTERS OF SAILORS, BARGEES, OARSMEN, PORT & GOODS HANDLERS, CLERKS, ETC.
WAREHOUSES & WHARVES
WHARVES
GRANARIES
CLIVUS PUBLICIUS
CIRCUS MAXIMUS
VICUS PORTAE TRIGEMINAE
EMPORIUM
WAREHOUSES
PORTICUS AEMILIA
VICUS ARMILUSTRI
MONS AVENTINUS
AQUA APPIA
AQUA MARCIA
VICUS PISCINAE
VICUS A LUCO FURRINAE
HORTI CAESARIS
PORT OF ROME
WHARVES, EMPORIA, WAREHOUSES, ETC.
MONS TESTACEUS (REFUSE DUMP OF PORT OF ROME)
VIA CAMPANA
VIA OSTIENSIS
VICUS PORTAE RAUDUSCULANAE
CAMPUS LANATARIUS
MURUS SERVII TULLI
DIVERTICULUM A VIA OSTIENSIS IN ARDEATINAM
DIVERTICULUM
PACES
(ONE ROMAN MILE)
METRES

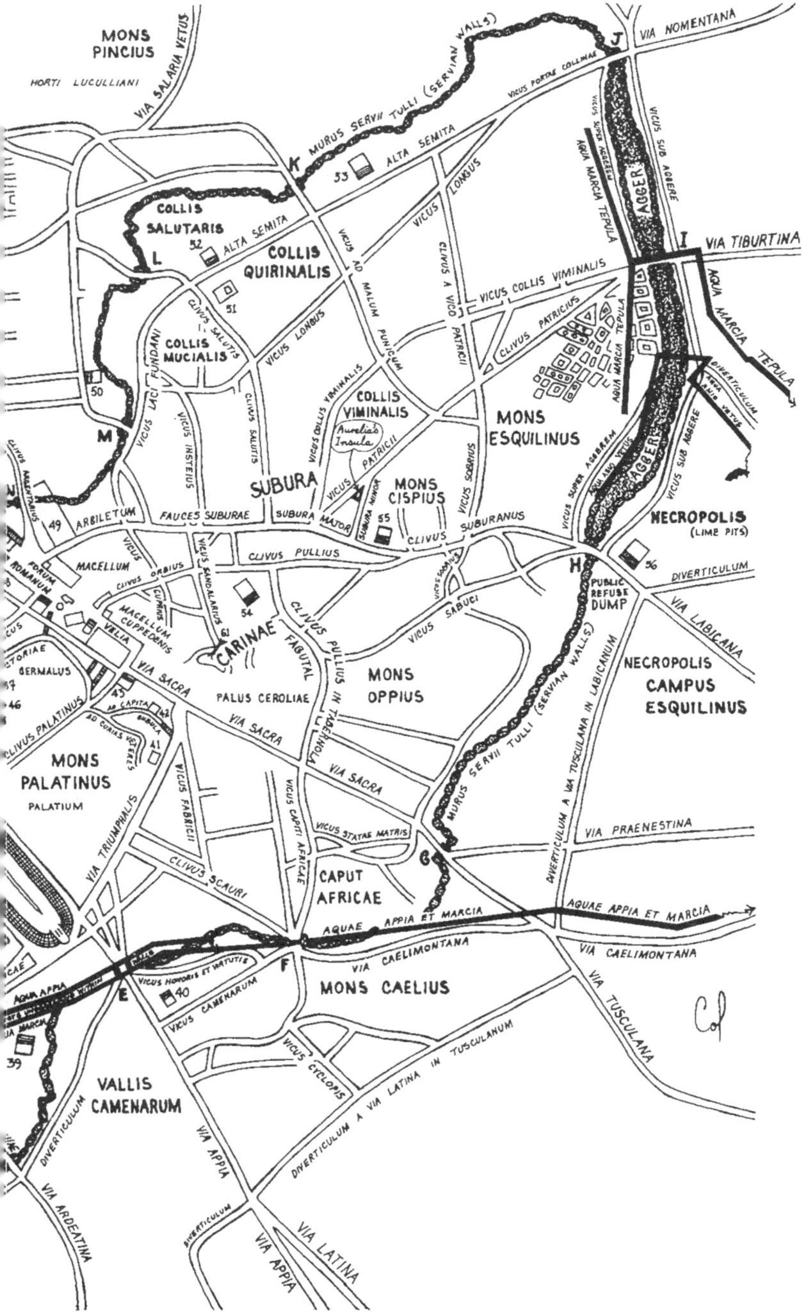

MONS PINCIUS
HORTI LUCULLIANI
VIA SALARIA VETUS
MURUS SERVII TULLI (SERVIAN WALLS)
VIA NOMENTANA
VICUS PORTAE COLLINAE
ALTA SEMITA
VICUS LONGUS
AGGER
VICUS SUPER AGGEREM
VICUS SUB AGGERE
AQUA MARCIA TEPULA
VIA TIBURTINA
COLLIS SALUTARIS
ALTA SEMITA
COLLIS QUIRINALIS
VICUS AD MALUM PUNICUM
CLIVUS A VICO PATRICII
VICUS COLLIS VIMINALIS
CLIVUS PATRICIUS
CLIVUS SALUTIS
COLLIS MUCIALIS
VICUS LONGUS
VICUS LACI FUNDANI
DIVERTICULUM
AQUA ANIO VETUS
VICUS COLLIS VIMINALIS
COLLIS VIMINALIS
Aurelia's Insula
MONS ESQUILINUS
VICUS INSTEIUS
CLIVUS SALUTIS
VICUS PATRICII
SUBURA
MONS CISPIUS
VICUS SOBRIUS
SUBURA MINOR
CLIVUS MARTIS
ARBILETUM
FAUCES SUBURAE
SUBURA MAJOR
CLIVUS SUBURANUS
NECROPOLIS (LIME PITS)
FORUM ROMANUM
MACELLUM
CLIVUS PULLIUS
CLIVUS ORBIUS
VICUS SANDALARIUS
PUBLIC REFUSE DUMP
DIVERTICULUM
VIA LABICANA
MACELLUM CUPPEDENIS
VELIA
CARINAE
CLIVUS PULLIUS
VICUS SABUCI
FAGUTAL
MONS OPPIUS
NECROPOLIS CAMPUS ESQUILINUS
GERMALUS
VIA SACRA
PALUS CEROLIAE
CLIVUS PALATINUS
AD CAPITA BUBULA
AD CURIAS VETERES
CLIVUS PULLIUS IN TABERNOLA
MURUS SERVII TULLI (SERVIAN WALLS)
DIVERTICULUM A VIA TUSCULANA IN LABICANUM
VIA SACRA
MONS PALATINUS
PALATIUM
VICUS FABRICII
VIA SACRA
VIA TRIUMPHALIS
VICUS CAPITI AFRICAE
VICUS STATAE MATRIS
VIA PRAENESTINA
CLIVUS SCAURI
CAPUT AFRICAE
AQUAE APPIA ET MARCIA
AQUAE APPIA ET MARCIA
VIA CAELIMONTANA
VIA CAELIMONTANA
AQUA APPIA
AQUA MARCIA
VICUS HONORIS ET VIRTUTIS
VICUS CAMENARUM
MONS CAELIUS
VIA TUSCULANA
Cof
VICUS CYCLOPIS
DIVERTICULUM A VIA LATINA IN TUSCULANUM
VALLIS CAMENARUM
DIVERTICULUM
VIA APPIA
VIA ARDEATINA
DIVERTICULUM
VIA APPIA
VIA LATINA

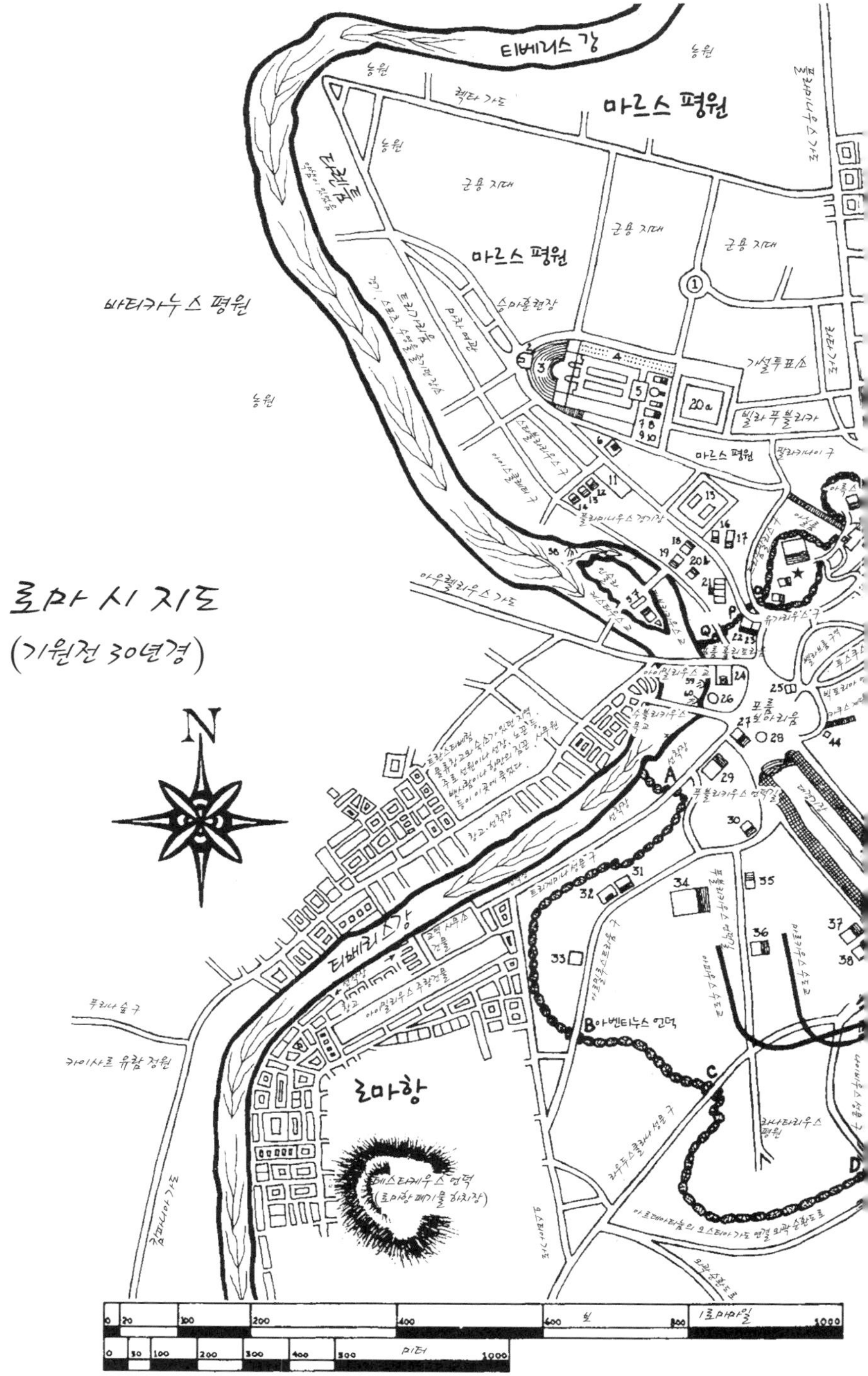
로마 시 지도
(기원전 30년경)
티베리스 강
마르스 평원
농원
바티카누스 평원
군용 지대
승마훈련장
개설투표소
빌라 푸블리카
마르스 평원
폴리미니우스 경기장
아우렐리우스 가도
아이밀리우스 교
포룸 보아리움
수블리키우스 목교
푸블리키우스 언덕길
아벤티누스 언덕
티베리스 강
아이밀리우스 주랑건물
로마항
테스타케우스 언덕
(로마항 폐기물 하치장)
카이사르 유람 정원
포르투나 숲 구
라우두스쿨라나 성문 구
라나타리우스 평원
보
로마마일
미터
0
20
100
200
400
600
800
1000
0
50
100
200
300
400
500
1000
N

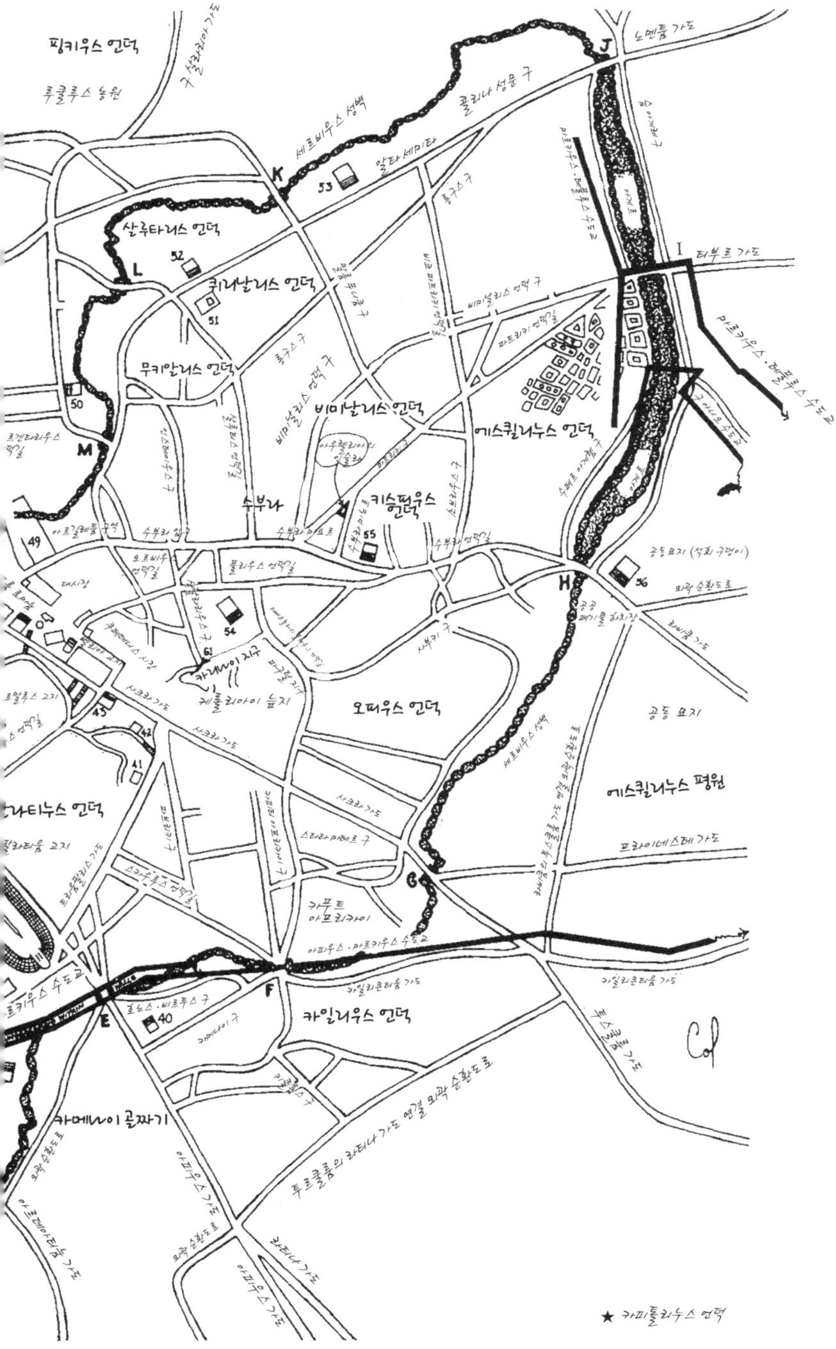

핑키우스 언덕
루쿨루스 농원
구 살라리아 가도
노멘툼 가도
콜리나 성문 구
세르비우스 성벽
알타 세미타
살루타리스 언덕
퀴리날리스 언덕
무키알리스 언덕
비미날리스 언덕
에스퀼리누스 언덕
수부라
수부라 입구
아르길레툼 구역
대시장
오피우스 언덕
티부르 가도
마르키우스·테풀루스 수도교
공동 묘지 (석회 구덩이)
외곽 순환도로
공동 묘지
에스퀼리누스 평원
프라이네스테 가도
사크라 가도
케룰리아이 늪지
카레나이 지구
아피우스·마르키우스 수도교
카일리몬티움 가도
카일리우스 언덕
카메나이 골짜기
투르쿨룸의 라티나 가도 연결 외곽 순환도로
라티나 가도
아피우스 가도
아르데아티나 가도
★ 카피톨리누스 언덕

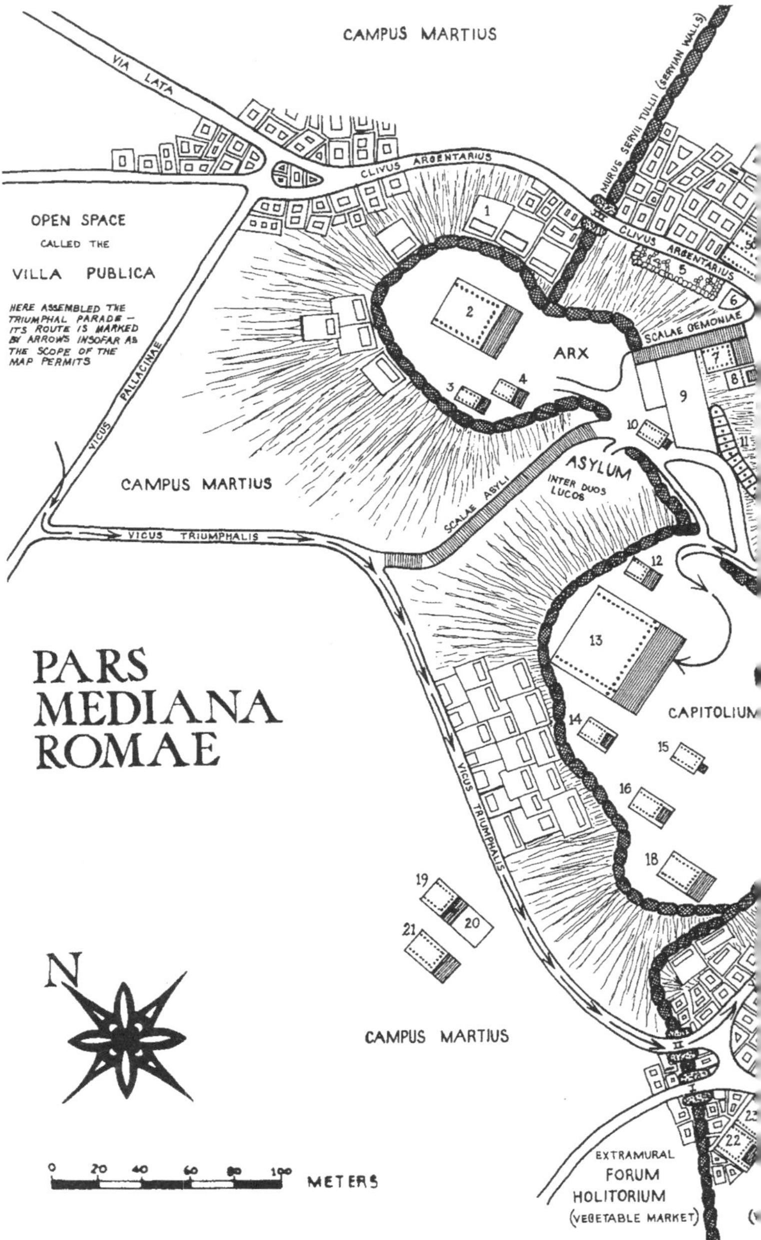

CAMPUS MARTIUS
VIA LATA
CLIVUS ARGENTARIUS
MURUS SERVII TULLII (SERVIAN WALLS)
OPEN SPACE
CALLED THE
VILLA PUBLICA
HERE ASSEMBLED THE TRIUMPHAL PARADE — ITS ROUTE IS MARKED BY ARROWS INSOFAR AS THE SCOPE OF THE MAP PERMITS
VICUS PALLACINAE
ARX
SCALAE GEMONIAE
ASYLUM
INTER DUOS LUCOS
SCALAE ASYLI
CAMPUS MARTIUS
VICUS TRIUMPHALIS
CAPITOLIUM
PARS MEDIANA ROMAE
VICUS TRIUMPHALIS
N
CAMPUS MARTIUS
0 20 40 60 80 100 METERS
EXTRAMURAL FORUM HOLITORIUM (VEGETABLE MARKET)

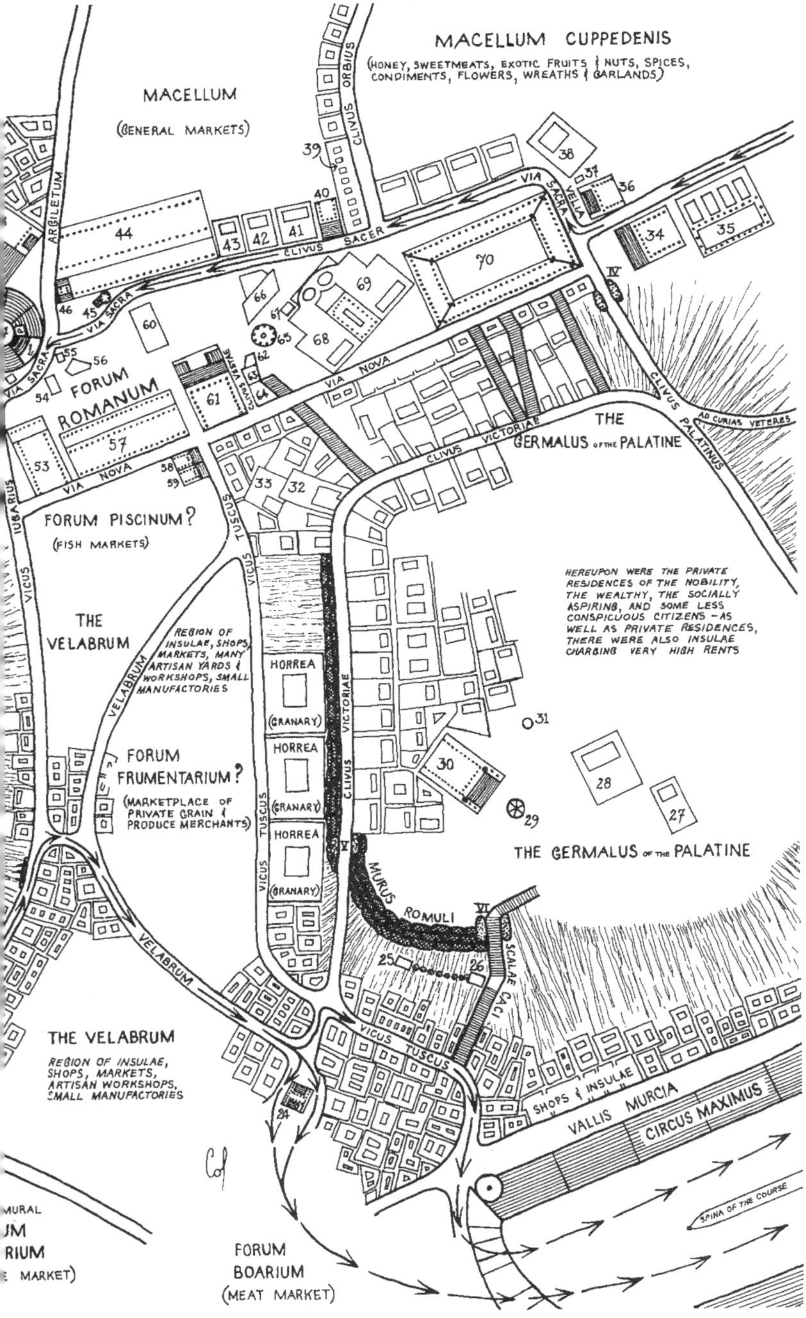

MACELLUM CUPPEDENIS
(HONEY, SWEETMEATS, EXOTIC FRUITS & NUTS, SPICES, CONDIMENTS, FLOWERS, WREATHS & GARLANDS)
MACELLUM
(GENERAL MARKETS)
CLIVUS ORBIUS
ARGILETUM
CLIVUS SACER
VIA SACRA
VELIA
VIA NOVA
FORUM ROMANUM
CLIVUS VESTAE
CLIVUS VICTORIAE
CLIVUS PALATINUS
AD CURIAS VETERES
THE GERMALUS OF THE PALATINE
VICUS IUGARIUS
VICUS TUSCUS
FORUM PISCINUM?
(FISH MARKETS)
THE VELABRUM
VELABRUM
REGION OF INSULAE, SHOPS, MARKETS, MANY ARTISAN YARDS & WORKSHOPS, SMALL MANUFACTORIES
HEREUPON WERE THE PRIVATE RESIDENCES OF THE NOBILITY, THE WEALTHY, THE SOCIALLY ASPIRING, AND SOME LESS CONSPICUOUS CITIZENS — AS WELL AS PRIVATE RESIDENCES, THERE WERE ALSO INSULAE CHARGING VERY HIGH RENTS
HORREA (GRANARY)
HORREA (GRANARY)
HORREA (GRANARY)
FORUM FRUMENTARIUM?
(MARKETPLACE OF PRIVATE GRAIN & PRODUCE MERCHANTS)
THE GERMALUS OF THE PALATINE
MURUS ROMULI
SCALAE CACI
THE VELABRUM
REGION OF INSULAE, SHOPS, MARKETS, ARTISAN WORKSHOPS, SMALL MANUFACTORIES
SHOPS & INSULAE
VALLIS MURCIA
CIRCUS MAXIMUS
SPINA OF THE COURSE
FORUM BOARIUM
(MEAT MARKET)
MURAL
UM
RIUM
MARKET)

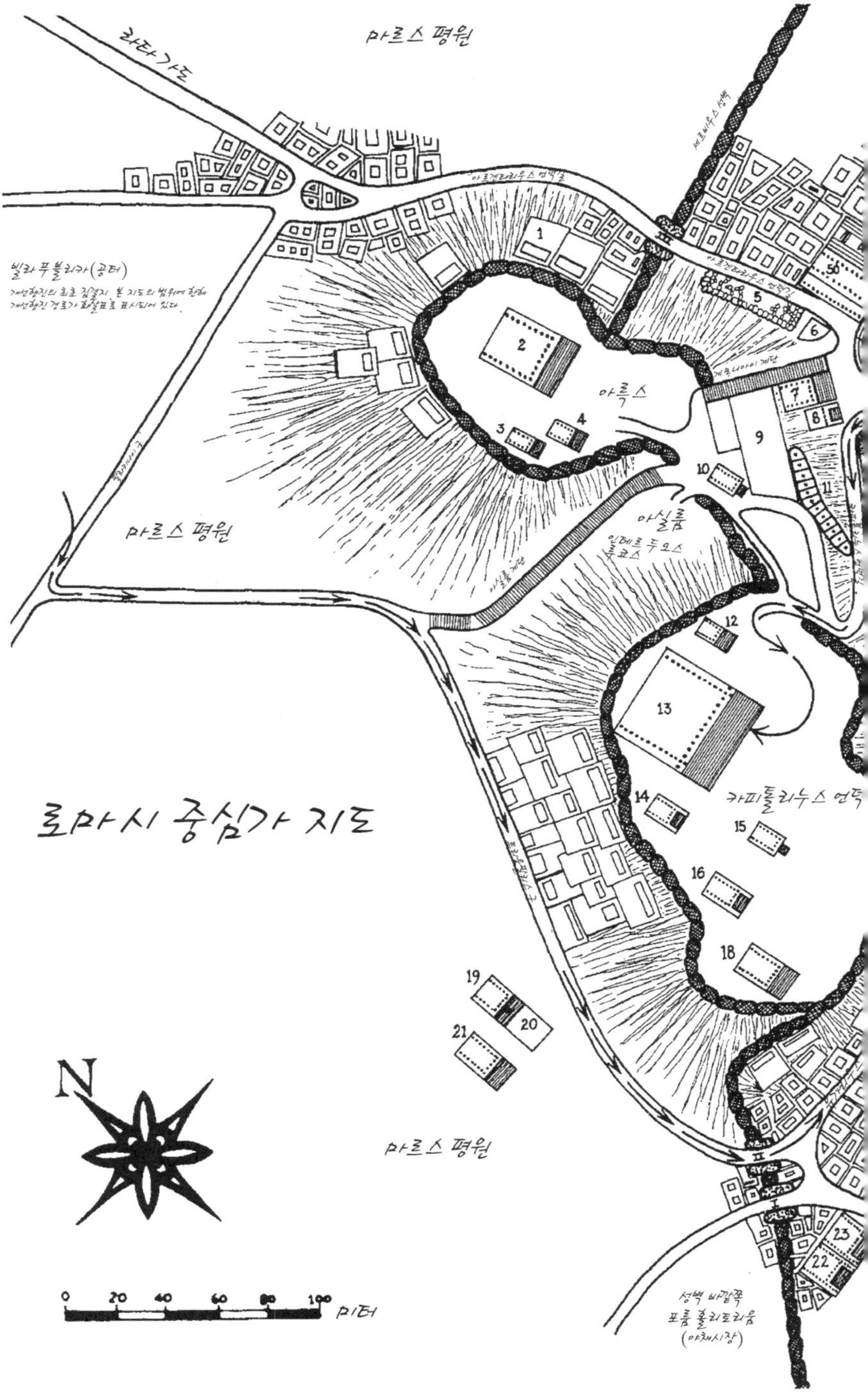
로마시 중심가 지도
마르스 평원
라타 가도
아르겐티우스 언덕길
세르비우스 성벽
빌라 푸블리카(공터)
개선행진의 최초 집결지. 본 지도의 범위에 한해 개선행진 경로가 화살표로 표시되어 있다.
마르스
게모니아이 계단
아실룸
인테르 두오스 루코스
아실룸 계단
마르스 평원
카피톨리누스 언덕
마르스 평원
성벽 바깥쪽
포룸 홀리토리움
(야채시장)
0 20 40 60 80 100 미터
N
1
2
3
4
5
6
7
8
9
10
11
12
13
14
15
16
18
19
20
21
22
23
50

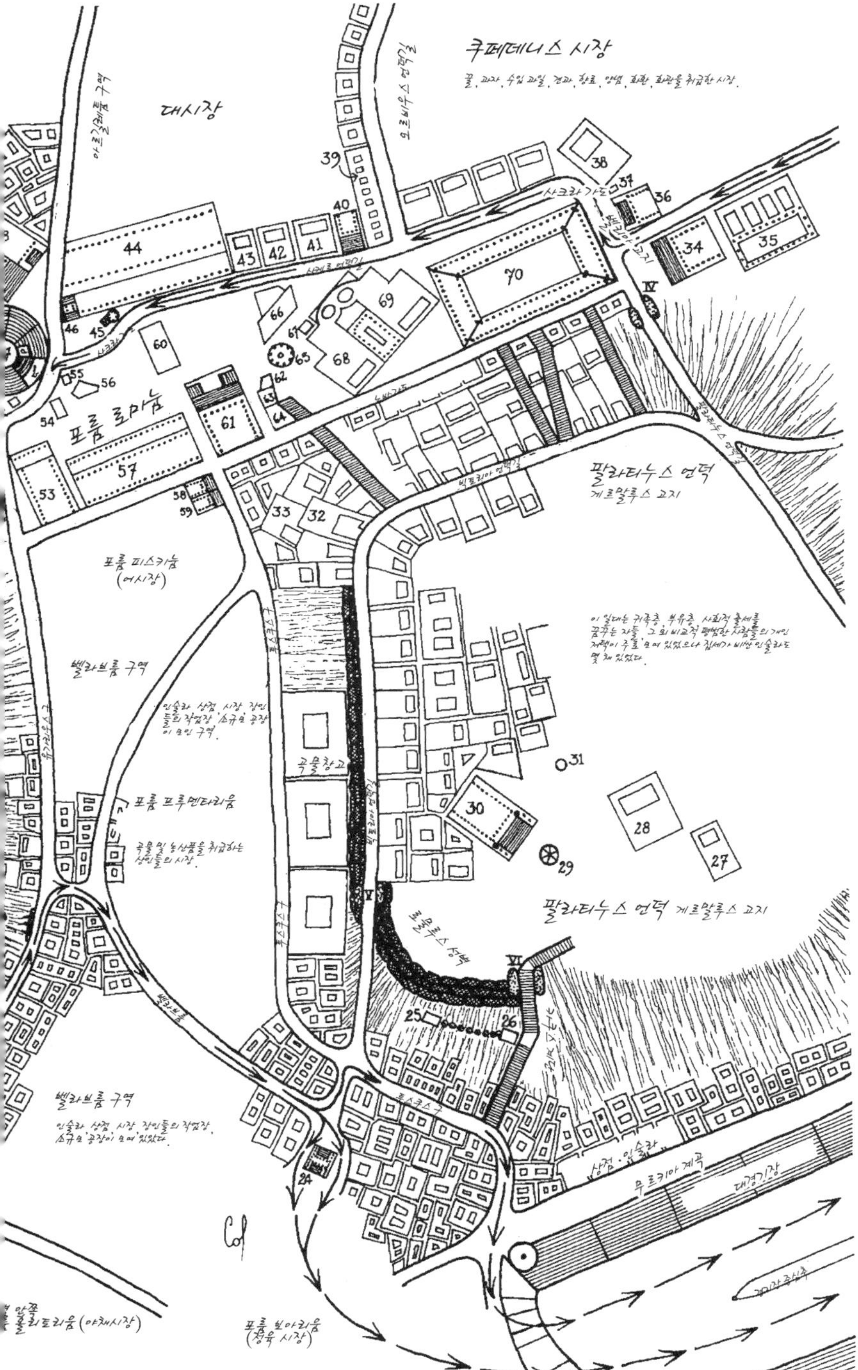

쿠페데니스 시장
꿀, 과자, 수입 과일, 견과, 향료, 양념, 화환, 화관을 취급한 시장.
대시장
아르길레툼 구역
오르비우스 언덕길
사크라 가도
포룸 로마눔
팔라티누스 언덕
게르말루스 고지
포룸 피스카리움
(어시장)
벨라브룸 구역
인술라 상점 시장 장인들의 작업장 '소규모 공장'이 모인 구역.
포룸 프루멘타리움
곡물 및 농산품을 취급하는 상인들의 시장.
곡물창고
이 일대는 귀족층, 부유층, 사회적 출세를 꿈꾸는 자들, 그 외 비교적 평범한 사람들의 개인 저택이 주로 모여 있었으나 집세가 비싼 인술라도 몇 채 있었다.
팔라티누스 언덕 게르말루스 고지
벨라브룸 구역
인술라 상점 시장 장인들의 작업장, 소규모 공장이 모여 있었다.
상점·인술라
무르키아 계곡
대경기장
포룸 홀리토리움 (야채시장)
포룸 보아리움
(정육 시장)

〈로마 시 지도〉 상세 안내

세르비우스 성벽 성문

A: 트리게미나 성문 – 로마 항
B: 라베르나 성문 – 오스티아 가도
C: 라우두스쿨라나 성문 – 오스티아 가도
D: 나이비우스 성문 – 아르데아티눔 가도
E: 카페나 성문 – 아피우스 가도 및 라티우스 가도
F: 카일리몬티움 성문 – 투스쿨룸 가도
G: 퀘르퀘툴라나 성문 – 프라이네스테 가도
H: 에스퀼리누스 성문 – 라비쿰 가도 및 프라이네스테 가도
I: 비미날리스 성문 – 콜라티누스 가도 및 티부르 가도
J: 콜리나 성문 – 노멘툼 가도
K: 퀴리날리스 성문 – 구(舊) 살라리아 가도
L: 살루타리스 성문 – 플라미니우스 가도
M: 상쿠스 성문 – 라타 가도 및 마르스 평원
N: 폰티날리스 성문 – 마르스 평원
O: 트리움팔리스 성문 – 개선행진 때만 사용
P: 카르멘타 성문 – 플라미니우스 경기장
Q: 플루멘타나 성문 – 플라미니우스 경기장

신전 및 주요 장소

1. 율리우스 카이사르 가문의 영묘(靈廟, 추정된 위치)
2. 베누스 빅트릭스(승리의 베누스) 신전: 폼페이우스 극장 관람석 위쪽
3. 폼페이우스 극장
4. 폼페이우스 주랑건물: 기둥 1백 개로 이루어진 주랑
5. 폼페이우스 복합건물 회의소: 카이사르 살해 장소
6. 헤르쿨리스 무사룸(헤르쿨레스와 아홉 무사) 신전
7. ? 유노 쿠리티스(회합의 유노) 신전
8. ? 포르투나이 휘우스케 디에이(하루의 운을 관장하는 신) 신전
9. ? 페로니아(노예 해방의 신) 신전
10. ? 라레스 페르마리니(항해의 수호신) 신전
7~10: 폼페이우스 종합극장 인근 신전
11. 플라미니우스 경기장 내 구(舊) 미누키우스 주랑건물
12. 불카누스(불, 지진, 대장장이의 신) 신전
13. 헤르쿨레스 쿠스토스(경기장의 수호신) 신전
14. 마르스 인빅투스(불패의 마르스) 신전
12~14: 플라미니우스 경기장 내 신전
15. 메텔루스 주랑건물
16. 아폴로 소시아누스(의약과 치유의 신) 신전
17. 벨로나(외세와의 전쟁을 관장하는 신) 신전과 '적의 영역'
18. 유노 레기나(통치자 유노) 신전
19. 유피테르 스타토르(후퇴하는 병사들의 수호신) 신전
20a. 신(新) 미누키우스 주랑건물 또는 폼페이우스의 빌라가 있었을 것으로 추정된 위치
20b. 신(新) 미누키우스 주랑건물 또는 디아나 신전이 있었을 것으로 추정된 위치
21. 피에타스 신전, 야누스 신전, 스페스(희망의 신) 신전, 유노 소스피타 신전
22. 포르투나(정조와 순결의 신) 신전
23. 마테르 마투타(출산의 신) 신전
22, 23: 두 신전의 숭배제의가 같이 거행됨
24. 포르투누스(항만 및 항만 교역의 신) 신전
25. 야누스(출입구, 개문 및 폐문, 시작과 끝을 관장하는 신) 신전
26. 헤르쿨레스 올리바리우스(기름 상인의 헤르쿨레스)
27. 헤르쿨레스 대제단
28. 헤르쿨레스 인빅투스(불패의 헤르쿨레스)
26~28: 헤르쿨레스 숭배의 주요 장소
29. 케레스(수확의 신) 신전: 평민 조영관 본부
30. 플로라(식물의 신) 신전
31. 여성을 위한 유노 레기나 신전
32. 남성을 위한 유노 리베르타스 신전
31, 32: 자유민을 위한 신전들로서 두 신전의 숭배제의가 같이 거행됨
33. 아르밀루스트리움(마르스, 군대, 사제)의 신성한 구역
34. 디아나(노예의 수호신) 신전
35. 루나(달의 신) 신전
36. 유벤타스(남자 로마 시민의 성년기를 관장하는 신) 신전
37. 메르쿠리우스(교역의 신) 신전: 상인조합 본부
38. 베누스 옵세퀜스(매춘부와 간통자의 수호신) 신전
39. 보나 데아(여성의 수호신) 신전 및 삭숨 사크룸(신성한 바위)
40. 호노스 · 비르투스 신전: 군 사령관을 위한 숭배의식이 거행됨
41. 쿠리아이 베테레스: 고대 회의장
42. 가이우스 옥타비우스(훗날 아우구스투스)의 출생지(추정된 위치)
43. 유피테르 스타토르(후퇴하는 병사들의 수호신) 신전
44. 루페르칼: 로물루스에게 젖을 물린 늑대가 살던 동굴
45. 로물루스의 원형 초가집: 세심히 보존됨
46. 문두스: 지하세계 통로
47. 마테르 마그나(아시아의 대모신) 신전
48. 율리우스 회당: 원래 이름은 셈프로니우스 오피미우스 회당
49. 포룸 율리움
50. 세모 상쿠스 디우스 피디우스(맹세와 조약의 신) 신전
51. 티투스 폼포니우스 아티쿠스 저택(추정된 위치)
52. 살루스(건강의 신) 신전
53. 퀴리누스(로마 시민의 신) 신전
54. 텔루스(로마 영토의 수호신) 신전
55. 유노 루키나 신전: 로마 시민의 출생 등록소
56. 베누스 리비티나 신전: 로마 시민의 사망 등록소(추정된 위치)
57. 아이스쿨라피우스(의약의 신) 신전 및 인술라 구역 내 선박
58. 퀴리날리스 언덕 및 마르스 평원의 하수구(페트로니아 강)
59. 대하수도: 수부라 지구 및 여타 지역의 하수도(스피논 강)
60. 에스퀼리누스 언덕, 대경기장 및 여타 지역의 하수도(노디누스 강)
61. 티길룸(멍에), 유노 소로리아(소녀의 사춘기를 관장하는 신) 제단, 야누스 쿠리아투스(소년의 사춘기를 관장하는 신) 제단(추정된 위치)

〈로마 시 중심가 지도〉 상세 안내

성문

Ⅰ 카르멘타 성문

Ⅱ 트리움팔리스 성문

Ⅲ 폰티날리스 성문

Ⅰ~Ⅲ 세르비우스 성벽 성문

Ⅳ 무고니아 성문

Ⅴ 로물루스 성문(로마 성문)

Ⅵ 카카나 성문

Ⅳ~Ⅵ 고대에 로물루스가 세운 팔라티누스 도시의 성벽 성문

신전 및 주요 건물

1. 가이우스 마리우스의 저택(추정된 위치)
2. 유노 모네타(적시에 경고를 주는 여신) 신전: 기단 내부에 화폐 주조소가 있었음
3. 베누스 에루키나(매춘부의 수호신) 신전
4. 멘스(로마인다운 사고의 수호신) 신전
5. 라우투미아이 감옥
6. 툴리아눔 감옥
7. 콩코르디아(다양한 계급의 평화로운 공존을 관장하는 신) 신전
8. 세나쿨룸(외교사절 영접관)
9. 타불라리움(기록문서 및 법령 보관소)
10. 베디오비스(젊은 유피테르, 실망의 수호신) 신전
11. 데오룸 콘센티움(12신) 주랑건물
12. 유피테르 페레트리우스(조약 및 군비 확충의 신) 신전
13. 유피테르 옵티무스 막시무스 신전
14. 포르투나 프리미게니아(맏이의 수호신) 신전
15. 호노스 · 비르투스 신전: 군 사령관을 위한 숭배의식이 거행됨
16. 옵스(풍요의 신) 신전: 기단 내부에 비상금으로 은괴를 보관함
17. 타르페이아 바위
18. 피데스(신뢰의 신) 신전
19. 벨로나(외세와의 전쟁을 관장하는 신) 신전
20. '적의 영역'
21. 아폴로 소시아누스(의약과 치유의 신) 신전
22. 마테르 마투타(어머니와 출산의 신) 신전
23. 포르투나(처녀와 사춘기 이전 소녀의 수호신) 신전
24. 야누스(출입구, 개문 및 폐문, 시작과 끝을 관장하는 신) 신전
25. 게니우스 로키(생식력의 신) 사당
26. 루페르칼: 로물루스에게 젖을 물린 늑대가 살던 동굴
27. 루키우스 세르기우스 카틸리나의 집(추정된 위치)
28. 퀸투스 호르텐시우스 호르탈루스의 집(확인된 위치)
29. 로물루스의 원형 초가집
30. 마그나 마테르(아시아의 대모신) 신전
31. 문두스: 지하세계 통로
32. 1) 마르쿠스 리비우스 드루수스, 2) 마르쿠스 리키니우스 크라수스, 3) 마르쿠스 툴리우스 키케로의 저택(추정된 위치)
33. 1) 나이우스 도미티우스 아헤노바르부스, 2) 루키우스 도미티우스 아헤노바르부스의 저택(가상으로 설정한 위치)
34. 유피테르 스타토르(후퇴하는 병사들의 수호신) 신전
35. 목욕탕(사설) · 세니아 목욕탕
36. 페나테스(공공의 페나테스 신) 신전
37. 클로일리아 기마상
38. 제사장 관저, '왕의 저택'(추정된 위치)
39. 여관
40. 라레스 프라이티테스(공공의 라레스 신) 신전
41. 42. 43. 대제관 세 명(유피테르 대제관, 마르스 대제관, 퀴리누스 대제관)의 관저
44. 아이밀리우스 회당, 상업 및 공적 활동 공간
45. 베누스 클로아키나(물의 정화를 관장하는 신) 신전
46. 야누스(출입구, 개문 및 폐문, 시작과 끝을 관장하는 신) 신전
47. 민회장 및 부속시설 a) 라피스 니게르(흑석) b) 로스트라 연단
48. 원로원 의사당 부속 사무실
49. 원로원 의사당(쿠리아 호스틸리아)
50. 포르키우스 회당: 상업, 특히 은행업 공간. 호민관단 본부가 여기에 있었음
51. 사투르누스(로마 국가의 영원한 번영을 위한 신) 신전: 기단 내부에 국고가 있었음
52. 불카누스(지진의 신) 제단
53. 오피미우스 회당: 상점, 사무소, 법정이 있었음
54. 각종 정무관의 법정
55. 성스러운 나무들과 사티로스 마르시아스 조각상
56. 쿠르티우스 호수
57. 셈프로니우스 회당: 상점, 사무소, 법정이 있었음
58. 볼루피아 제단과 디바 앙게로나 조각상
59. 라렌티아 묘소(제단)
60. 수도 담당 법무관의 법정 및 정무관 집무소
61. 카스토르 · 폴룩스 신전: 기단 내부에 표준 도량형기를 보관함. 평민회의 제2본부
62. 유투르나의 신성한 샘
63. 유투르나 숭배 제단 및 유투르나 조각상
64. 유투르나 신의 순례자들이 묵는 방
65. 베스타(국가의 화로를 수호하는 신) 신전
66. 레기아: 최고신관의 집무실
67. 베스타 숭배 제단과 베스타 조각상
68. 베스타 신녀 관저
69. 최고신관 관저
70. 마르가리타리아 주랑건물: 보석, 진주, 향수 등 사치품 상점이나 좌판이 있었음

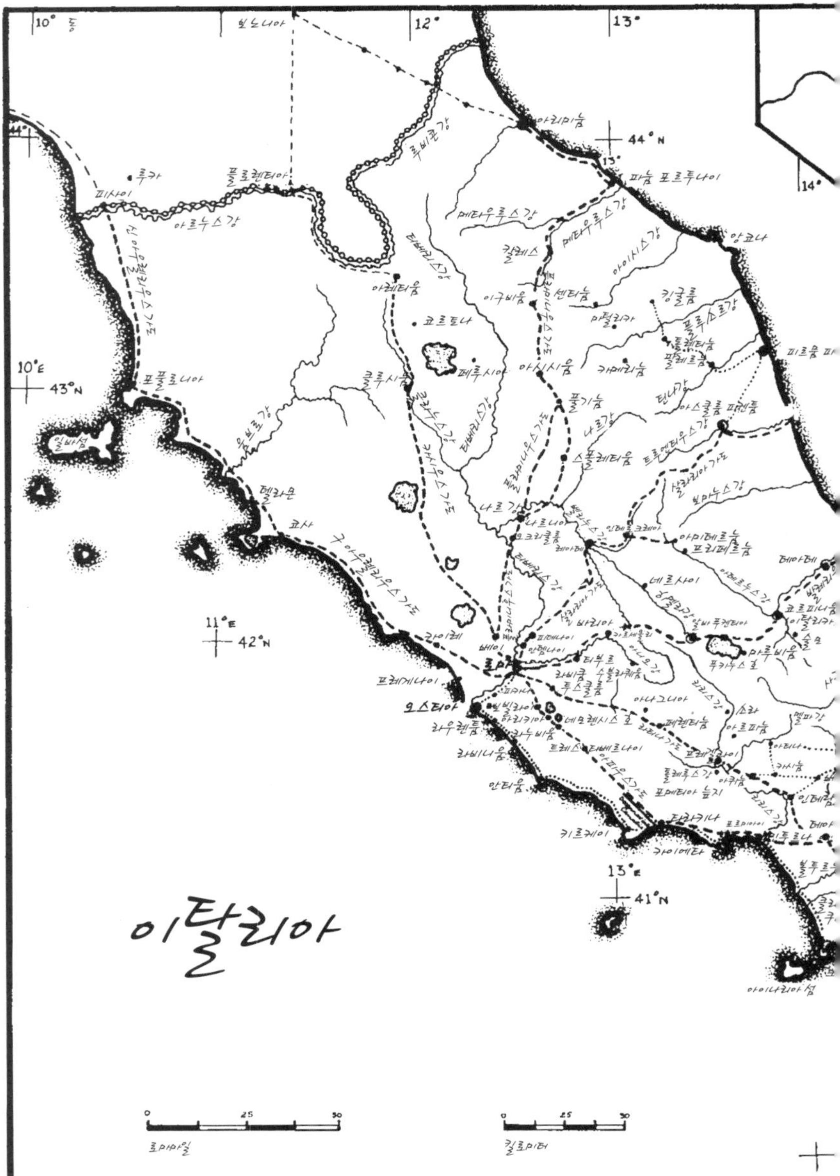

이탈리아
10° 동
12°
13°
14°
44° N
43° N
42° N
41° N
10° E
11° E
13° E
보노니아
아리미눔
파눔 포르투나이
앙코나
피사이
루카
플로렌티아
아르누스강
포풀로니아
일바섬
텔라몬
코사
루비콘강
메타우루스강
칼레스
이구비움
센티눔
아레티움
코르토나
페루시아
클루시움
아시시움
카메리눔
팔레리움
풀기늄
스폴레티움
나르강
나르니아
오크리쿨룸
레아테
인테람나
아미테르눔
아스쿨룸 피케눔
트루엔티우스강
살라리아 가도
플라미니우스 가도
카시우스 가도
아우렐리우스 가도
티베리스강
카이레
베이이
로마
프레게나이
오스티아
라우렌툼
라비니움
안티움
아리키아
티부르
프라이네스테
트레스 타베르나이
아피우스 가도
포메티아 늪지
아나그니아
페렌티눔
소라
아르피눔
프레겔라이
아퀴눔
카르세올리
알바 푸켄티아
마루비움
푸키누스 호
코르피니움
술모
네르사이
키르케이
타라키나
카이에타
아이나리아섬
0
25
50
로마마일
킬로미터

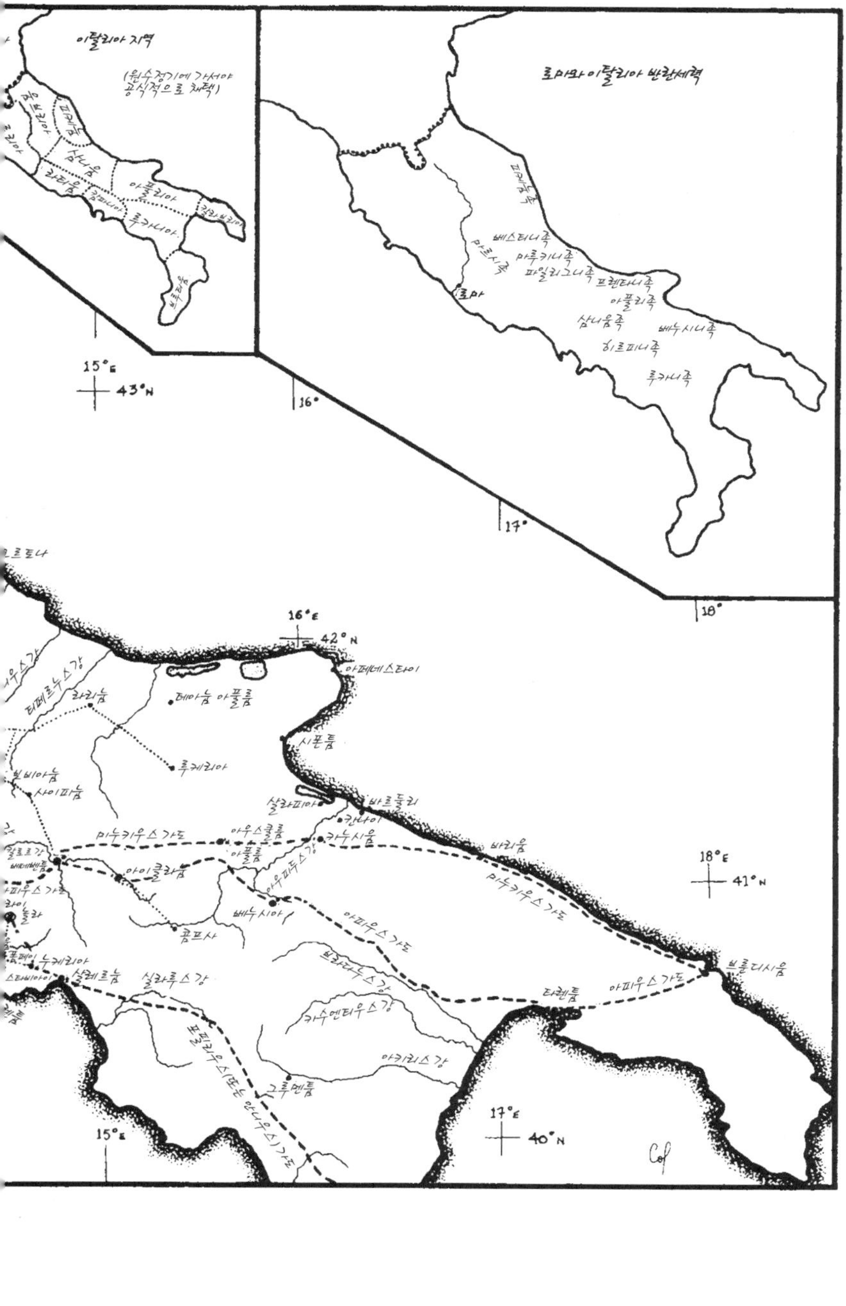

이탈리아 지역
(원수정기에 가서야 공식적으로 채택)
삼니움
아풀리아
루카니아
로마와 이탈리아 반란세력
피케눔
베스티니족
마루키니족
마르시족
파일리그니족
프렌타니족
아풀리족
삼니움족
베누시니족
히르피니족
루카니족
로마
15°E
43°N
16°
17°
18°
16°E
42°N
18°E
41°N
17°E
40°N
15°E
아페네스타이
시폰툼
테아눔 아풀룸
라리눔
루케리아
살라피아
바르둘리
칸나이
카누시움
아우스쿨룸
아스쿨룸
미누키우스 가도
아이클라눔
콤프사
베누시아
아우피두스강
아피우스 가도
바리움
브룬디시움
타렌툼
브라다누스강
카수엔티우스강
아키리스강
그루멘툼
실라루스강
살레르눔
누케리아
폼페이
포필리우스 또는 안니우스 가도
티페르누스강
사이피눔
보비아눔
Col

로마 근동
특히 카이사르와 베레스의 이동과 관련하여
에르기노스강
트라키아
헤브로스강
스트리몬강
마케도니아
네스토스강
트라키아
헤브로스강
아르고스강
비잔티온
페린토스
프로폰티스
악시오스강
필리피
에그나티우스 가도
압데라
도리스코스
아이노스
암피폴리스
에그나티우스 가도
칼키디케
헬레스폰트 해협
람프사코스
일리온
(트로이아)
할리아크몬강
디온
올림포스산
템페협곡
에게 해
테네도스섬
스카만드로스강
미시아
페르가몬
페네이오스강
펠리온산
그리스
카이코스강
헤르모스강
스미르나
사르데이스
에리트라이
아시아 속주
에우보이아
칼키스
카이스트로스강
에페소스
트랄레스
오르코메노스 호수
아테네
파트라이
펠로폰네소스
코린토스
프리에네
밀레토스
올림피아
알페이오스강
아르고스
파르마코사섬
델로스섬
크니도스
필로스
키테라섬
지중해
크레타
고르티나
크노소스
42°
40°
38°
36°
22°
24°
26°
28°
30°

흑해
시노페
파르테니오스강
암니아스강
아미소스
폰토스
파플라고니아
폰토스
카베이라
리코스강
빌라이오스강
올가시스강
아마세이아
헤라클레이아
스킬락스강
할리스강
젤라
리코스강
할리스강
비티니아
갈라티아
카파독스강
상가리오스강
앙키라
폰토스
카파도키아
템브리스강
에우세베이아 마자카
페시노스
할리스강
아르가이오스산
타타호수
갈라티아
카파도키아
킬리키아 페디아
피라모스강
피시디아
이코니온
킬리키아 관문
카랄리스호수
이소스
카랄리스강
타르소스
신 이사우라
구 이사우라
라모스강
안티오케이아
아스카니아호수
아스펜도스
시데
킬리키아
제니케테스의 은신처
시리아
코라케시온
리키아
크산토스
파타라
해안
해적
해안
해적
살라미스
키프로스
파포스
비블로스
베리투스
시돈
티로스
지중해
마일
킬로미터
32°
34°
36°
38°
40°
38°
36°
34°
30°
32°
34°

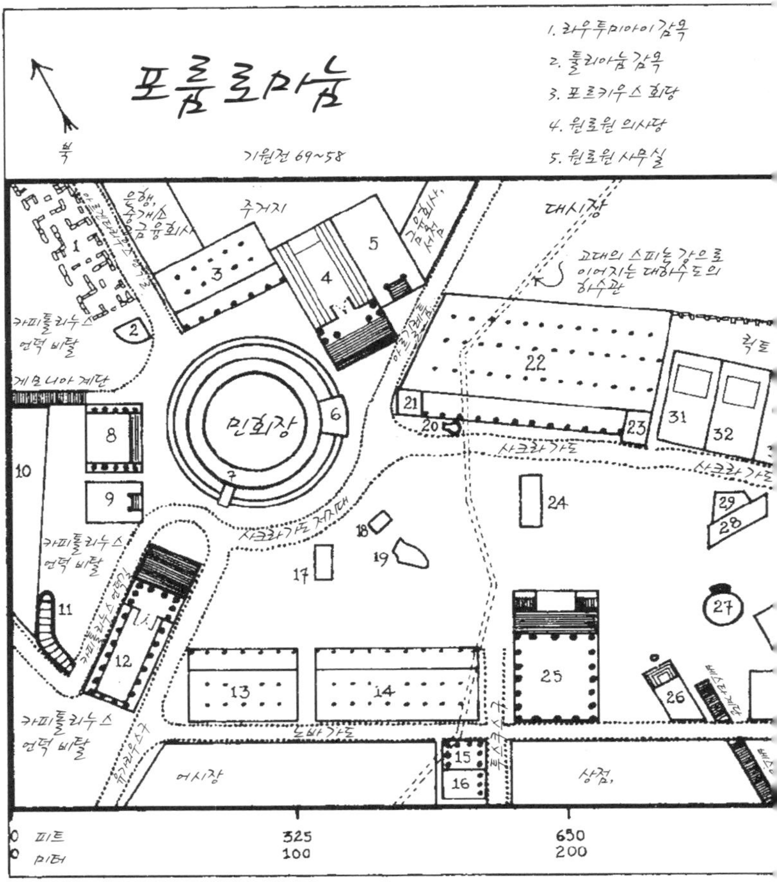
포룸로마눔
북
기원전 69~58
1. 라우투미아이 감옥
2. 툴리아눔 감옥
3. 포르키우스 회당
4. 원로원 의사당
5. 원로원 사무실
주거지
은행, 중개소, 금융회사
금융회사, 서점
대시장
고대의 스피노 강으로 이어지는 대하수도의 하수관
카피톨리누스 언덕 비탈
게모니아 계단
민회장
사크라 가도
사크라 가도 저지대
노바 가도
어시장
상점,
투스쿠스 가
피트
미터
325
100
650
200

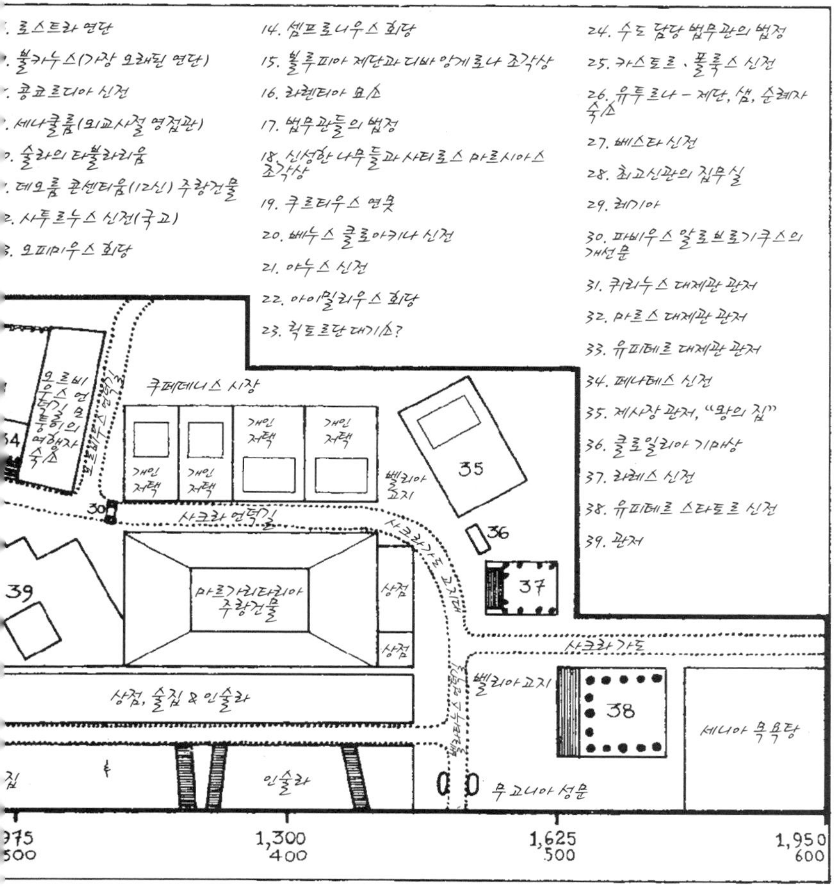
. 로스트라 연단
. 불카누스(가장 오래된 연단)
. 콩코르디아 신전
. 세나쿨룸(외교사절 영접관)
. 술라의 타불라리움
. 데오룸 콘센티움(12신) 주랑건물
. 사투르누스 신전(국고)
. 오피미우스 회당
14. 셈프로니우스 회당
15. 볼루피아 제단과 디바 앙게로나 조각상
16. 라렌티아 묘소
17. 법무관들의 법정
18. 신성한 나무들과 사티로스 마르시아스 조각상
19. 쿠르티우스 연못
20. 베누스 클로아키나 신전
21. 야누스 신전
22. 아이밀리우스 회당
23. 릭토르단 대기소?
24. 수도 담당 법무관의 법정
25. 카스토르·폴룩스 신전
26. 유투르나 – 제단, 샘, 순례자 숙소
27. 베스타 신전
28. 최고신관의 집무실
29. 레기아
30. 파비우스 알로브로기쿠스의 개선문
31. 퀴리누스 대제관 관저
32. 마르스 대제관 관저
33. 유피테르 대제관 관저
34. 페나테스 신전
35. 제사장 관저, "왕의 집"
36. 클로일리아 기마상
37. 라레스 신전
38. 유피테르 스타토르 신전
39. 관저
오르비우스 언덕길 모퉁이의 여행자 숙소
34
쿠페데니스 시장
개인 저택
개인 저택
개인 저택
개인 저택
벨리아 고지
35
30
사크라 언덕길
사크라 가도
36
37
39
마르가리타리아 주랑건물
상점
상점
사크라 가도
벨리아 고지
38
상점, 술집 & 인술라
세니아 목욕탕
집
인술라
무고니아 성문
975
500
1,300
400
1,625
500
1,950
600

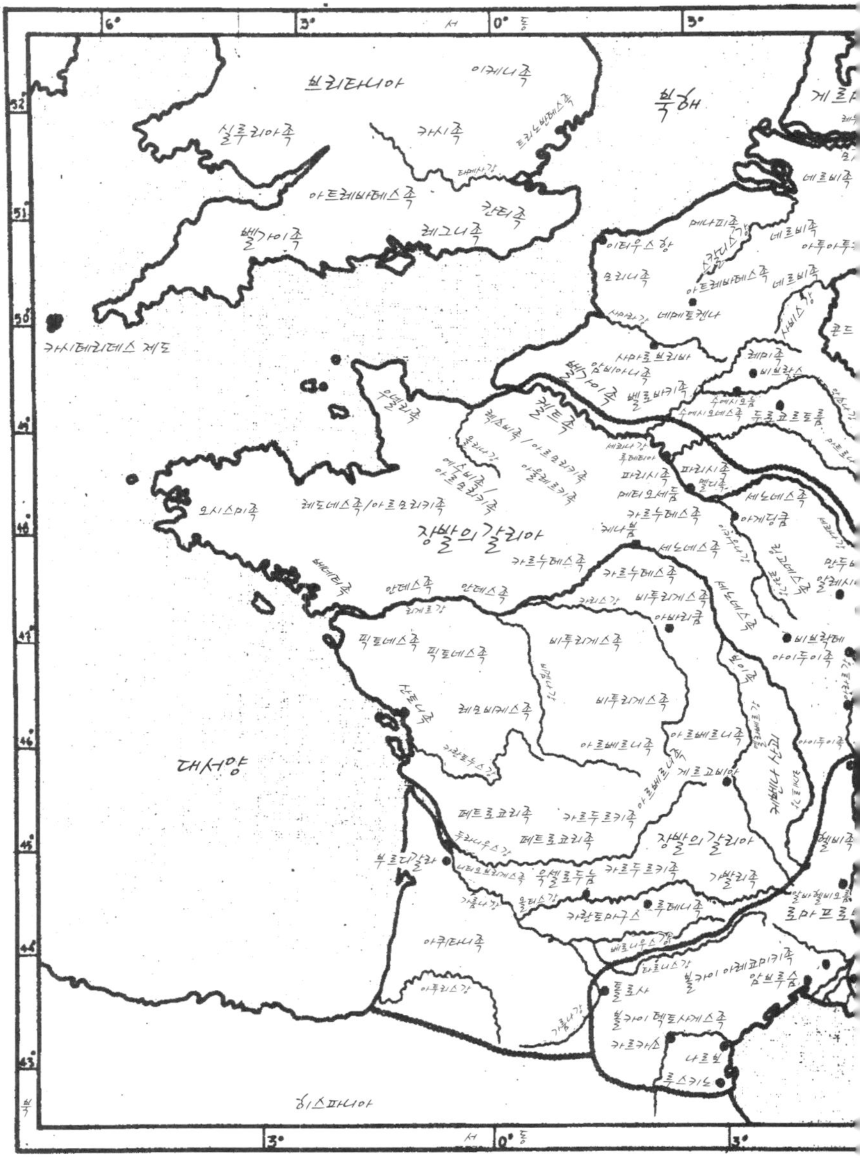

브리타니아
이케니족
실루리아족
카시족
트리노반테스족
북해
게르
아트레바테스족
칸티족
레그니족
벨가이족
카시테리데스 제도
이티우스항
모리니족
메나피족
네르비족
아투아투
아트레바테스족
네메토켄나
사마로브리바
암비아니족
벨가이족
벨로바키족
레미족
비브락스
수에시오네스족
두로코르토룸
켈트족
렉소비족/아르모리키족
아울레르키족
파리시족
파리시족
멜디족
메티오세둠
세노네스족
아게딩쿰
카르누테스족
케나붐
오시스미족
레도네스족/아르모리키족
장발의 갈리아
카르누테스족
세노네스족
카르누테스족
비투리게스족
아바리쿰
안데스족
안데스족
우넬리족
베네티족
픽토네스족
픽토네스족
비투리게스족
비투리게스족
비브락테
아이두이족
레모비케스족
산토니족
아르베르니족
아르베르니족
아르베르니족
게르고비아
케벤나 산맥
대서양
페트로코리족
카르두르키족
페트로코리족
장발의 갈리아
부르디갈라
니티오브리게스족
우셀로두눔
카르두르키족
가발리족
헬비족
루테니족
카란토마구스
로마 프로
아퀴타니족
톨로사
볼카이 아레코미키족
암브루숨
볼카이 텍토사게스족
카르카소
나르보
루스키노
히스파니아
6°
3°
서
0° 동
3°
3°
서
0° 동
3°
52°
51°
50°
49°
48°
47°
46°
45°
44°
43°
북

카이사르 통치 속주
-장발의 갈리아
-갈리아 지역의 로마 속주(로마 프로빙키아)
-이탈리아 갈리아
-일리리쿰
9°
12°
15°
18°
게루스키족
우비족
바케니스 숲
수에비족
게르마니아
장발의 갈리아
헤르키니아 숲
빈델리키족
노리쿰
타우리스키족
켈트족
헬베티족
노레이아
빈델리키족
베노스테스족
브렌니족
벨루눔
옥토두룸
노붐 코뭄
메디올라눔
파타비움
아퀼레이아
나우포르투스
테르게스테
이스트리아
타르사티카
세니아
일리리쿰
델마타이족
달마티아
리부르니아
플라켄티아
데르토나
레기움 레피둠
보노니아
무티나
파르마
라벤나
아리미눔
이탈리아
갈리아
게누아
리구리아
니카이아
피사이
아레티움
아드리아 해
이탈리아
지중해
마일
킬로미터

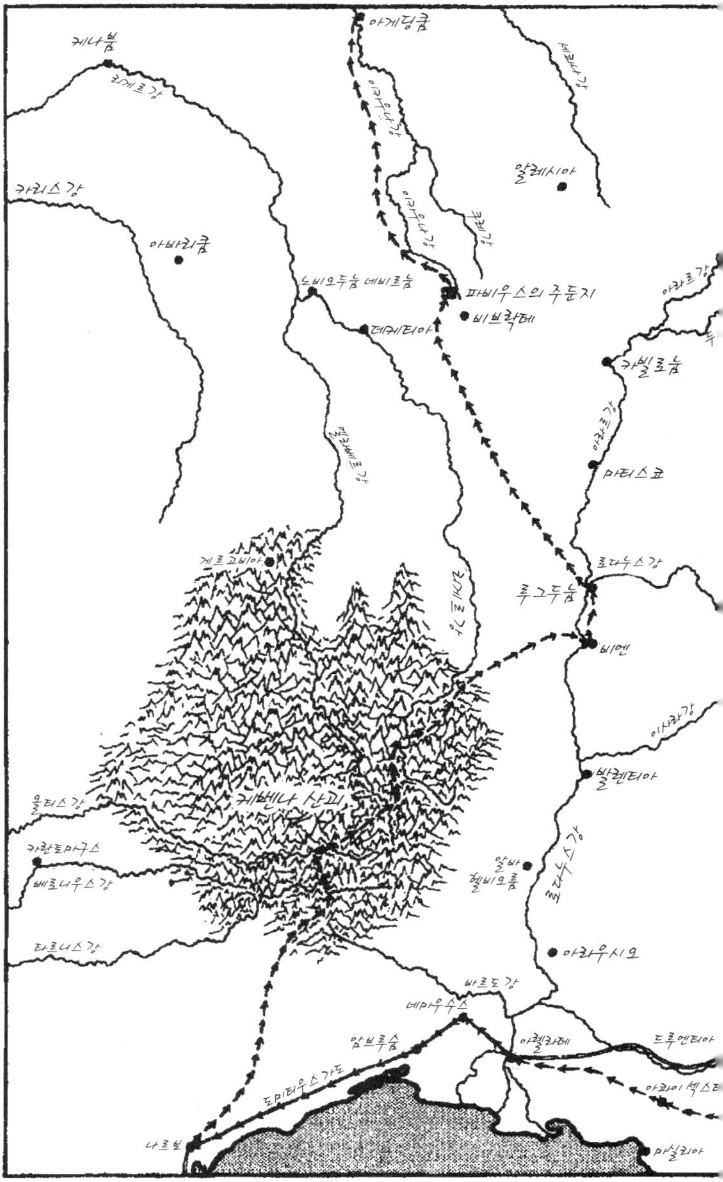
아게딩쿰
케나붐
리게르강
카리스강
아바리쿰
알레시아
노비오두눔
네비르눔
파비우스의 주둔지
비브락테
데케티아
아라르강
카빌로눔
마티스코
게르고비아
로다누스강
루그두눔
비엔
이사라강
발렌티아
케벤나 산괴
울티스강
카란토마구스
타르니스강
알바 헬비오룸
아라우시오
네마우수스
암브루숨
도미티우스가도
아렐라테
드루엔티아
나르보
마실리아

카이사르 군단 이동 경로
기원전 52년
카이사르와 15군단의
플라켄티아에서 아게딩쿰까지
(3월 노나이부터 4월 이두스까지)
두비스강
유라 산맥
레만누스 호수
게나바
그라이아이 알프스
펜니누스 알프스
케레시우스 호수
라리우스 호수
베르바누스 호수
노붐 코뭄
메디올라눔
아두아강
파두스강
두리아 마요르강
두리아 미노르강
타우라시아
타나루스강
플라켄티아
데르토나
코티우스 알프스
아펜니누스 산맥
게누아
마리티마이 알프스
바루스강
리구리아
니카이아
바다
킬로미터

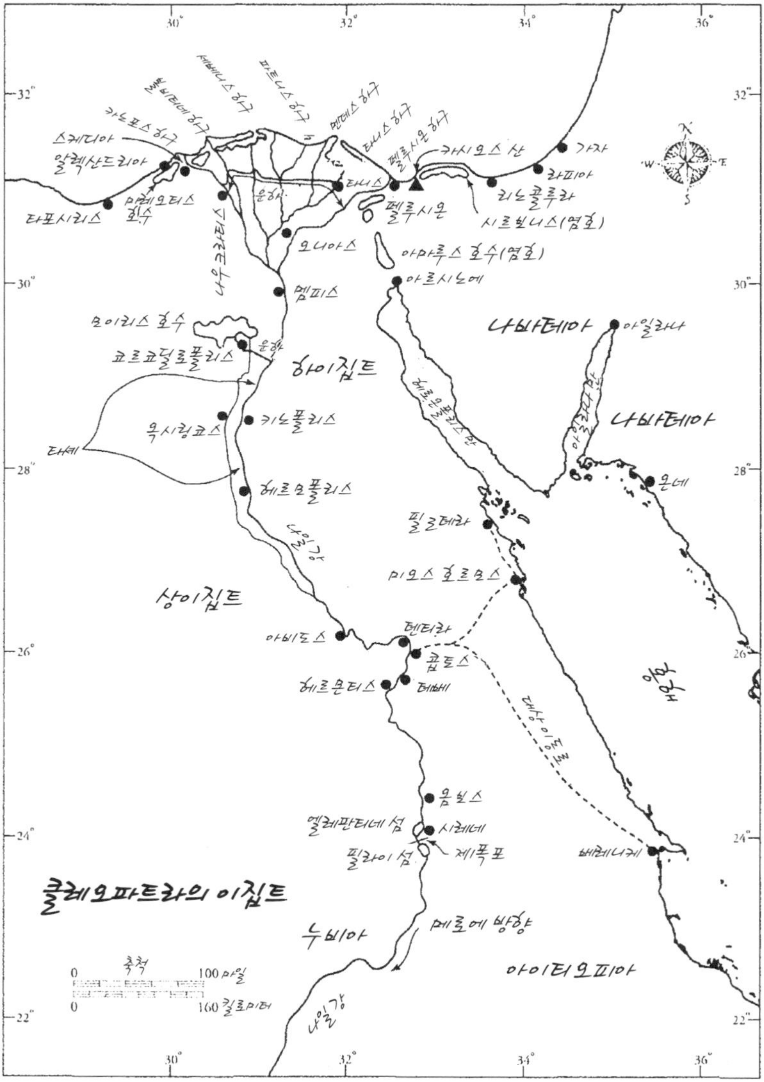

클레오파트라의 이집트
스케디아
알렉산드리아
카노포스 하구
볼비티네 하구
세베니스 하구
파트니스 하구
멘데스 하구
타니스 하구
펠루시온 하구
카시오스 산
가자
라피아
리노콜루라
시르보니스(염호)
타포시리스
마레오티스 호수
나우크라티스
운하
타니스
펠루시온
오니아스
아마루스 호수(염호)
아르시노에
멤피스
모이리스 호수
운하
크로코딜로폴리스
하이집트
나바테아
아일라나
헤로온폴리스 만
아일라나 만
나바테아
옥시링코스
키노폴리스
테베
헤르모폴리스
오네
필로테라
나일강
미오스 호르모스
상이집트
아비도스
렌티라
콥토스
헤르몬티스
테베
대상이 이용한 길
아랍
옴보스
엘레판티네 섬
시에네
필라이 섬
제1폭포
베레니케
누비아
메로에 방향
아이티오피아
축척
0
100 마일
0
160 킬로미터
나일강

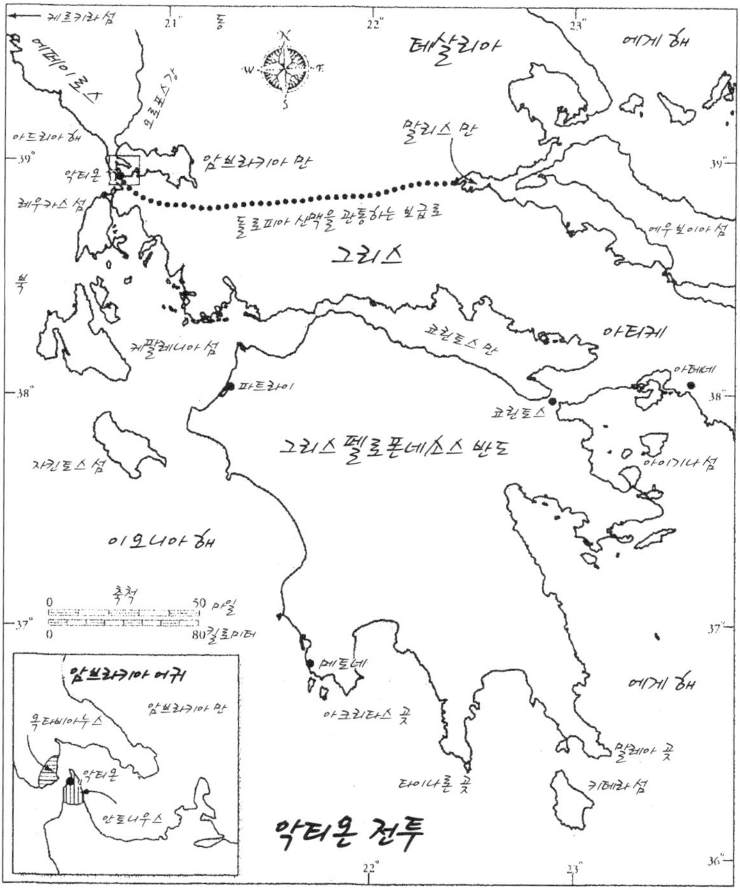

← 케르키라 섬
에페이로스
오로포스 강
동
N
W
E
S
테살리아
에게 해
말리스 만
아드리아 해
39°
암브라키아 만
악티온
레우카스 섬
돌로피아 산맥을 관통하는 보급로
에우보이아 섬
그리스
북
케팔레니아 섬
코린토스 만
아티케
파트라이
아테네
38°
코린토스
그리스 펠로폰네소스 반도
자킨토스 섬
아이기나 섬
이오니아 해
축척
0
50 마일
37°
0
80 킬로미터
메토네
에게 해
암브라키아 어귀
암브라키아 만
옥타비아누스
악티온
안토니우스
아크리타스 곶
말레아 곶
타이나론 곶
키테라 섬
악티온 전투
21°
22°
23°
36°

역대 집정관 명단

기원전 99년(로마 건국 655년)

마르쿠스 안토니우스 오라토르(기원전 97년 감찰관 취임)

아울루스 포스투미우스 알비누스

기원전 98년(로마 건국 656년)

퀸투스 카이킬리우스 메텔루스 네포스

티투스 디디우스

기원전 97년(로마 건국 657년)

나이우스 코르넬리우스 렌툴루스

푸블리우스 리키니우스 크라수스(기원전 89년 감찰관 취임)

기원전 96년(로마 건국 658년)

나이우스 도미티우스 아헤노바르부스(최고신관, 기원전 92년 감찰관 취임)

가이우스 카시우스 롱기누스

기원전 95년(로마 건국 659년)

루키우스 리키니우스 크라수스 오라토르(기원전 92년 감찰관 취임)

퀸투스 무키우스 스카이볼라(기원전 89년 최고신관 취임)

기원전 94년(로마 건국 660년)

가이우스 코일리우스 칼두스

루키우스 도미티우스 아헤노바르부스

기원전 93년(로마 건국 661년)

가이우스 발레리우스 플라쿠스

마르쿠스 헤렌니우스

기원전 92년(로마 건국 662년)
가이우스 클라우디우스 풀케르
마르쿠스 페르페르나(기원전 86년 감찰관 취임)

기원전 91년(로마 건국 663년)
섹스투스 율리우스 카이사르
루키우스 마르키우스 필리푸스(기원전 86년 감찰관 취임)

기원전 90년(로마 건국 664년)
루키우스 율리우스 카이사르(기원전 89년 감찰관 취임)
푸블리우스 루틸리우스 루푸스

기원전 89년(로마 건국 665년)
나이우스 폼페이우스 스트라보
루키우스 포르키우스 카토 리키니아누스

기원전 88년(로마 건국 666년)
루키우스 코르넬리우스 술라
퀸투스 폼페이우스 루푸스

기원전 87년(로마 건국 667년)
나이우스 옥타비우스 루소
루키우스 코르넬리우스 킨나
루키우스 코르넬리우스 메룰라(유피테르 대제관, 보결 집정관)

기원전 86년(로마 건국 668년)
루키우스 코르넬리우스 킨나(재선)
가이우스 마리우스(7선)
루키우스 발레리우스 플라쿠스(보결 집정관)

인명

개인

가이우스 마리우스 Gaius Marius

로마 제3의 건국자. 아르피눔 출신 신진세력으로 기원전 157년경 한 부유한 가문에서 태어났다. 젊은 시절 누만티아에서 하급 참모군관으로 복무중이던 그를 눈여겨본 스키피오 아이밀리아누스는 그가 별 볼 일 없는 가문 출신임에도 그에게 로마로 가서 공직자로서 경력을 쌓으라고 권한다. 카이킬리우스 메텔루스 가문의 든든한 지원을 받고(훗날 그들은 이 일을 몹시 후회하게 된다) 호민관이 되어 원로원에 입성했지만 내세울 것 없는 출신배경 때문에 그 이상의 공직 진출은 기대하기 어려운 처지였다. 기원전 115년에 뇌물 수수 혐의를 받으면서 간신히 법무관 자리에 오르지만 집정관이 되기란 요원한 일이었다.

그러다 기원전 110년 훗날 위인이 될 카이사르의 고모 율리아와 결혼하고, 율리아의 파트리키 혈통과 인적 배경이 그를 가능성 있는 집정관 후보로 만들어준다. 이어 북아프리카에서의 유구르타 왕과의 전쟁에 메텔루스 누미디쿠스의 보좌관으로 참가한 그는 이 기회를 활용해 기원전 107년 마침내 집정관 직을 얻지만 이 일로 메텔루스와는 서로 앙숙이 된다.

로마의 연이은 참패의 여파로 로마 군인층을 이루던 유산자의 수가 급격히 감소하자 마리우스는 몇 해에 걸쳐 무산자 최하층민을 군에 입대시키기 시작한다. 게르만족의 대규모 이주로 국가의 존망이 위협받자 마리우스는 무려 여섯 차례에 걸쳐 집정관 선거에 당선되는데 그중 세 번이 부재중 후보였다. 게르만족을 격파한 그는 기원전 100년부터 몇 년간 공직에서 물러나 지낸다. 그런 그를 다시 전장으로 불러들인 것은 이탈리아 동맹시 전쟁의 발발 그리고 예전처럼 잇단 로마의 참패였다. 자신이 집정관을 일곱 번 지낸다는 과거의 예언을 사실로 확신하게 된 그는 오로지 이 목표만을 향해 달리고 결국 기원전 86년 킨나를 동료로 세우고 7선 집정관이 된다.
그는 취임하고 겨우 며칠 만에 죽음을 맞았다. 온 로마를 공포에 떨게 한 숙청 작업이 진행되던 중이었다. 초기에 그의 동지이자 충성스러운 보좌관이었던 술라(해당 항목 참조)는 그의 적이 되었다.
마리우스의 이야기는 이 시리즈의 1부 『로마의 일인자』와 2부 『풀잎관』에서 다룬다.

게토릭스 Getorix
유명한 켈트족 왕들 여럿이 지녔던 켈트족 고유의 이름. 저자는 게르만족의 집단 이동에서 티구리니족과 마르코만니족, 케루스키족을 이끈 미지의 왕 이름으로 사용했다. 현재 이 왕에 대해 역사적으로 알려진 사실은 켈트족인 티구리니족이었다는 것뿐이다.

그라쿠스 형제 Gracchi
스키피오 아프리카누스와 아이밀리아 파울라의 딸인 코르넬리아는 열여덟 살에 마흔다섯 살이던 티베리우스 셈프로니우스 그라쿠스와 결혼했다. 스키피오 아프리카누스가 죽은 지 12년 뒤인 기원전 172년경의 일이다. 티베리우스 셈프로니우스 그라쿠스는 기원전 177년에 집정관이, 기원전 169년에 감찰관이 되었으며 기원전 163년에는 두번째로 집정관이 되었다. 기원전 154년에 그는 자식 열두 명을 남기고 죽었다. 자식들은 대부분 병약하여, 코르넬리아가 열의를 다해 돌보았음에도 살아남아 성인이 된 것은 셋뿐이었다. 그중 맏이는 딸 셈프로니아로, 성년이 되자마자 사촌인 스키피오 아이밀리아누스와 결혼했다. 둘째와 셋째는 아들이었는데 티베리우스 그라쿠스는 기원전 163년에, 동생인 가이우스는 아버지가 사망한 기원전 154년에 태어났다. 따라서 두 형제는 모두 어머니의 손에서 자랐다.
그라쿠스 형제는 어머니의 사촌 스키피오 아이밀리아누스 밑에서 군복무를 했다. 티베리우스는 제3차 포에니 전쟁에서, 가이우스는 누만티아에서 용맹하게 활약했다. 기원전 137년 재무관으로서 가까운 히스파니아에 파견된 티베리우스는 단독으로 조약을 체결하여 패장 호스틸리우스 망키누스를 누만티아에서 구출하고 망키누스의 군대를 전멸 위기에서 구해냈다. 그러나 이러한 행위를 수치스럽다고 여긴 스키피오 아이밀리아누스는 원로원을 설득하여 이 조약을 비준하지 않도록 했다. 이 일로 티베리우스는 친척이자 매형인 스키피오 아이밀리아누스를 결코 용서하지 않았다.
기원전 133년 호민관으로 선출된 티베리우스는 공유지 임대와 관련하여 원로원이 저지르던 잘못들을 바로잡기 시작했다. 그는 격렬한 반대를 무릅쓰고 한 사람이 임대하거나 소유할 수 있는 공유지 면적을 500유게룸(아들 한 명당 250유게룸 추가)으로 제한하는 농지법을 통과시키고, 그 결과로 생긴 잉여 공유지를 가난한 시민들에게 분배하기 위한 위원회를 발족했다. 그의 목표는 가난한 시민들을 구제하는 것은 물론, 그 후손들이 로마군으로 복무할 수 있도록 하는 것이었다. 원로원이 의사 진행 방해를 결의하자 티베리우스는 법안을 곧바로 평민회로 넘겼는데, 이는 오랜 관습을 거스르는 행위였기 때문에 큰 소동이 벌어졌다. 이 법안에 대해 평민회에서 거부권을 행사한 동료 호민관(이자 친척) 마르쿠스 옥타비우스는 불법적으로 직위 해제되었고, 이 역시 모스 마이오룸에 크게 반하는 일이었다. 티베리우스 그라쿠스의 반대자들에게는 이러한 행위들의 적법성보다도 그 행위들이 (성문화된 것은 아니지만) 관습을 깼다는 사실이 더 큰 문제였다. 같은 해 페르가몬의 왕 아탈로스 3세가 죽으면서 왕국을 로마에 유증하자, 티베리우스는 왕의 유산을 처리할 원로원의 권한을 무시하고 그 땅을 더 많은 빈민들의 재정착에 쓰도록 하는 법률을 제정했다. 원로원과 민회장에서의 반대는 날이 갈수록 거세졌다.
그의 계획이 모두 성공적으로 마무리되지 못한 채 기원전 133년이 끝나갈 무렵, 티베리우스는 호민관을 한 번만 역임할 수 있다는 관습을 (또다시) 깨면서 두번째로 호민관에 출마했다. 이 일로 친척인 스키피오 나시카가 이끄는 원로원 세력과 대치하던 중, 티베리우스는 카피톨리누스 언덕 위에서 일부 동조자들과 함께 몽둥이에 맞아 살해당했다. 그의 친척인 스키피오 아이밀리아누스는 사건 당시 누만티아에서 귀국하지 않은 상태였지만, 티베리우스가 로마의 왕이 되려 한다고 주장하면서 살해를 공공연하게 묵인했다.

혼란이 잦아들고 10년 후인 기원전 123년, 티베리우스의 동생 가이우스가 호민관으로 선출되었다. 가이우스는 형과 비슷한 생각을 지닌 사람이었지만 형의 실수에서 교훈을 얻었으며, 형보다 유능했다. 훨씬 더 광범위했던 가이우스의 개혁은 농지법에만 국한되지 않았다. 그의 개혁안들은 도시 빈민들에게 매우 저렴한 가격에 곡물을 제공하고, 군복무를 규제하며, 외국에 로마 시민들을 위한 식민지를 건설하고, 이탈리아 전역에서 여러 공공사업에 착수하며, 직무상 부당취득죄 재판의 주체를 원로원에서 기사계급으로 바꾸고, 감찰관들이 통과시킨 공공 계약을 통해 아시아에서 세금을 징수하며, 모든 라티움 시민권자에게 완전한 로마 시민권을 주고, 모든 이탈리아 동맹시에 라티움 시민권을 주고자 했다. 물론 이러한 계획은 가이우스의 호민관 임기가 끝날 무렵까지 완성 근처에도 가지 못했고, 그는 불가능한 일을 해냈다. 실제로 다시 호민관에 당선된 것이다. 고조되는 분노와 냉혹한 적의 속에서 가이우스는 자신의 개혁안을 완성하기 위해 고군분투했지만, 개혁안은 기원전 122년 말에도 완성되지 않았다. 그래서 그는 세번째로 호민관에 출마했지만, 그와 동료 마르쿠스 풀비우스 플라쿠스는 낙선했다.

기원전 121년, 자신의 여러 법과 정책이 곧바로 집정관 루키우스 오피미우스와 전직 호민관 마르쿠스 리비우스 드루수스에게 공격받자, 가이우스는 폭력에 의지했다. 이에 원로원은 심화되는 무법 사태에 제동을 걸기 위해 사상 최초로 '최종 결의'를 통과시켰다. 그 결과 플라쿠스와 그의 두 아들이 살해당했으며, 가이우스는 야니쿨룸 언덕 옆에 있던 푸리나 숲에서 자살했다. 로마의 정치는 결코 예전으로 돌아갈 수 없었다. '모스 마이오룸(관습)'이라는 오래된 성채가 무너진 것이다.

그라쿠스 형제의 사생활 역시 비극으로 끝났다. 티베리우스는 가문의 관례(스키피오 가문의 코르넬리아와 결혼하는 것)를 깨고 기원전 143년의 집정관이자 스키피오 아이밀리아누스의 오랜 숙적인 아피우스 클라디우스 풀케르의 딸 클라우디아와 결혼했다. 티베리우스와 클라우디아는 아들 셋을 낳았으나 셋 다 공직에 나갈 만큼 오래 살지 못했다. 가이우스는 자신의 후원자인 푸블리우스 리키니우스 크라수스 무키아누스의 딸 리키니아와 결혼하여 딸 셈프로니아를 낳았다. 셈프로니아는 풀비우스 플라쿠스 밤발리오와 결혼하여 풀비아를 낳았고, 풀비아는 푸블리우스 클로디우스 풀케르, 가이우스 스크리보니우스 쿠리오, 마르쿠스 안토니우스와 결혼했다.

그라쿠스 형제의 어머니 코르넬리아 Cornelia the Mother of the Gracchi

스키피오 아프리카누스와 아이밀리아 파울라의 딸 코르넬리아는 그녀보다 한참 연상인 저명한 전직 집정관 티베리우스 셈프로니우스 그라쿠스와 결혼해 열두 명의 자식을 낳았다. 그중 성인이 되기 전에 죽지 않은 자식은 세 명, 그 유명한 그라쿠스 형제(해당 항목 참조)와, 스키피오 아이밀리아누스(해당 항목 참조)와 결혼한 딸 셈프로니아뿐이었다. 남편이 죽자 코르넬리아는 로마 귀족 여성에게 재혼은 부적절하다며 이집트의 배불뚝이 프톨레마이오스 에우에르게테스를 비롯한 여러 구혼자들을 거절했다. 한 아들은 살해당하고 다른 아들은 자살했으며 딸은 남편을 독살했다고 여겨졌지만, 코르넬리아는 굴하지 않았고 아주 오래 살았다.
코르넬리아는 비극에 직면해 보여준 영웅적인 면모와 불굴의 기상 때문에 후대 로마 귀족 여성들에게 이상적인 여성상이 되었다. 그녀의 서간문과 수필은 매우 높이 평가받았다. 그녀의 묘지는 언제나 꽃이 놓여 있었으며, 공식적인 허가가 내려진 적은 없지만 평범한 로마 여성들은 그녀를 여신으로 숭배했다.

니코메데스 Nicomedes

비티니아 왕의 이름. 니코메데스라는 이름의 왕이 서너 명 존재했던 것으로 추측된다. 정확한 숫자에 대해서는 학자마다 의견이 갈린다.

레아 실비아 Rhea Silvia

로마 건국 이전에 알바롱가의 왕이었던 누미토르의 딸. 누미토르는 동생 아물리우스에게 왕위를 빼앗겼고, 레아 실비아는 아이를 낳을 수 없도록 베스타 여신을 모시는 처녀가 되었다. 하지만 군신 마르스가 그녀를 범하고 말았다. 아물리우스는 레아 실비아가 분만할 때까지 감금했다가, 막 태어난 쌍둥이 형제를 바구니에 담아 범람한 티베리스 강에 버렸다. 바구니는 피쿠스 루미날리스, 즉 팔라티누스 언덕으로 이어지는 카쿠스 계단 근처의 성스러운 무화과나무 앞으로 떠내려갔다. 암늑대가 쌍둥이를 발견하여 근처 동굴로 데려갔고 파우스툴루스와 그의 아내 아카 라렌티아가 이들을 구하여 키웠다. 이 쌍둥이 형제, 즉 로물루스와 레무스는 결국 아물리우스를 처단하고 외할아버지 누미토르를 다시 알바롱가의 왕으로 세웠다. 레아 실비아의 다른 이름은 율리아였다.

로물루스와 레무스 Romulus and Remus

알바롱가의 왕녀 레아 실비아와 군신 마르스 사이에서 태어난 두 쌍둥이 아들('레아 실비아' 참조). 외할아버지 누미토르에게 알바롱가의 왕좌를 되돌려준 다음 팔라티누스 언덕에 도시를 세웠다. 레무스가 완성된 성벽을 뛰어넘자 로물루스는 신성을 모독했다는 이유로 그를 살해한다. 로물루스는 카피톨리누스 언덕에 솟아오른 소언덕 두 개 사이를 망명지로 만들어 남자 시민을 모았다. 모인 이들, 즉 훗날 로마인들의 조상이 된 사람들은 대부분 범죄자와 도망친 노예였다! 여자 시민은 구하기 힘들었기 때문에, 로물루스는 퀴리날리스 언덕에 거주하는 사비니족을 초대해 남자들을 제압하고 여자들을 납치했다. 로물루스의 통치는 오랜 기간 이어졌으나, 어느 날 그는 마르스 평원의 염소 늪으로 사냥을 나갔다가 큰 비바람 속에 실종되었다. 사람들은 신들이 로물루스를 데려가 불사의 존재로 만들었다고 믿었다.

루키우스 티들리푸스 Lucius Tiddlypuss

특징 없고 일반적인 가상의 인물을 가리키기 위해 이 시리즈에서 사용한 우스개 이름. 이 이름을 만든 이유는 모양이나 발음이 우스꽝스럽고 단어가

'uss'로 끝나는 점, 그리고 어느 산 때문이었다. 산 옆자락에 아우구스투스 황제의 악명 높은 해방노예 친구였던 푸블리우스 베디우스 폴리오의 빌라가 있었기 때문에, 이 산 이름도 빌라의 이름에서 따와 변형시킨 것이었다. 빌라의 이름은 그리스어로 파우실리폰이었지만 라틴어로 바꾼 산 이름은 파우실리푸스였다. 이 이름에서 사람들이 베디우스 폴리오를 대단히 싫어했음을 알 수 있는데 당시의 '푸스(pus)'는 오늘날 영어에서 'pus(고름)'와 똑같은 의미였기 때문이다. 익히 알려져 있듯이 라틴어 사용자들은 끊임없이 말장난을 즐겼다.

리아 Ria

당시로부터 200년 후 그리스어로 기록을 남겼던 플루타르코스에 따르면 퀸투스 세르토리우스의 어머니 이름은 레아(Rhea)였다. 이는 라틴어식 이름이 아니다. 하지만 '리아'는 오늘날까지 마리아의 약칭으로 이용되며, 마리아는 라틴어식 이름이 분명하다. 또한 마리우스 씨족의 여자들을 부르는 이름이기도 했다. 세르토리우스는 군에 입대했을 때부터 마리우스에게 충성했고, 마리우스의 기행으로 인해 추종자들이 하나씩 등을 돌릴 때까지도 그의 곁에 남았다. 그 때문에 저자는 세르토리우스의 어머니 이름에 대해 의문을 품게 되었다. 게다가 플루타르코스는 세르토리우스가 대단한 효자라고 말했다. 그렇다면 세르토리우스의 어머니는 원래 마리아를 뜻하는 리아이며 마리우스와 혈연관계일 수도 있지 않을까? 그래서 저자는 작가적 상상력을 동원해 세르토리우스의 어머니와 마리우스가 혈연관계라고 설정했다. 하지만 이것은 어디까지나 추측이며, 이러한 설정이 옳다는 확실한 증거는 존재하지 않는다.

마르타 Martha

마리우스가 집정관으로 뽑히기 전에 그가 총 일곱 번 집정관을 역임할 것이라고 예언했던 시리아의 여성 점술가. 마리우스에게 자신을 로마로 데려가겠다는 약속을 받아냈고 이후 죽을 때까지 그의 집에서 귀빈 대접을 받았으며, 자주색 가마를 타고 다니면서 로마인들의 입방아에 오르내렸다. 저자는 작가적 상상력을 동원해서 마르타의 두번째 예언, 즉 마리우스의 아내 율리아의 조카가 그보다 더 위대한 로마인이 된다는 예언을 추가했다. 앞으로의 이야기에 설득력을 더해주기 위한 장치였다.

메텔라 칼바 Metella Calva

카이킬리우스 메텔루스 달마티쿠스 최고신관과 카이킬리우스 메텔루스 누미디쿠스의 여동생. 루키우스 리키니우스 루쿨루스와 결혼했고 루쿨루스 형제의 어머니이다. 당시 여성으로서는 드물게 문서에 이름이 언급되기도 했다. 평생 계급이 낮은 남자들을 애인으로 삼았으며 불륜으로 인해 많은 스캔들에 휩싸였다.

미트리다테스 Mithridates

폰토스의 왕에게 붙이던 전통적인 이름. 폰토스에는 미트리다테스라는 왕이 여럿 있었으며, 그중에 마지막 왕이 가장 위대한 인물로 알려져 있다. 미트리다테스 왕가 사람들은 그들이 고대 페르시아의 왕, 특히 다리우스 대왕의 후손이라고 주장했으나 폰토스의 동전에 새겨진 인물상을 살펴보면 게르만족의 피가 섞인 트라키아인에 가깝다.

브렌누스(1) Brennus(1)

갈리아인(켈트족) 왕. 로마를 쑥대밭으로 만들고 카피톨리누스 언덕을 점령하기 직전까지 갔던 장본인이다. 당시 유노 신의 신성한 거위들이 꽥꽥대는 바람에 잠에서 깨어난 전직 집정관 마르쿠스 만리우스가 카피톨리누스 언덕의 절벽을 오르는 갈리아인들을 발견하고 즉시 그 자리에서 몰아냈다. 이후 로마인들은 위기를 알려준 거위들을 영예로운 존재로 대했고, 반면 개들은 제때 짖지 않았다는 이유로 결코 용서하지 않았다. 카피톨리누스 언덕을 지키던 자들은, 연기만 나는 폐허로 변해 먹을 것을 전혀 구할 수 없는 로마를 바라보다가 결국 브렌누스에게 구제를 청하기로 뜻을 모았다. 목숨을 살려주는 대가로 1천300킬로그램이 넘는 황금을 건네기로 한 것이다. 로마인들이 포룸 로마눔으로 황금을 가져오자, 브렌누스는 미리 손을 본 저울을 가져와 무게를 다시 재면서 그들이 속임수를 쓴다고 불평했다. 로마인들이 속임수를 쓰는 것은 그들이 아니라 당신이라고 맞받아치자, 브렌누스는 검을 뽑아 저울 위로 휘두르며 '패자에게 재앙을(Vae victis)!'이라고 경멸하듯 외쳤다. 하지만 브렌누스가 로마인들의 목을 내리치기 전에, 신임 독재관 마르쿠스 푸리우스 카밀루스가 군대를 이끌고 포룸 로마눔에 나타나 그가 황금을 가져가지 못하게 막았다. 로마 시가지에서 벌어진 첫번째 전투 결과 갈리아인들은 도시에서 쫓겨났고, 두번째 전투가 끝났을 때는 침략자들을 무자비하게 도살하는 카밀루스에게 쫓겨 티부르 가도를 따라 13킬로미터 밖으로 물러났다. 이 전투의 성과로 (또한 평민들이 로마를 떠나 베이에 정착하려는 계획을 포기하게 한 연설 덕분에) 카밀루스는 로마 제2의 건국자로 일컬어졌다. 고대 로마의 역사가 리비우스는 이후 브렌누스 왕이 어떻게 되었는지는 전하지 않는다. 이 모든 것은 기원전 390년에 일어난 일이다.

브렌누스(2) Brennus(2)

브렌누스(1)보다 후대의 갈리아인 왕. 기원전 279년에 대규모 켈트 부족 연합체를 이끌고 마케도니아와 테살리아를 침략하고 테르모필라이로 가는 길목에서 그리스군을 따돌린 뒤 델포이를 약탈했다. 그는 이 전투에서 부상을 입었지만 이후 에페이로스에 쳐들어가 굉장히 부유하고 신성한 신전으로 꼽히는 도도나 성역의 제우스 신탁소를 약탈하고 이곳의 재물을 전리품으로 거두어간 뒤, 펠로폰네소스로 가서 그리스에서 가장 화려한 신전인 올림피아 성역의 제우스 신탁소까지 약탈했다. 이후 쫓아오는 그리스 게릴라들을 피해 후퇴하다 마케도니아로 돌아왔고, 전에 입은 부상이 악화돼 최후를 맞이했다. 갈리아인들을 하나로 단결시켜주었던 브렌누스 왕이 죽자 그들은 길을 잃고 헤맸다. 그중 일부(볼카이 텍토사게스족 일부, 톨리스토보기족, 트로크미족)는 헬레스폰트 해협을 건너 소아시아로 가서 후에 갈라티아라고 불리게 된 땅에 정착했다. 볼카이 텍토사게스족 중 소아시아로 가지 않은 이들은, 브렌누스 왕과 함께 약탈한 전리품을 전부 갖고 갈리아 서남부 톨로사 인근에 자리한 고향땅으로 돌아왔다. 이 황금은 브렌누스 수하에서 함께 싸운 모든 이들의 소유였으므로, 고향에 함께 돌아오지 않은 나머지 사람들이 귀향할 때까지 맡고 있기로 한 것이었다. 이들은 금과 은은 녹여서(은은 거대한 마일표석으로 만들었다.) 톨로사의 헤라클레스 신탁소 안에 있는 여러 신성한 호수 안에 나누어 숨겨두었다. 이렇게 숨겨둔 황금은 그 양이 1만 5천 탈렌툼에 달했다.

사투르니누스 Saturninus

루키우스 아풀레이우스 사투르니누스는 기원전 135년경 출생했으며 기원전 103년, 100년, 99년에 호민관을 지냈다. 그의 가문은 피케눔과 연고가 깊은 꽤 훌륭한 가문이었다(그가 마지막으로 호민관 직을 역임할 때 동료 호민관이었던 피케눔 출신의 퀸투스 라비에누스가 그의 매부였다). 기원전 104년 재무관으로 당선되어 오스티아 항의 곡물 공급 임무를 맡았으나, 스카우루스 원로원 최고참 의원이 때 이른 곡물가 상승 책임을 그에게 지움으로써 파직당하고 원로원에서 축출되었다. 경력 초기의 이러한 혐의로 인한 불명예는 여생 동안 그를 따라다녔다. 기원전 103년 처음 호민관으로 당선되자 마리우스와 동맹을 맺고 그에게 득이 되는 여러 법을 통과시켰다. 대표적인 것이 유구르타 전쟁에서 싸운 마리우스의 퇴역병사들에게 아프리카 토지를 나눠주는 법안이었다. 이 밖에도 '경반역죄'라는 새로운 반역죄를 규정하고 해당 사건을 재판하기 위한 특별 법정을 설치했다.
기원전 102년과 101년에는 공직을 떠나 있었지만, 여전히 그의 존재가 거슬렸던 감찰관 메텔루스 누미디쿠스는 그를 원로원에서 제명시키려 시도했고 그 결과 소요가 일어나 메텔루스는 심한 폭행을 당했다. 사투르니누스는 기원전 100년 계속 마리우스와 동맹 하에 두번째로 호민관에 당선되었다. 게르만족과의 전쟁에 참가했던 마리우스의 퇴역병사들을 알프스 너머 갈리아에 정착시키려 한 그의 두번째 토지 법안은 원로원의 격렬한 반발을 야기했지만 그는 기어이 이 법안을 밀어붙여 통과시켰다. 관련 조항에 따라 원로원 의원들은 의무적으로 이 법에 대한 지지를 맹세해야 했는데, 메텔루스 누미디쿠스만이 서약을 거부하며 무거운 벌금을 내고 추방당하는 쪽을 택했다. 그때부터 사투르니누스는 마리우스에게 도움은커녕 점점 골칫거리가 되었다. 평판에 큰 타격을 입은 마리우스가 공개적으로 그와의 관계를 부정하자 사투르니누스는 마리우스의 적으로 돌아섰다.

기원전 100년 말경, 사투르니누스는 기근이 발생해 최하층민들이 동요하는 상황을 틈타 그들에게 지지를 호소하였다. 확보할 수 있는 곡물이 없었음에도 불구하고 그는 실행 불가능한 곡물법을 통과시켰다. 기원전 99년 호민관 선거에 세번째로 출마했지만 낙선했다. 절친한 친구 가이우스 세르빌리우스 글라우키아가 당선자 한 명의 살해를 사주했고, 죽은 당선자를 대신해 사투르니누스가 호민관 직을 얻었다. 기근과 사투르니누스의 웅변으로 선동된 포룸 로마눔의 군중이 정부를 위협하자 마리우스와 스카우루스가 동맹하여 원로원 최종 결의가 통과되었다. 사투르니누스 일당은 체포되어 원로원 의사당에 감금되었으나 재판이 열리기도 전에 의사당 지붕에서 쏟아진 기왓장에 맞아 죽었다. 그가 만든 법은 이후 모두 무효화되었다. 사투르니누스의 딸 아풀레이아는 파트리키인 마르쿠스 아이밀리우스 레피두스와 결혼했다.

살루스티우스 Sallust

카이사르와 동시대에 살았던 로마 역사가 가이우스 살루스티우스 크리스푸스. 카이사르와 안면이 있었던 두 역사가(다른 한 명은 가이우스 아시니우스 폴리오였다) 모두 카이사르에 대해 호의적인 글을 썼다는 사실은 무척이나 흥미롭다. 살루스티우스는 여자깨나 밝히는 호색한이었던 것으로 보인다. 밀로의 아내 파우스타와 놀아난 죄로 밀로에게 채찍을 맞고 나서 최초로 유명세를 떨치게 되었으니 말이다. 현재까지 남아 있는 살루스티우스의 저작은 두 가지다. 하나는 누미디아의 유구르타를 상대로 치러진 전쟁사에 관한 글이고 다른 하나는 루키우스 세르기우스 카틸리나의 모반 사건을 추적한 글이다.

삼프시케라모스 Sampsiceramus

키케로의 말을 믿자면, 강력한 동방 통치자의 전형이다. 언어를 잘 다루는 사람답게 키케로는 '삼프시케라모스'라는 발음에 매료되었던 것 같다. 삼프시케라모스는 시리아의 한 도시 에메사의 왕이었다는 점에서, 막강한 권력은 고사하고 재산이 많았다고도 볼 수 없다. 실제로 그는 자신이 가진 부를 더없이 특이한 방식으로 과시했던 점에서 남달랐다고 전해진다. 폼페이우스가 전설적인 인물이 된 후로, 키케로는 둘 사이가 틀어질 때마다 그를 삼프시케라모스라고 불렀다.

세르비우스 툴리우스 Servius Tullius

세르비우스 툴루스라고도 하며, 로마의 제6대 왕이자 유일한 라티움인 왕이다. 세르비우스 성벽을 건설했다고 알려져 있지만 이는 사실이 아니고, 실제로는 에스퀼리누스 평원의 커다란 이중성벽 아게르를 세웠을 것으로 추측된다. 법률 제정가이자 개화된 왕이었던 그는 로마와 라티움 동맹 간의 조약을 타결했으며, 이 조약문서는 공화정 말기까지 디아나 신전에 전시되었다. 그의 죽음은 오랫동안 충격으로 남은 사건이었다. 딸 툴리아가 정부 타르퀴니우스 수페르부스와 공모하여 남편을 죽인 후 아버지까지 살해한 것이다. 세르비우스 툴리우스가 오르비우스 언덕길 옆 샛길에서 칼을 맞고 쓰러진 후, 툴리아는 마차를 앞뒤로 몰며 아버지의 시신 위를 지나갔다.

세르토리우스 Sertorius

퀸투스 세르토리우스는 가이우스 마리우스의 친척으로 기원전 120년경에 태어났다. 마리우스의 가장 뛰어난 보좌관 중 한 명이었으며, 기원전 86년 마리우스가 죽은 뒤 술라와 대립했다. 기원전 83년에 히스파니아 총독 직을 얻었으나 술라의 명에 의해 축출되어 마우레타니아로 피신했다가 그를 사랑했던 루시타니족의 청으로 다시 히스파니아로 돌아갔다. 히스파니아에서 세르토리우스는 로마로부터 분리 독립하여 자체적인 '원로원과 인민'을 수립했다. 그 과정에서 히스파니아 원주민들에게 역점을 두었지만 동시에 로마인 저항 세력도 포섭하려 애썼다. 대단한 전투의 귀재로서 로마 장군들을 줄줄이 패배시켰는데, 젊은 시절 폼페이우스 마그누스도 기원전 76년에서 72년 사이에 전장에서 그에게 굴욕을 당했다. 기원전 72년, 궁지에 몰린 폼페이우스는 거액의 현상금을 걸었고 세르토리우스는 같은 로마인인 페르페르나의 손에 살해당했다. 세르토리우스는 동물들을 사로잡는 신비한 능력이 있었다고 전해진다.

셀레우코스 왕조 Seleucid

시리아 왕조의 혈통. 군주들은 알렉산드로스 대왕의 수하 장군 중 비교적 덜 알려진 셀레우코스 니카토르의 후손이다. 알렉산드로스가 죽은 뒤 셀레우코스는 왕국의 기반을 세워 최종적으로 시리아와 킬리키아에서 메디아와 바빌로니아에 이르는 영토를 점령했으며 안티오케이아와 티그리스 강변의 셀레우케이아 두 곳을 수도로 두었다. 그의 두 아내는 마케도니아의 스트라토니케와 박트리아의 아파마였다. 기원전 1세기 무렵 파르티아 왕국에 동쪽 영토를, 로마에 킬리키아 지방 대부분을 빼앗겼다. 이후 시리아만을 기반으로 삼았다. 그러다 폼페이우스가 시리아를 로마 속주로 만들자 셀레우코스 왕조의 마지막 남은 세력은 콤마게네의 왕위를 차지했다.

소시우스 Sosius

출판업과 관련된 로마의 가문명. 아우구스투스 원수정 시기에 소시우스라는 두 형제가 출판업을 했다. 로마의 상업은 대개 가족사업이었고 출판업은 마리우스 시대에 이미 번성하였으므로, 저자는 이 시기에도 소시우스라는 인물이 있었다고 해도 무방할 것이라 보았다.

술라 Sulla

루키우스 코르넬리우스 술라 펠릭스는 기원전 138년경 출생했다. 유서 깊은 파트리키 가문 출신이었으나 극도로 가난했으며, 그렇듯 가난한 형편 때문에 원로원에 들어갈 수 없었다. 플루타르코스는 술라가 원로원 의원이 되는 데 필요한 돈을 얻으려고 애인과 의붓어머니를 살해했다고 말한다. 첫번째 아내는 율리우스 가문의 여자였는데 위대한 카이사르의 고모이기도 한 가이우스 마리우스의 아내와 가까운 친척이었을 가능성이 있다. 술라는 오랜 기간 마리우스의 측근으로 지냈기 때문이다. 두 사람은 누미디아의 유구르타 왕을 상대로 전장에서 함께 싸웠고, 술라가 바로 유구르타를 생포한 주역이었다. 다만 그는 회고록을 쓰기 전까지는 이 사실을 스스로 깎아내렸다. 그는 마리우스가 게르만족을 물리치기 위해 집정관 직을 유지하는 내내 그 휘하에서 복무했으며 마리우스를 위해 일종의 첩보 활동을 수행했던 것으로 보인다.
원로원이 마리우스에 반하는 움직임을 보이면서 술라는 법무관 선거에서 실패를 맛보았다가 기원전 97년 뒤늦게 법무관에 당선되었다. 법무관급 총독 자격으로 킬리키아를 통치했으며 군대를 이끌고 처음으로 에우프라테스 강을 건너가 파르티아인들과 조약을 체결했다. 이탈리아 동맹시 전쟁중에는 남부 전선에서 눈부시게 활약했다.
기원전 88년에 집정관이 되었다. 같은 해 미트리다테스 대왕이 아시아 속주를 침공함에 따라 술라는 그 전쟁의 지휘권을 얻고자 했고, 연로한 마리우스 역시 지휘권을 원했다. 원로원은 술라에게 지휘권을 부여했으나 호민관 술피키우스가 그에게서 지휘권을 빼앗아 마리우스에게 주었다. 이에 카푸아에 있던 술라는 로마로 진군했다. 마리우스는 로마를 떠나 달아났고, 술라는 미트리다테스와 대적하러 동방으로 떠났다.
마리우스가 죽고 킨나가 로마의 패권을 잡은 뒤 술라는 서둘러 전투를 끝내고 기원전 83년에 고국으로 돌아왔다. 앞서 킨나가 그의 공권을 박탈한 터였으므로 그는 다시 한번 로마로 진군하여 스스로 독재관이 되었다. 곧이어 무자비한 공권박탈 조치를 실시했으며, 상당 기간 독재관 자리를 유지하면서 그가 로마 최악의 병폐로 여겼던 호민관들에게 재갈을 물릴 수 있도록 로마의 법체계를 개편했다. 기원전 79년에 독재관 직을 내려놓고 정계에서 물러나 방종한 생활을 만끽하다가 기원전 78년 세상을 떠났다.
그의 생애는 1부 『로마의 일인자』, 2부 『풀잎관』, 3부 『포르투나의 선택』에서 상세히 다룬다.

술피키우스 Sulpicius

푸블리우스 술피키우스 루푸스는 기원전 88년 호민관 재임 초기를 포함해 원로원 의원 시절 내내 보수 온건 성향의 인물이었다. 그러던 중 미트리다테스 왕이 아시아 속주에서 8만 명을 학살할 때 이탈리아인과 로마인을 구분하지 않았다는 소식은 술피키우스가 여러 문제에 시각을 달리하게 된 계기가 되었다. 로마 내의 보수파 및 반이탈리아 세력이 새로이 참정권을 얻은 이탈리아인들이 로마 시민 명부에 오르는 데 제약을 가한 일도 그중 하나였다. 이후 술피키우스는 급진주의자로 변모하여 마리우스의 편에 섰다. 그는 네 개의 법안을 통과시켰는데 그중 가장 중요한 법은 모든 신규 로마 시민권자들을 서른다섯 개 트리부스에 고루 배정해야 한다고 명시한 것이었다. 그러나 무엇보다 가장 문제가 된 법은 미트리다테스와의 전쟁 지휘권을 술라에게서 빼앗아 마리우스에게 넘겨준 것이었다. 이 일로 인해 술라가 진군하여 로마를 장악하자, 술피키우스는 마리우스, 마르쿠스 유니우스 브루투스 외 몇 사람과 함께 로마 밖으로 도망쳤다. 같이 피신한 나머지 사람들은 무사히 해외로 빠져나갔는데 아마도 술라에게 그들을 잡을 의도가 없었기 때문이었을 것이다. 그러나 술피키우스는 라티움 지방의 항구도시 라우렌툼에서 사로잡혀 바로 살해당하고 잘린 머리는 로마로 보내졌다. 술라는 새 집정관 킨나를 겁줄 작정으로 술피키우스의 머리를 로스트라 연단에 전시했다. 술피키우스가 제정한 네 개의 법률은 술라에 의해 모두 폐지되었다.

스키피오 아이밀리아누스 Scipio Aemilianus

푸블리우스 코르넬리우스 스키피오 아이밀리아누스 아프리카누스 누만티누스는 기원전 185년에 태어났다. 원래 코르넬리우스 스키피오 가문 출신이 아니라 마케도니아의 정복자 루키우스 아이밀리우스 파울루스의 아들이었으나, 스키피오 아프리카누스의 장남에게 입양되었다. 파울루스에게는 아들이 넷 있었으므로, 또다른 아들 하나도 파비우스 막시무스 집안에 입양시켰다. 그러나 불행히도 파울루스가 두 아들을 포기한 후 기원전 167년에 나머지 두 아들이 며칠 사이로 죽어버려 그에게는 상속자가 남지 않게 되었다. 아이밀리아누스의 어머니는 파피리우스 마소의 딸 파피리아였으며, 그의 부인은 그라쿠스 형제의 누나이자 코르넬리아의 딸인 셈프로니아로 그와는 원래 가까운 친척지간이었다.

그는 기원전 149~148년 제3차 포에니 전쟁에서 무훈을 세운 후 기원전 147년에 집정관으로 선출되었다. 집정관 직에 오를 나이가 채 되기 전이었고 상당수 원로원 의원이 격렬하게 반대했음에도 얻어낸 결과였다. 제3차 포에니 전쟁의 지휘관으로 아프리카에 파견된 그는 이후로도 늘 그의 특징이 될 끈질기고 철두철미한 성향을 보여주었다. 방파제를 쌓아 카르타고 항구를 막음으로써 도시를 봉쇄했고, 기원전 146년 카르타고가 함락되자 도시를 남김없이 파괴해버렸다. 그러나 그가 카르타고의 재건을 막기 위해 토양에 소금을 뿌려 넣었다는 일화에 대해서는, 로마인들은 그렇게 믿었지만 오늘날 학자들은 사실이 아니라고 치부한다. 기원전 142년에는 (적대적인 동료 감찰관으로 인해) 감찰관으로서 제대로 능력을 발휘하지 못했고, 기원전 140~139년에는 역사가 폴리비오스와 철학자 파나이티오스 등 그리스인 친구 둘과 함께 동방 여행을 떠났다. 기원전 134년, 두번째로 집정관에 선출되어 가까운 히스파니아의 누만티아 지역을 처리할 임무를 위임받았다. 이 소도시는 무려 50년에 걸쳐 로마군에 저항하며 연이은 패배를 안겼던 것이다. 아이밀리아누스를 맞은 누만티아는 8개월간 버텼다. 그는 누만티아를 함락시킨 후 돌 하나, 기둥 하나 남기지 않고 모조리 파괴했으며 주민 4천 명은 처형하거나 추방해버렸다.

처남인 티베리우스 그라쿠스가 로마 공화정의 전통, 기존에 확립된 질서의 근간을 해치고 있다는 소식을 듣고, 그는 자신과 그라쿠스의 공통된 친척이었던 스키피오 나시카를 비롯한 그라쿠스 반대파들에게 행동을 촉구했다. 기원전 132년 그가 로마에 돌아왔을 때는 이미 티베리우스가 죽은 후였지만, 사람들 사이에는 그가 티베리우스 사망의 배후라는 인식이 널리 퍼져 있었다. 그러던 중 그는 기원전 129년 45세로 급작스럽게 죽었다. 워낙 예기치 않은 죽음이었으므로 이후 그가 살해되었다는 소문이 계속 나돌았다. 주요 용의자로 지목된 사람은 남편을 끔찍이 싫어했던 그의 아내이자 그라쿠스의 누이 셈프로니아였다.

그는 천성적으로 다양한 면모를 지닌 유별난 인물이었다. 그리스 문화에 대해 지속적인 애정을 보인 위대한 지성으로서 폴리비오스, 파나이티오스나 라티움인 극작가 테렌티우스 같은 이들을 후원하고 격려한 인사들의 중심에 있었다. 친구로서는 더할 나위 없이 훌륭했으나 적을 대할 때는 잔인하고 냉혹하며 그야말로 무자비했다. 조직을 이끄는 데 천재적이었지만, 티베리우스 그라쿠스와 반목하는 과정에서처럼 큰 실수를 저지르기도 했다. 그는 훌륭한 취향을 지닌 교양과 재치가 넘치는 인물인 동시에 도덕적 · 윤리적으로 상당히 경직된 사람이기도 했다.

스키피오 아프리카누스 Scipio Africanus

푸블리우스 코르넬리우스 스키피오 아프리카누스는 기원전 236년에 태어나 184년 말경 사망했다. 어린 나이에 티키누스 전투와 칸나이 전투에서 수훈을 세웠으며, 26세에 아직 일반시민 신분으로 원로원이 아닌 트리부스회에게서 집정관급 총독의 임페리움을 부여받고 히스파니아로 파견되어 카르타고인과 대적했다. 5년간 뛰어난 활약을 벌여 카르타고군을 모두 무찌르고 히스파니아 속주 두 곳을 로마에 안겨주었다. 기원전 205년 (31세라는 이른 나이로) 집정관이 된 후에는 원로원의 거센 반대에도 불구하고 아프리카 침공 허가를 받아내어 시칠리아를 통해 아프리카로 진군했다. 결국 시칠리아와 아프리카 모두 함락되었고, 그는 아프리카누스라는 코그노멘을 얻었다. 기원전 199년에는 감찰관에 선출되고 원로원 최고참 의원으로 임명되었으며, 기원전 194년에 다시 집정관 자리에 올랐다. 걸출한 능력만큼 선견지명도 있었던 그는 안티오코스 대왕이 그리스를 침공할 것이라고 로마에 경고했으며, 실제로 그렇게 되자 동생 루키우스의 보좌관으로서 안티오코스와의 전투에 나서는 로마군에 동행했다. 그러나 엄격한 도덕주의자였던 감찰관 카토는 스키피오 일가가 이끄는 군대의 기강이 해이하다며 끊임없이 규탄하다가 아프리카누스와 루키우스 형제를 핍박하기 시작했다. 루키우스는 기원전 184년에 기사 지위를 박탈당했고 아프리카누스는 같은 해 말에 죽었으므로, 표면상 카토가 이 대결에서 승리한 것으로 보인다. 그런데 바로 이 대목에서 우리는 카이사르를 끈질기게 괴롭혔던 카토 우티켄시스가 보인 행동의 뿌리를 확인할 수 있다. 또다시 광적인 도덕주의자가 로마에서 가장 걸출한 귀족에게 온 신경과 정력을 집중한 셈이었으니, 가히 가문의 전통이라 할 만하다. 아프리카누스는 마케도니아를 정복한 파울루스 마케도니쿠스의 누이 아이밀리아 파울라와 결혼하여 아들 둘과 딸 둘을 두었다. 그의 아들들은 아무도 두각을 나타내지 못했지만 큰딸은 육촌지간이던 푸블리우스 코르넬리우스 스키피오 나시카 코르쿨룸의 부인이었고 작은딸 코르넬리아는 유명한 그라쿠스 형제의 어머니였다.

스핀테르 Spinther

조연으로 유명한 로마 연극계의 배우. 그의 이름을 끌어다 쓰는 경우는 어떤 인물이나 행동의 효과를 조롱하기 위함이었다.

아이네아스 Aeneas

트로아스 지역 다르다니아의 왕자. 앙키세스 왕과 베누스(그리스의 아프로디테) 여신 사이에 태어났다. 트로이아가 아가멤논 군에 함락될 때, 팔라디온(아테나 여신의 목각상)을 겨드랑이에 끼고 늙은 아버지를 어깨에 짊어진 채 불타는 트로이아를 탈출했다. 그가 수많은 모험 끝에 라티움에 정착해 뿌리내린 종족의 후손이 자신들의 진정한 조상이라고 로마인들은 믿었다. 특히 로마 명문가로 꼽히던 율리우스 가의 선조가 그의 아들 율루스이기 때문에 율루스의 어머니는 누구였는지가 역사적으로 중요한 의미를 지니는데, 고대 로마 시인 베르길리우스에 따르면 율루스는 아이네아스가 트로이아인 크레우사와의 사이에 얻은 아들 아스카니우스와 동일 인물로 아이네아스가 트로이아를 빠져나올 때 함께 데리고 나왔다고 전한다. 반면 고대 로마 역사가 리비우스는 율루스가 아이네아스와 라티움인 라비니아와의 사이에서 태어났다고 썼다. 베르길리우스와 리비우스는 마리우스보다 거의 100년 후의 인물이며, 이 시리즈의 배경이 되는 시대에 율리우스 가문이 어느 쪽을 믿었는지는 전혀 알려져 있지 않다. 저자는 리비우스가 더 신뢰할 만하다고 판단하여 그의 설을 따랐다. 베르길리우스는 아우구스투스의 영향을 많이 받았다.

아탈로스 3세 Attalus III

페르가몬의 마지막 왕. 아나톨리아 서부의 에게 해안 대부분과 프리기아 지역을 다스렸다. 기원전 133년, 비교적 젊은 나이에 후사를 남기지 못한 채 사망했다. 유언장은 로마에 전달되었는데 왕국을 통째로 로마에게 유증한다고 쓰여 있었다. 이에 전쟁이 발발했지만, 기원전 129년과 128년에 마니우스 아퀼리우스가 반대세력을 진압했다. 그는 유지에 따라 왕국을 로마의 아시아 속주로 만들고 프리기아 땅 대부분은 폰토스 국왕 미트리다테스 5세에게 판 뒤, 대가로 받은 황금은 자기 주머니에 챙겼다. 이 탐욕스러운 소행은 이후 로마에서 발각되었고, 아퀼리우스 가문에는 씻을 수 없는 오명이 따라다녔다.

안티오코스 Antiochus

시리아나 다른 작은 동방 왕조국가의 왕들에게 흔하게 붙여졌던 이름.

알렉산드로스 대왕 Alexander the Great

마케도니아 왕이자 거의 세계 전부를 제패했던 왕. 기원전 356년에 필리포스 2세와 에페이로스 출신의 올림피아라는 여성 사이에서 태어났다. 어릴 적 스승은 아리스토텔레스였다. 스무 살에 아버지가 암살되고 왕위를 물려받은 그는 소아시아가 자기 세력권 내에 있다고 여기고 이곳을 침공하기로 결심한다. 마케도니아와 그리스에서 저항세력을 모조리 쳐부수는 것을 시작으로 기원전 334년 4만 군대를 이끌고 아나톨리아로 갔다. 이 지역의 모든 그리스 도시국가를 페르시아로부터 해방시킨 후 이어 시리아와 이집트의 저항세력까지 소탕했다. 일설에 따르면 이때 오늘날 이집트 시와의 아몬 신전 사제에게 조언을 구했다고 한다. 기원전 331년 페르시아 왕 다리우스를 만나기 위해 메소포타미아로 진군했다. 가우가멜라에서 다리우스를 패배시킨 뒤 이어 페르시아인들의 제국(메디아, 수시아네, 페르시아)을 정복하며 어마어마한 전리품을 축적했다. 그후 카스피 해에서 동쪽으로 이동해 박트리아와 소그디에네를 정복하고 피해가 컸던 3년짜리 전쟁을 마친 뒤 힌두쿠시 산맥에 다다랐다. 그동안 맺은 협정을 공고히 하고자 소그디에네의 공주 록산느와 결혼한 뒤 인도로 떠났다. 히파시스 강에서 포로스 왕을 패배시킨 후 펀자브 지역의 저항이 사그라지자 인두스 강을 따라 바다까지 진군했다. 하지만 마지막에 그의 군대가 갠지스 강으로 함께 동진하기를 거부하자 계획을 축소시킨다. 그는 다시 서쪽으로 방향을 돌리며 군대를 둘로 나누었다. 절반은 그를 따라 육로로 가고 나머지는 알렉산드로스 휘하의 해독 네아르코스를 따라 해상으로 갔다. 군함은 계절풍을 만나 이동이 지체되었고, 게드로시아를 통과하는 알렉산드로스 대왕의 여정 역시 고난에 찬 행군이었다. 결국 남은 군대는 메소포타미아에서 재결합했고, 그는 바빌론에 머물렀다. 결국 그곳에서 열병에 걸려 기원전 323년 서른세 살의 나이로 사망했고, 휘하 장수들은 서로 대립하며 전쟁을 벌이다 그의 제국을 나누어 가졌다. 그들은 헬레니즘 문화권에서 왕이 되어 소아시아, 이집트, 시리아, 메디아, 페르시아 땅 대부분을 나누어 다스렸다. 사후에 록산느에게서 태어난 그의 아들은 아버지의 지위를 물려받지 못했다. 여러 정황을 미루어볼 때 알렉산드로스 대왕은 자신이 신으로 숭배되기를 소망했던 것 같다.

앙쿠스 마르키우스 Ancus Marcius

로마의 네번째 왕. 마르키우스 가문(특히 렉스 분가)의 시조로 주장되었지만, 그들은 평민이었기 때문에 이 주장은 신빙성이 떨어진다. 오스티아를 점령했다고 알려졌고 티베리스 강어귀에서 에트루리아인들의 염전을 강탈했다고도 하지만 사실 여부는 분명치 않다. 그의 치세하에 로마는 번성했고, 그가 완성한 공공사업 중 하나가 수블리키우스 목교이다. 기원전 617년에 죽으면서 아들들에게 왕위를 물려주지 않아 이후 문제가 발생한다.

오디세우스 Odysseus

라틴어로는 울릭세스. 전설에 등장하는 이타케의 왕. 호메로스의 『일리아스』 주요 인물이자 호메로스의 『오디세이아』 주인공이다. 천성적으로 술책이 뛰어나고 꾀가 많았으며('꾀'는 고대 로마인들에게 부정적인 이미지가 아니었다) 훌륭한 전사인 동시에 남들은 절대 쏘지 못하는 활을 다룰 만큼 장사였다. 빨강머리와 회색 눈에 왼손잡이였으며 다리가 너무 짧아서 "서 있을 때보다 앉아 있을 때 키가 커 보이는" 인물이었다. 트로이아에서 10년간 전쟁을 치른 그는 트로이아 왕 프라이모스의 왕비 헤카베를 전리품 삼아 집으로 돌아가려 했다. 하지만 눈물을 그치지 않는 헤카베에게 질려 그녀를 버리고, 10년간 지중해를 떠돌며 놀라운 모험을 겪는다. 정절을 지킨 아내 페넬로페와 아들 텔레마코스, 개 아르고스가 기다리던 고향 이타케로 20년 만에 돌아온 그는 아들의 도움을 받아 그 무시무시한 활로 페넬로페의 구혼자들을 모두 죽였고 페넬로페와 함께 평생 행복하게 살았다.

옥신타스 Oxyntas

유구르타(해당 참조)의 아들. 형제인 얍프사스와 함께 기원전 104년 마리우스의 개선식에 참여했다. 유구르타는 개선식 직후 사형당했지만, 옥신타스는 베누시아로 옮겨져 기원전 89년까지 그곳에서 생활했다. 마르시 전쟁 이후 그의 행방은 알려져 있지 않다.

유구르타 Jugurtha

기원전 118년부터 기원전 105년까지 누미디아의 왕을 지냈다. 서자였던 그는 자기보다 왕위 계승 서열이 높은 형제들을 죽임으로써 왕좌를 얻었고, 스카우루스를 필두로 한 로마 원로원의 거센 반대에도 꿋꿋이 왕위를 지켰다. 아울루스 포스투미우스 알비누스의 불명예스러운 누미디아 침략 시도 이후 기원전 109년에 아프리카 속주를 상대로 전쟁을 개시했다. 그를 진압하기 위해 집정관 퀸투스 카이킬리우스 메텔루스가 아프리카로 떠나고, 히스파니아에서 하급 참모군관으로 유구르타와 함께 복무했던 가이우스 마리우스와 푸블리우스 루틸리우스 루푸스가 메텔루스의 보좌관으로서 출정한다. 메텔루스(훗날 이 전쟁으로 '누미디쿠스'라는 코그노멘을 얻었다)는 마리우스와 잦은 충돌을 빚고, 기원전 108년 마리우스가 집정관으로 당선되자 평민회는 누미디아 전쟁 지휘권을 메텔루스에게서 박탈해 마리우스에게 넘겨준다. 마리우스는 누미디아를 상대로 한 전투는 승리로 이끌지만 유구르타 생포에는 번번이 실패한다. 당시 마리우스의 재무관이던 술라가 마우레타니아의 보쿠스 왕을 꾀어 속임수로 유구르타를 생포한다. 로마로 송환된 유구르타는 기원전 104년 신년 첫날 마리우스의 개선식에서 포로로서 행진한 후 툴리아눔 감옥의 구덩이에 갇혀 굶어죽었다.

율루스 Iulus

트로이아의 영웅 아이네아스의 아들. 율리우스 씨족 사람들은 자신들이 율루스의 직계 후손이라고 믿었다. 베르길리우스는 율루스가 아이네아스의 모든 여정을 함께한 트로이아인 아내 크레우사에게서 낳은 아들이 아스카니우스라고 했다. 반면 리비우스는 아이네아스가 라티움인 아내 라비니아에게서 낳은 아들이라고 했다. 카이사르 시대에 율리우스 가문이 어느 쪽을 믿었는지는 알려져 있지 않다. 저자는 리비우스의 손을 들어주고 싶다. 베르길리우스는 후원자인 아우구스투스를 기쁘게 하기 위해 역사를 조작했을 수 있기 때문이다.

율릴라 Julilla

이 시리즈에는 가이우스 율리우스 카이사르(독재관 카이사르의 조부)의 차녀로 나온다. 그에게 딸이 둘이었다는 실제 증거는 없으며, 장녀인 율리아만이 고대 문서에 언급된 바 있다. 저자는 고대인들이 무엇을 중요하다고 생각하여 기록으로 남겼는지, 그리고 무엇을 중요하지 않다고 간주하여 무시하고 넘어갔는지에 끊임없이 매혹되곤 한다. 키케로는 당대 독자를 염두에 두고 글을 썼기 때문에 당시 익히 알려진 사실은 굳이 언급하지 않았다. 율리아는 오랫동안 살아남아 존경받고 인정받는 노부인이 되었다. 그녀는 위대한 마리우스의 아내였으며, 그녀의 아들 마리우스 2세 역시 로마사에 큰 족적을 남겼다. 따라서 카이사르와 마르키아 사이의 다른 딸들은 조용히 사라졌어도 율리아만은 오늘날까지 이름이 전해지는 것이 어쩌면 당연한 일이다. 플루타르코스의 기록을 통해 술라의 첫째 부인도 이름이 율리아였음을 알 수 있다. 하지만 술라는 율리아 이후에도 세 아내를 맞았으며, 고대 문서에 실질적으로 언급된 것은 마지막 둘뿐이다. 훗날 술라가 회고록(플루타르코스를 비롯한 역사학자들이 참고한)에서 율리아에 대해 언급하지 않은 이유는 마리우스와의 사이가 많이 벌어져서인지도 모른다. 술라가 회고록을 출판할 무렵 마리우스의 아내 율리아는 과부였지만 아직 생존해 있었기 때문이다.

매끄러운 스토리 전개를 위해, 저자는 작가적 상상력을 동원해서 마리우스의 아내인 율리아의 여동생을 술라의 첫째 부인으로 설정했다. 하지만 이러한 설정을 뒷받침하는 증거들이 더 존재한다. 역사를 들여다보면, 술라가 정치·군사 경력을 쌓기 시작할 무렵 그는 마리우스와 밀접한 관계를 맺고 있었다. 물론 이 시리즈의 배경이 되는 시기에 술라와 마리우스가 가까운 동료 이상의 관계였음을 증명하는 실질적 증거는 없다고 주장하는 사람도 있을 것이다. 술라가 유구르타를 직접 생포했음을 내세워 전쟁의 공을 가로채려 했다는 추측은 많은 세월이 흐른 뒤 출간된 회고록 두 편에 뿌리를 두고 있다. 첫번째는 술라가 직접 쓴 회고록이고, 두번째는 퀸투스 루타티우스 카툴루스 카이사르의 회고록이다. 당시 두 사람은 어떻게든 마리우스의 명성에 흠집을 내야만 하는 입장이었다. 하지만 기원전 107년부터 기원전 100년 사이 마리우스와 술라의 경력은 이리저리 얽혀 있으며, 그 시기에 두 사람이 서로 반목하는 사이였음을 증명하는 자료는 없다. 오히려 실제 역사적 사건들을 살펴봤을 때 두 사람은 동료로서 가깝게 지냈으며 서로를 신뢰했던 것 같다. 유구르타와의 전쟁을 승리로 이끈 것은 자신이라는 술라의 주장 때문에 실제로 두 사람 사이에 불화가 존재했다면, 마리우스가 왜 그를 보좌관으로 임명하고 갈리아까지 데려갔겠는가? 그러다가 마리우스가 알프스 너머 갈리아에서 진격하는 테우토네스족과 접전을 벌일 무렵, 술라는 카툴루스 카이사르와 이탈리아 갈리아로 갔다. 저자는 이것은 단순히 술라와 마리우스의 사이가 어떤 식으로든 소원해졌기 때문이 아니라고 생각한다. 카툴루스 카이사르가 무모하게 아테시스 강 상류로 군대를 진군시킨 다음 그의 군대 내에서 의문의 반란이 발생했고, 그는 결국 아테시스 강 하류로 되돌아왔다. 이때 그는 반란 사실을 로마에 알리지 않고 플라켄티아에서 얌전히 마리우스를 기다렸다. 술라는 그의 보좌관이었음에도 불구하고 이 상황에 대해 한마디 말도 하지 않았다. 물론 이는 단순히 술라와 마리우스의 사이가 멀어졌기 때문일 수도 있다. 하지만 카툴루스 카이사르가 소중한 로마군을 잃는 것을 막기 위해 마리우스가 술라를 파견했기 때문일 가능성도 배제할 수 없다.

마리우스가 집정관 선거에 출마하려고 로마로 돌아온 기원전 108년, 그는 분명 술라에게 자신의 재무관이 되어달라고 개인적으로 부탁했을 것이다. 누미디아에서의 임기가 끝난 뒤에도 술라는 마리우스 곁에 남았는데, 이는 상관에 대한 헌신적인 태도라 할 수 있다. 실제로 술라는 마리우스가 로마로 돌아올 때까지 그의 곁에 머물렀다. 술라는 마리우스가 직접 임명한 재무관이었던 것이다. 그렇다면 마리우스는 어떤 경로로 재무관 직을 부탁할 만큼 술라와 친해진 것일까? 플루타르코스에 따르면 두 사람은 이전에 함께 전쟁을 치른 적이 없었고, 열일곱 살이나 나이 차이가 났으며, 생활방식도 판이하게 달랐다. 또한 플루타르코스는 술라의 첫째 아내가 율리아라고 했다. 술라의 첫째 아내 율리아가 마리우스의 아내 율리아와 자매지간이라면 많은 문제가 해결된다. 어쩌면 두 율리아는 사촌이나 가까운 친구였을지도 모른다. 하지만 소설가는 각 테마와 관련하여 스토리와 등장인물을 최대한 간결하게 설정해야 하므로, 둘을 자매지간으로 만드는 것이 가장 적절해 보였다. 술라의 첫째 아내 이름을 언급해준 플루타르코스에게 무한한 감사의 인사를 보낸다! 로마 사회에서 가장 중요한 것은 가문임을 감안할 때, 마리우스와 술라는 혼인을 통해 맺어진 친척지간이며 연장자인 마리우스는 처가의 부탁을 받아 아랫사람인 술라가 관직의 사다리에 첫걸음을 떼도록 도와주었다고 보는 것이 가장 논리적이지 않을까? 이러한 맥락에서 가이우스 율리우스 카이사르의 차녀이자 술라의 아내인 율릴라가 탄생했다.

제논 Zeno

스토아 철학을 창시한 그리스인.

타르퀴니우스 수페르부스 Tarquinius Superbus

로마의 제7대 왕이자 마지막 왕. 유피테르 옵티무스 막시무스 신전을 완공하고 봉헌하기도 했지만, 건설보다 전쟁으로 더 유명했다. 그의 왕위 즉위 이면에는 살인과 한 여인(세르비우스 툴리우스 왕의 딸 툴리아)의 충격적인 이야기가 있었으며, 그의 퇴위와 관련해서도 비슷한 이야기가 있었다. 루키우스 유니우스 브루투스를 필두로 귀족들이 반란을 일으키자 로마에서 탈출하였고, 공화정이 수립되었다. 그는 지방의 반로마 지도자들을 차례로 찾아다니며 피신하다가 결국 쿠마이에서 죽었다. 그가 가비 시를 상대로 치른 전쟁을 어떻게 끝냈는지를 둘러싸고 흥미로운 이야기가 전해진다. 가비의 중요인사들을 어떻게 처리할지 묻는 말에, 수페르부스는 아무 대꾸도 없이 정원으로 들어가 검을 뽑더니 눈에 띄게 키가 큰 양귀비 꽃송이를 모조리 베었다. 가비에 있던 그의 아들은 아버지의 뜻을 정확히 파악해서 가비의 특출한 인물들을 모두 참수했다. 일명 '키 큰 양귀비 증후군'의 유래인 이 일화를 오늘날 아는 사람은 거의 없지만, 이 용어는 탁월한 능력이나 명성이 있는 이들에 대한 인신공격을 가리키는 은유적인 표현으로 쓰인다.

타르퀴니우스 프리스쿠스 Tarquinius Priscus

로마의 제5대 왕. 전해지는 말에 의하면 그리스인이었는데 카이레로 흘러들어가 에트루리아인이 되었고 후에 다시 로마로 이주했다. 포룸 로마눔에 배수설비를 하고 많은 하수도를 설치했으며, 유피테르 옵티무스 막시무스 신전 공사를 개시했고 대경기장을 건설했다고 전해진다. 왕위 찬탈 음모를 꾸민 앙쿠스 마르키우스의 두 아들에게 살해당했다. 부인은 그의 죽음을 막지는 못했지만, 쿠데타를 좌절시키고 6대 왕이 된 세르비우스 툴리우스를 권좌에 앉혔다.

툴루스 호스틸리우스 Tullus Hostilius

로마의 제3대 왕. 전설에 가까운 인물로 전쟁을 좋아했다. 알바롱가를 공격하여 파괴하고 주민들을 데려와 로마 주민으로 삼았다. 알바롱가의 지배계급은 로마 귀족이 되었다. 자신을 기념하여 쿠리아 호스틸리아라고 이름 붙인 원로원 의사당을 세우기도 했다.

페넬로페 Penelope

이타케의 왕 오디세우스의 아내('오디세우스' 참조). 아버지 이카리오스가 딸의 구혼자들을 모아놓고 펼친 달리기 경주에서 오디세우스가 우승하여 페넬로페를 아내로 얻었다. 오디세우스가 트로이아 전쟁에 출전하면 20년간 돌아오지 못한다는 예언을 들은 후, 갓난 아들 텔레마코스와 함께 남편을 기다리기로 마음먹었다. 오디세우스가 죽었다고 짐작되자 수많은 구혼자들이 찾아온 것을 보면, 이타케의 왕위는 모계 계승되었던 듯하다. 호메로스에 따르면, 페넬로페는 시아버지의 수의를 다 짜기 전까지 재혼할 수 없다고 하면서 낮에 짠 옷감을 밤마다 다시 푸는 수법으로 오디세우스가 돌아올 때까지 시간을 끌었다고 한다.

프로크루스테스 Procrustes

그리스 신화 속 인물로 아티케 근방(코린토스 지협 방향의 도로로 알려져 있다)에 살았으며, 그의 집에는 일반인의 신장보다 훨씬 긴 침대 하나와 훨씬 짧은 침대 하나가 있었다. 그는 집으로 여행자들을 유인해 힘으로 제압한 뒤 두 침대 중 더 안 맞는 쪽에 눕혔다. 그 사람의 키가 긴 침대보다 작은 경우 침대 길이만큼 늘어나도록 잡아당겼고, 짧은 침대보다 크면 침대 길이에 맞춰 몸을 잘랐다. 테세우스는 프로크루스테스가 다른 사람들에게 했던 방식으로 그를 죽였다.

플라우투스 Plautus

본명은 티투스 마키우스 플라우투스. 움브리아 출신으로 기원전 3세기에 생존했으며 기원전 184년 이후 사망했다. 라틴어 희극 전문작가로 오랫동안 활동하며 130여 편의 희곡을 썼다. 근본적으로 그리스 희극의 플롯을 차용했지만 무대를 낯선 그리스가 아닌 로마로 옮기고 노예 캐릭터를 잘 살려서 로마 스타일 희극을 완성했다. 그의 작품은 대사가 아주 자유롭고 놀라울 정도로 익살맞지만, 종종 플롯에 충실하지 못하고 전후 맥락과 무관한 장면을 삽입하는 등 오로지 위트만을 중시했다. 그의 연극에는 노래가 많이 삽입되었으며 리라(칸티쿰)와 플루트 연주가 곁들여지기도 했지만 지금까지 전해지는 음악은 없다.

피타고라스 Pythagoras

그리스 철학자이자 종교 단체로서의 피타고라스학파 교주. 공화정 말기 로마인들은 그를 별나다 못해 약간 정신 나간 인물로 여겼다. 인간이 영혼을 해방시키는 삶의 방식을 따르지 않으면 그 영혼이 하나의 유기체에서 다른 유기체에게로(심지어는 식물에게로) 옮겨갈 수밖에 없다고 주장했다. 여성도 그러한 삶의 방식에 동참할 수 있다고 했고, 침묵, 순결, 명상, 채식주의 등의 규율을 설파했다. 로마에서 유행하던 신(新)피타고라스 철학은 기존 피타고라스 철학이 변질된 형태였지만 숫자와 특정한 삶의 방식에 대한 집착은 여전했다.

한니발 Hannibal

널리 이름을 떨친 카르타고의 왕자로, 로마와의 전쟁에서 카르타고군을 이끌었다. 기원전 247년에 하밀카르의 아들로 태어났다. 아주 어릴 때부터 부왕이 카르타고 총독을 지낸 히스파니아에서 군사훈련을 받았다. 기원전 218년에 이탈리아를 침공했는데, 로마를 기습하는 충격 전술을 썼다. 그는 비범하게도 (코끼리들과 함께) 몽주네브르 고개로 알프스를 넘었다. 16년 동안 이탈리아 갈리아 및 이탈리아 전역을 거리낌없이 돌아다니면서 트레비아와 트라시메네, 칸나이에서 로마군에게 승리했다. 하지만 퀸투스 파비우스 막시무스 베루코시스 쿵타토르는 자기만의 전략으로 결국 한니발을 지치게 만들었다. 파비우스 막시무스는 군대를 이끌고 쉴새없이 카르타고군을 뒤쫓으면서도 절대로 전투를 벌이거나 전투에 말려들지 않았다. 파비우스 막시무스가 언제나 근처에 있었기 때문에 한니발은 결국 로마를 공격할 엄두를 내지 못했다. 한니발의 일부 이탈리아 동맹들은 동요했고, 캄파니아의 지배권을 잃은 한니발은 파비우스 막시무스를 피해 계속 남쪽으로 후퇴할 수밖에 없었다. 한니발은 타렌툼을 잃었으며, 그의 형제 하스드루발은 움브리아 북부와 메타우루스 강에서 패배했다. 이탈리아 반도 앞부리의 브루티움에 갇힌 한니발은 기원전 203년, 패배한 적 없던 자신의 군대를 카르타고로 돌려보냈다. 자마에서 스키피오 아프리카누스에게 패배한 그는 카르타고의 국가원수로서 시리아의 안티오코스 대왕과 손을 잡고 로마에 대항할 계략을 꾸몄다. 그는 로마의 압력으로 카르타고에서 달아나 안티오코스에게 피난처를 제공받았지만, 로마가 안티오코스를 굴복시키자 다시 달아났다. 방랑 끝에 아르메니아까지 간 한니발은 아르탁시아스 왕이 수도 아르탁사타를 설계하고 건설하는 것을 도왔다. 극히 동양적인 그곳 왕궁의 생활이 마음에 들지 않았던 그는 아나톨리아를 넘어 서쪽으로 향하여 비티니아의 프루시아스 왕에게 갔다. 기원전 182년 로마가 프루시아스 왕에게 한니발을 넘겨달라고 요구하자 그는 자결했다. 로마인들은 완강하고 끈질긴 적이었던 한니발을 늘 존경하고 찬탄했다.

헥토르 Hector

트로이아(일리움)의 왕 프리아모스의 아들로, 트로이아 사람들을 이끌고 아가멤논과 그리스인들에 맞서 싸우다 아킬레우스와의 전투에서 죽었다. 아내는 안드로마케, 아들은 아스티아낙스다.

호메로스 Homer

구전에 의하면, 소아시아의 에게 해안 출신의 눈먼 그리스 시인으로, 고대 서사시 중 가장 칭송받고 유명하고 사랑받는 두 작품인 『일리아스』와 『오디세이아』를 썼다.

종족

가이툴리족 Gaetuli

유목생활을 하며 넓은 지역에 흩어져 살던 베르베르인. 북아프리카 연안 너머 내륙, 소(小)시르티스에서 마우레타니아까지 광대한 지역에 흩어져 살았다.

게르만족 Germani

게르마니아 주민들. 게르마니아는 레누스 강(오늘날의 라인 강) 너머의 땅 전체를 말한다.

록솔라니족 Roxolani

오늘날의 우크라이나와 루마니아에 거주했던 사람들로 사르마티아인(해당 항목 참조)의 한 갈래였다. 부족 형태를 유지하며 유랑생활을 하는 기마민족이었으나 기원전 6~5세기경 그리스인 거류지가 들어선 해안지역에서는 그리스의 영향으로 농경생활을 하기도 했다. 지중해 인근 거주민들은 모두 그들을 야만인 취급하며 혐오했다. 하지만 미트리다테스 6세는 흑해 주변을 정복한 뒤 그들을 자신의 기마병으로 활용했다.

루시타니족 Lusitani

히스파니아의 극서 및 서북 지역에 거주하던 민족. 켈트이베리아인(해당 항목 참조)에 비해 헬레니즘 문화나 로마 문화에 덜 노출되었다. 켈트족과 이베리아인 혈통이 섞여 있었지만 인종 구성을 따져볼 때 이베리아인에 더 가까웠을 것으로 짐작된다. 부족적 조직 형태를 띠었으며 방목과 경작을 병행했던 것으로 보인다.

마르시족 Marsi

이탈리아에서 가장 중요한 종족 중 하나. 푸키누스 호수 주변에 살았던 그들의 영토는 험준한 아펜니누스 산맥까지 이어져 있었다. 그들은 마르시 전쟁 전까지 늘 로마에 충성했고, 부유하고 용맹하고 인구가 많았으며 일찍부터 라틴어를 받아들였다. 그들이 세운 가장 큰 마을은 마루비움이었고, 마루비움보다 더 규모가 큰 알바 푸켄스(알바 푸켄티아)는 로마가 마르시족 영토에 건설한 라티움 시민권자 거류지였다. 뱀을 숭배했고 뱀을 잘 부리는 것으로 유명했다.

마르코만니족 Marcomanni

기원전 120년 시작된 게르만족 이주에 뒤늦게 합류한 세 부족 중 하나. 켈트족으로 보이오하이뭄의 보이족과 친밀한 동맹관계를 맺고 있었으며, 원래는 알비스 강의 수원지 부근(오늘날의 체코와 슬로바키아)에 살았다. 게르만족 이주가 시작된 지 7년째 되던 기원전 113년, 킴브리족과 테우토네스족 무리에 합류했다.

메사피족 Messapii

이탈리아 동남부 지역 가장 초창기 민족.

무어인 Moor

마우레타니아에 살던 베르베르인을 일컫는 말.

미노스인 Minoan

로마인들이 이 말을 사용했을 리 만무하다. 이것은 기원전 2000년에 존재했던 크레타와 그리스 문명에 속한 사람들을 표현하기 위해 현대에 와서 만들어진 용어다(아서 에번스 경이 만든 말로 보인다). 다만 저자는 독자의 이해를 돕기 위해 술라의 대화에 이 단어를 이용했다. 로마인들이 미노스인의 존재에 대해 알고 있었는지는 확실하지 않다.

벨가이족 Belgae

갈리아 서북부와 라인란트 일대에 거주하던 무시무시한 부족 연합체. 트레베리족, 아투아투키족, 콘드루시족, 벨로바키족, 아트레바테스족, 바타비족 등 다양한 부족이 섞여 있었지만 켈트족보다 게르만족 계통으로 보는 것이 맞을 것이다. 이중 네르비족 전사들은 보병이었고 트레비리족 전사들은 말을 탔다.

보콘티족 Vocontii

알프스 너머 갈리아(해당 항목 참조)의 드루엔티아 강 유역에 거주한 켈트 부족 연합체. 이들의 영토는 북쪽으로 알로브로게스족의 영토와 접했다. 알프스 산맥을 가로지르며 드루엔티아 강을 따라 로다누스 계곡 쪽으로 구불구불 이어진 도미티우스 가도에서 로마인들을 종종 약탈했다.

볼스키족 Volsci

중부 이탈리아에 살았던 고대 종족 중 하나. 라티움 동부지역을 근거지로 소라, 아티나, 안티움, 키르케이, 타라키나, 아르피눔의 정착지에 집중적으로 거주했다. 아이퀴족과 동맹 관계에 있었다. 기원전 4세기 말 로마 사회에 완전히 동화되었기 때문에 이들의 문화적 · 사회적 정체성은 대부분 사라졌다. 라틴어 대신 움브리어와 유사한 고유 언어를 사용했다.

볼카이 텍토사게스족 Volcae Tectosages

로다누스 강 너머 지중해 연안 갈리아 지역을 차지하고 나르보와 톨로사까지 영역을 확장했던 켈트 부족 연합체('브렌누스〔2〕', '톨로사' 참조).

사르마티아인 Sarmatians

게르만 혈통으로 추정되는 민족으로, 타나이스 강 동쪽에 거주하다가 흑해 북서쪽의 초원지대(오늘날의 우크라이나)를 차지했다. 유목 성향이 강했고 모두 말을 탔다. 드물게 여성에게 남성과 동등한 지위를 허용하여 여성도 평의회에 참석하고 전사로 싸웠다. 기원전 1세기에는 몇몇 소부족이 빠져나가 독립 부족이 되었는데, 더 남쪽에 정착한 록솔라니족(해당 항목 참조)과 야지게스족이 대표적이다.

사비니족 Sabini

오스키어(해당 항목 참조)를 사용했으며 민족적 기원은 알 수 없다. 강직하고 용감하며 독립적인 기질로 유명했다. 퀴리날리스 언덕에서 아펜니누스 산맥 정상에 걸쳐 로마의 북동쪽에 거주했는데, 이는 아드리아 해로 이어지는 고대의 소금길(살라리아 가도) 주변 지역에 해당한다. 로마와의 관계는 출처가 불분명한 사비니 여인들의 '강탈' 이야기로 거슬러올라가며('로물루스와 레무스' 참조) 이들은 수 세기 동안 로마의 영토 침공에 저항했다. 이들의 주요 도시는 레아테, 네르사이, 아미테르눔 등이었다.

살라시족 Salassi

메디올라눔 북서쪽, 두리아 마요르 강의 거대한 고산 계곡을 터전으로 삼은 켈트 부족. 기원전 2세기에 로마의 살라시 계곡 습격으로 후퇴했으나 그후 로마에 대한 저항을 한층 강화했다. 로마가 이 지역에 관심을 가진 것은 에포레디아에서 멀지 않은 두리아 마요르 강바닥에서 사금이 대량 산출되었기 때문이다. 그러나 사금을 채굴하러 살라시 계곡으로 올라가면 살라시족의 공격을 받을 위험이 매우 컸다. 마리우스가 퇴역병사 일부를 에포레디아에 정착시켜 로마 세력을 강화하자 이들은 서서히 알프스 고지대로 물러났다. 그후 로마인들은 살라시족이 지키던 산길 두 곳을 이용하기가 매우 힘들어졌다.

삼니움족 Samnites

이탈리아인 중에 로마에 가장 완강히 저항한 종족들은 라티움, 캄파니아, 아풀리아, 피케눔과 아드리아 해 사이의 영토에 거주했다. 하지만 개별 종족으로서의 삼니움족은 피케눔 남부와 캄파니아 남부에 집중되었다. 삼니움은 대부분 험준한 산악지대였고 토양이 그리 비옥하지 않았다. 주요 도시로 카이에타, 아이클라눔, 보비아눔 등이 있었다. 도시들은 대개 가난하고 작았지만, 개중 번성한 두 도시 아이세르니아와 베네벤툼은 로마가 삼니움에 건설한 라티움 시민권자 거류지였다. 삼니움족 외에도 프렌타니족, 파일리그니족, 마루키니족, 베스티니족이 삼니움 곳곳에 거주했다.
삼니움족은 몇 차례 로마군에 치명적인 패배를 안겼기에 어떤 로마 장군도 이들을 가볍게 보지 않았다. 어떤 반란세력이 로마를 전복할 가능성이 보일 때마다 삼니움족은 거기에 동참했다. 그러나 이들에게는 로마라는 멍에를 벗어던질 인력도 재력도 없었다. 기원전 180년경 로마가 북서부 지역의 골칫거리를 줄이고자 리구리아인 4만 명을 삼니움으로 이주시킬 즈음 삼니움족의 세력은 크게 약화되어 외국인 정착민을 거부할 힘이 없었다. 당시만 해도 로마는 이것을 탁월한 방안으로 여겼다. 하지만 새로운 정착민들은 삼니움족 사회에 완전히 통합되었고 삼니움족 못지않게 로마에 반감을 품게 되었다. 그 결과 삼니움의 저항이 다시금 강화되었다.

수감브리족 Sugambri

레누스 강(라인 강) 유역의 루피아 강과의 합류지점부터 거의 모셀라 강(모젤 강)과의 합류지점까지 이르는 영토에 거주한 게르만계 부족. 부족 규모가 방대했으며 땅을 갈아 농사를 지었다.

수에비족 Suebi

레누스 강(라인 강)과 모셀라 강(모젤 강)의 합류지점 남쪽부터 보세구스 산맥(보주 산맥), 유라 산맥, 헬베티족의 영토(스위스)로 들어가는 길목에 이르는, 게르마니아에서도 비교적 황무지와 숲이 집중된 지역에 거주했던 게르만계 부족. 수에비라는 이름은 방랑자들을 의미한다.

스케니테스 아라비아인 Skenite Arabs

에우프라테스 강 동쪽의 제우그마와 니케포리온 인근 지역에 거주한 아라비아 종족. 사막 유목민인 스케니테스족은 로마인들을 그리 좋게 보지 않았으며 기원전 83년 아르메니아의 티그라네스 왕이 시리아를 정복한 뒤 에우프라테스 강 통행료라는 선물을 받았다. 이 일로 스케니테스족과 현지의 시리아계 그리스인들이 반목하게 되었고 결국 스케니테스족은 파르티아인들의 편에 서기에 이르렀다. 스케니테스 아라비아인들의 왕 아브가로스는 카라이에서 마르쿠스 크라수스를 함정으로 유인했다.

스코르디스키족 Scordisci

일리리아인, 트라키아인과 섞인 켈트 부족 연합체. 마케도니아에 접한 산악지대와 다누비우스 계곡 사이의 모이시아에 거주했다. 강하고 호전적이었던 그들은 마케도니아의 로마 총독들을 끈질기게 괴롭혔다.

스키타이인 Scythians

게르만 혈통으로 추정되는 기마 유목민족. 거주 지역은 타나이스 강 동쪽 아시아 대초원 지대로, 남쪽으로는 카우카소스 산맥에 이르렀다. 왕이 있을 정도로 사회조직이 잘 갖추어졌으며 금세공술로 유명했다.

아르베르니족 Arverni

알프스 너머 갈리아 지역 케벤나 산 중앙 산괴의 북쪽 절반 및 그 주변에 살던 갈리아인들.

아이두이족 Aedui

장발의 갈리아(해당 항목 참조) 중심부에 거주하던 강력한 켈트 부족 연합체. 나이우스 도미티우스 아헤노바르부스가 기원전 122년과 121년에 아이두이족의 숙적 아르베르니족을 평정한 이후 호전성이 약해졌고, 그뒤로 서서히 로마의 생활양식을 받아들이며 로마의 보호 아래 살았다.

아투아투키족 Atuatuci

장발의 갈리아에서 사비스 강과 모사 강의 합류점 부근에 거주하던 부족 연합체. 종족 기원을 따져보면, 테우토네스족과 동족임을 주장한 것으로 보아 켈트족이 아닌 게르만족이었을 것으로 보인다.

알로브로게스족 Allobroges

켈트 부족 연합체. 알프스 산맥 서쪽 산마루와 로다누스 강 사이 레만누스 호수 남쪽 연안에 주로 거주했고 남쪽으로 멀리 이사라 강까지 퍼져 있었다. 로마가 영토에 침투해오는 것을 무척 싫어하여 늘 팽팽한 적대관계에 있었다.

알바니아인 Albanians

카우카소스 산맥과 카스피 해 사이 영토를 점령했던 부족.

암바리족 Ambarri

장발의 갈리아 중심부의 켈트 부족 연합체 아이두이족의 분파. 아라르 강 부근에 거주했다.

암브로네스족 Ambrones

게르만족 계열인 테우토네스족(해당 항목 참조)의 분파. 기원전 102년 아콰이 섹스티아이에서 몰살당했다.

우비족 Ubii

레누스 강(오늘날 라인 강)과 모셀라 강(오늘날 모젤 강) 합류지점에서부터 내륙으로 상당히 멀리까지 분포했던 게르만계 종족. 뛰어난 기병으로 명성이 높았다.

인수브레스족 Insubres

이탈리아 갈리아의 갈리아 부족들 중 하나로, 그곳의 서단, 메디올라눔과 티키누스 강 근처에 집중적으로 거주했다. 그들의 영역은 파두스(포) 강 북쪽까지였으며, 기원전 49년 카이사르가 이탈리아 갈리아 전역에 시민권을 주고 나서야 완전한 로마 시민권을 받게 되었다.

카르누테스족 Carnutes

갈리아의 켈트족 중 가장 크고 중요한 집단. 리게르 강 유역에 위치한 이들의 영토는 카리스 강과 리게르 강의 합류점과, 오늘의 파리와 경도 자오선이 비슷한 지점 사이에 펼쳐져 있었다. 이들의 번영은 영토 내에 이교 숭배 장소들과 드루이드(해당 항목 참조) 사제 양성소들이 있다는 사실과 밀접한 관계가 있었다.

케루스키족 Cherusci

아미시아 강과 비수르기스 강 근처에 살았던 게르만족 집단. 일부 분파들은 기원전 113년경에 고향을 떠나 게르만 부족인 테우토네스족과 함께 킴브리족의 집단 이주에 동참했다.

켈트이베리아인 Celtiberians

피레네 산맥을 넘어와 히스파니아 중부와 서부 및 북서부 지역에 정착한 부족들. 명칭에서 추측할 수 있듯 갈리아에서 이주한 켈트족과 오랜 토착민인 이베리아인의 혼혈이다. 마리우스 시대에 확고하게 뿌리를 내려 그곳 원주민으로 간주되었다. 이들의 거주지는 대부분 요새화하기 좋은 험한 바위산이나 언덕, 암석 노두에 세워졌다. 이들은 게릴라전의 명수였다.

켈트족 Celtae

기원전 1000년대의 초기 몇 세기 동안 유럽 중북부에서 등장한 야만족을 가리키지만, 고대에는 쓰이지 않았고 현대에 생긴 용어다. 로마인들은 '켈트'라는 말을 거의 사용하지 않았고 '갈리아'라는 말을 썼다. 장발의 갈리아의 순수 켈트 부족들. 세콰나 강 남쪽에 나라가 있었고 인구는 벨가이족의 두 배인 400만이었다. 드루이드의 종교적 관행을 따라서, 시신을 화장하지 않고 매장했다. 오늘날 프랑스의 브르타뉴 지역에 살던 켈트 부족들은 다수의 아퀴타니 부족들처럼, 다른 켈트족 사람들보다 훨씬 몸집이 작고 피부색과 모발색이 짙었다. 일부 켈트 부족들은 족장회가 선출하는 왕을 두었지만 나머지 대다수 부족들은 해마다 두 명의 베르고브레투스를 선출하는 쪽을 선호했다. 이들은 기원전 500년경부터 계속 유럽 지중해 지역을 침략했는데, 히스파니아와 갈리아에서는 성공했고 이탈리아와 그리스에서는 실패했다. 그러나 이탈리아 갈리아, 움브리아, 피케눔, 마케도니아, 테살리아, 일리리쿰 및 모에시아에서 원주민과의 사이에 자손을 낳아 점차적으로 원주민에 동화되었다. 아나톨리아 중서부 갈라티아에서는 기원후 수 세기까지도 켈트어가 쓰였다('브렌누스〔2〕' 참조). 훗날의 게르만족과 인종적으로 다르지만 친척뻘이었는데, 켈트족 스스로는 별개의 집단이라 여겼다. 게르만족보다 복잡한 종교 문화를 보유했고, 언어는 라틴어와 분명한 공통점들이 있었다.

킴브리족 Cimbri

원래 유틀란트 반도 북쪽에 살던 거대 게르만 부족. 스트라본은 기원전 120년경 해수가 범람하면서 그들이 새 고향을 찾아 떠났다고 말한다. 테우토네스족, 마르코만니족-케루스키족-티구리니족 연합과 함께 새로운 고향을 찾아 유럽을 방랑하다가 로마와 충돌했다. 기원전 102~101년 마리우스에게 참패하여 그들의 대장정도 끝이 났다. 그러나 6천여 명의 킴브리족은 오늘날의 벨기에에 있던 그들의 일족 아투아투키족에게 돌아갔다.

타우리스키족 Taurisci

켈트 부족 연합체. 노리쿰(해당 항목 참조)에 거주했다.

테우토네스족 Teutones

게르만 부족 연합체로, 케르소네소스 킴브리아(해당 항목 참조) 말단에 거주하다가 기원전 120년경 킴브리족과 함께 긴 이동을 시작했다. 기원전 102년 아콰이 섹스티아이에서 말살되었다.

티구리니족 Tigurini

헬베티 부족 연합과 이웃하여 지금의 스위스에 해당하는 영토에 거주한 켈트 부족 연합체. 게르만계인 킴브리족과 테우토네스족이 이주를 시작한 지 약 8년째 되던 해에, 또다른 부족 연합체인 마르코만니족, 케루스키족과 연합하여 마지막으로 이주 대열에 합류했다. 기원전 102년 이들 연합체는 노리쿰에서 아퀼레이아로 이동하여 동쪽 전선을 통해 북부 이탈리아를 치기로 했지만, 아콰이 섹스티아이에서 테우토네스족이 전멸했다는 소식을 듣고는 마음을 바꾸었다. 이들은 이탈리아를 침공하는 대신 원래 살던 땅으로 돌아감으로써, 테우토네스족이나 킴브리족처럼 몰살될 운명을 비켜 갔다.

파일리그니족 Paeligni

마르시족, 사비니족과 연관이 있는 이탈리아 반도 중부의 종족.

혈거인 troglodytes

고대인들은 동굴보다도 무른 암석을 깎아서 만든 주거지에서 생활했다. 이집트 방향의 아라비아 만(지금의 홍해)에 혈거인들이 있었다고 전해지며, 카파도키아 협곡의 무른 석회석은 선사시대부터 그 지역 종족들에게 주거지를 제공했다.

히페르보레오이 Hyperboreans

'보레아스(북풍)의 고향 너머에 사는 사람들'. 신화 속의 민족인 그들은 아폴론 신만을 숭배했으며 목가적 생활을 했다. 고대인들은 히페르보레오이의 땅이 먼 북쪽 어딘가에 틀림없이 존재한다고 생각했다.

지명

국가

그리스 Greece

기원전 1세기가 시작될 무렵 그리스는 마케도니아와 에페이로스 땅을 빼앗겼으며 테살리아, 돌로피아, 말리스, 에우보이아, 오크리스, 포키스, 로크리스, 아이톨리아, 아카르나니아, 보이오티아, 아티케, 코린토스와 펠로폰네소스 반도의 여러 도시국가들로 이루어져 있었다. 그리스 문화는 몰락하여 사라지기 직전이었다. 대부분의 지역이 인적이 드물었고 유령도시가 많았으며 국고도 텅 비었다. 아테네 같은 곳만 겨우 번성을 이어갔다. 외세의 침략과 정복자를 꿈꾸는 자들의 변덕, 그리고 무엇보다 그리스 도시국가들 간의 잦은 갈등에서 비롯된 수 세기 동안의 전쟁으로 그리스는 빈곤해지고 인구도 반으로 줄었다. 대다수의 그리스인은 (운이 좋아 괜찮은 자리가 있거나 양질의 교육을 받았다면) 자발적으로 계약을 맺고 노예가 되었다.

누미디아 Numidia

카르타고가 차지한 작은 영토를 둘러싸고 있었던 북아프리카 중부의 고대 왕국. 훗날 로마의 속주가 되었다. 원주민은 베르베르인이며 반(半)유목생활을 했다. 카르타고 패배 이후 로마와 스키피오 가문에서는 이 왕국의 설립을 추진했고 마시니사가 초대 왕이 되었다. 수도는 키르타였다.

마우레타니아 Mauretania

오늘날의 모로코. 고대 로마 시대에는 북아프리카의 서쪽 끝에 위치한 지역이었다. 누미디아와 마우레타니아의 경계는 키르타에서 서쪽으로 약 960킬로미터 떨어진 물루카트 강이었다. 주민들은 무어인이라고 불렸으며, 인종으로 따지면 베르베르인이었다. 수도는 팅기스(오늘날의 탕헤르)였고 국왕이 통치하는 국가였다. 마리우스가 유구르타와 전쟁을 치르던 시기의 왕은 보쿠스였다.

비티니아 Bithynia

아시아 쪽으로 프로폰티스 해(오늘날 터키 마르마라 해)를 끼고 동쪽으로는 파플라고니아와 갈라티아, 남쪽으로는 프리기아, 서남쪽으로는 미시아까지 뻗어 있었던 왕국. 트라키아 혈통의 왕들이 다스리는 비옥하고 부유한 왕국이었다. 폰토스와 오랫동안 적대관계였다. 프루시아스 2세 때부터 로마의 우호동맹 지위를 누렸다.

아르메니아 파르바 Armenia Parva

에우프라테스 강 상류와 아르사니아스 강 인근 험준한 산악지대에 있던 작은 왕조국가. '작은 아르메니아'라는 뜻이지만 아르메니아 왕국의 일부는 아니었다. 폰토스의 왕 미트리다테스 6세가 점령하기 전까지 독립된 자체 왕조가 통치했으며, 그때도 늘 아르메니아보다 폰토스를 대국으로서 예우했다.

카파도키아 Cappadocia

아나톨리아 중부(이 지역은 지금도 카파도키아라고 불린다)에 있던 왕국. 수많은 화산 폭발로 형성된 고지대였다. 가장 유명한 화산은 아르가이오스산으로, 아래쪽 비탈에 카파도키아의 유일한 도시인 에우세베이아 마자카가 있었다. 북쪽의 폰토스와 남쪽의 시리아 등 더 강성한 나라의 왕들이 물이 풍부하고 땅이 기름진 이 나라에 항상 눈독을 들였음에도 고유한 왕통을 유지했는데, 대개 아리아라테스 왕조였다. 국민들은 폰토스 국민과 동족이었다. 코마나에 있던 마 여신의 신전 국가는 신전 노예들이 6천 명이나 될 정도로 부유했다. 이곳은 카파도키아 왕이, 대신관 역할을 하는 형제에게 봉토로 하사하는 곳이었다.

파르티아 왕국 Regnum Parthorum

파르티아 왕들의 지배하에 있던 서아시아의 광활한 지역. 그냥 '파르티아'라고는 부르지 않았고 엄밀히 '파르티아인들의 왕국'이었다. 파르티아는 박트리아 근처 카스피 해 동북부에 있던 작은 나라로, 위대한 일곱 파흘라비 가문과 아르사케스 왕조를 배출했다는 이유로만 중요했을 뿐이다. '파르티아인들'이라고 하면 비슷한 혈통으로 생각될 수 있지만 실제로 그들은 멀리 떨어져 살면서 서로 다른 여러 언어를 사용했다. 공화정 말기에 아르사케스 왕조의 파르티아 왕들은 메소포타미아의 에우프라테스 강과 오늘날 파키스탄의 인더스 강 사이 전 지역을 장악하고 있었다. 그들은 파르티아 왕국 땅에서 살지 않고 겨울에는 티그리스 강변의 셀레우케이아, 여름에는 엑바타나에서 제국을 다스렸다. 파흘라비 가문 태수들이 이곳을 여러 지역으로 나누어 통치했지만 어디까지나 왕의 지명을 받은 대리인일 뿐이었다. 통치는 느슨했고 제대로 된 국가 의식도 없었지만, 파르티아 왕들은 우월한 군사력을 바탕으로 나라를 단결시켰다. 병사들은 전원 기병으로 크게 두 종류가 있었다. 하나는 활을 쏘는 경무장 기병으로서, 달아나는 척하면서 고개를 뒤로 돌려 일명 '파르티아 화살'을 날리는 것으로 유명했다. 다른 하나는 중무장 기병으로 머리부터 발끝까지, 심지어 그들이 타는 말에도 쇠사슬 갑옷을 씌웠다. 파르티아 왕국은 원래 동양적인 색채가 짙었으나, 시리아의 셀레우코스 왕조와 접촉한 후 궁정에 헬레니즘 문화가 스며들기 시작했다.

폰토스 Pontus

흑해 남동쪽 끝에 위치했던 거대한 왕국. 서쪽으로는 파플라고니아의 시노페, 남쪽으로는 콜키스의 압사로스까지 이어져 있었다. 내륙으로는 폰토스 동쪽에 아르메니아 마그나, 남동쪽에 아르메니아 파르바가 있었다. 정남쪽에는 카파도키아가 있었고, 그 서쪽으로는 갈라티아가 있었다. 폰토스는 산이 많고 원시적 아름다움을 지닌 나라였으며, 비옥한 해안지역에는 시노페,

아미소스, 트라페주스 등 그리스인 거류지가 많았다. 해안선과 나란한 방향으로 우뚝 솟은 산맥 세 개로 내륙이 분리되어 있었기 때문에 고대에는 진정한 의미의 단일국가가 아니었다. 국왕들은 세금 대신 공물을 받았으며, 각 지역이 지형과 관습에 따라 자체적으로 문제를 처리하도록 했다. 보석과 사금, 은, 주석, 철광석은 폰토스의 미트리다테스 왕가를 부유하게 했다.

속주 및 지역

갈라티아 Galatia

갈리아인들이 거주하던, 비티니아와 할리스 강 사이, 아나톨리아의 초원 지역. 갈라티아의 고대 도시 앙키라는 오늘날 터키의 수도 앙카라다.

갈리아 Gaul

로마인은 켈트족을 갈리아인이라고 불렀으며, 갈리아인이 사는 지역은 지리상 아나톨리아에 속한다고 해도(갈라티아) 갈리아로 불렸다. 카이사르가 정복하기 전에 알프스 너머 갈리아(이탈리아 알프스 서쪽의 갈리아)는 정식 명칭이 갈리아 트란살피나였고 대략 두 지역으로 나뉘었다. 한 곳은 그리스와 로마의 영향을 받지 않은 장발의 갈리아(갈리아 코마타)였고, 다른 곳은 로다누스 강 계곡을 따라 튀어나온 연안지역이자 그리스와 로마의 영향을 받은, 로마인들이 '프로빙키아(속주)'라고 부르던 로마령이었다. 한편 갈리아 키살피나는 저자가 이탈리아 갈리아라고 칭한 알프스의 이탈리아 쪽에 있었고 역시 파두스 강에 의해 두 지역으로 나뉘었는데, 저자는 이 두 곳을 '파두스 강 너머 이탈리아 갈리아'와 '파두스 강 이쪽의 이탈리아 갈리아'라고 칭했다. 갈리아인은 인종적으로 로마인과 매우 가까웠고 비슷한 언어와 기술을 사용했지만, 로마가 갈리아를 최대한 희생시키면서 부강해진 것은 다른 지중해 문화들에 수 세기 동안 노출되었기 때문이다.

— 알프스 너머 갈리아(갈리아 트란살피나) Gallia Transalpina

기원전 120년 직전에 나이우스 도미티우스 아헤노바르부스가 로마 영토로 만들었다. 이탈리아와 히스파니아를 잇는 로마군용 육로를 보호하기 위해서였다. 알프스 너머 갈리아는 리구리아에서 피레네 산맥까지의 좁고 길쭉한 연안지역이지만 내륙으로 들어간 곳이 두 군데 있었는데, 한 곳은 아퀴타니아의 톨로사까지, 한 곳은 로다누스 계곡을 따라 무역도시 루그두눔까지 들어가는 곳이었다.

— 이탈리아 갈리아(갈리아 키살피나) Gallia Cisalpina

갈리아 키살피나, 즉 '알프스 이쪽 갈리아'. 저자는 혼동을 피하기 위해 '이탈리아 갈리아'라는 표현을 썼다. 아르누스 강과 루비콘 강 북쪽의 모든 지역으로, 이탈리아 및 이탈리아 갈리아를 나머지 유럽 지역과 구분하는 거대한 반원형 고산지대의 이탈리아 쪽에 있었다. 서에서 동으로 흐르는 광대한 파두스 강이 이탈리아 갈리아를 양분했는데, 강의 남쪽은 로마의 영향을 크게 받아 주민 대부분이 라티움 시민권을 보유하고 있었다. 반면 강의 북쪽은 로마인보다 켈트족에 가까웠고, 라틴어는 사용되지 않거나 제2언어에 불과했다. 마리우스와 술라 시대에 이탈리아 갈리아는 정치적 중간지대로, 진정한 속주도 아니었고 이탈리아 동맹임에도 혜택을 받지 못했다. 기원전 89년의 폼페이우스 법은 파두스 강 남쪽의 라티움 시민권 공동체들에 완전한 로마 시민권을, 강 북쪽의 아퀼레이아, 파타비움, 메디올라눔 주민들에게 라티움 시민권을 부여했다. 이곳 남자들은 마르시 전쟁 때 처음으로 로마군에 징병되었고 폼페이우스 법 이전에는 보조군으로, 이후에는 완전한 로마 군단으로서 참전했다. 카이사르는 이탈리아 갈리아 전역의 완전 시민권에 있어 위대한 승자였다. 기원전 49년 말 독재관으로 임명되자마자 가장 먼저 관련 법을 마련한 것이다. 그러나 이탈리아 갈리아는 여전히 이탈리아 본토의 일부라기보다는 로마 속주로써 통치되었다.

— 장발의 갈리아(갈리아 코마타) Gallia Comata

'알프스 너머 갈리아'에서 로마 속주를 제외한 지역으로 오늘날의 프랑스와 벨기에, 네덜란드의 라인 강 남부를 포함했다(라인 강 전체 구간이 갈리아와 게르마니아의 국경이었다). 라인 강에서 떨어진 지역 주민들은 드루이드 켈트족이었으며, 라인 강 부근 주민들은 게르만족의 연이은 침략으로 피가 섞였다. 장발의 갈리아라고 불린 것은 이곳 남자들이 머리카락을 자르지 않았기 때문이다.

갈리아 땅(아게르 갈리쿠스) Ager Gallicus

정확한 위치나 경계는 알려져 있지 않지만 일부는 이탈리아의 아드리아 해 연안에, 또다른 일부는 이탈리아 갈리아에 있었던 것 같다. 아이시스 강이 남쪽 경계를 이루었을 것으로 추정되며 북쪽 경계는 아리미눔(오늘날의 리미니)에서 그리 멀지 않았을 것으로 보인다. 기원전 390년에 첫번째 브렌누스 왕의 침략 후 갈리아인 계통의 세노네스족이 정착했지만, 로마가 이 지역을 장악하고 난 뒤에는 로마의 공유지가 되었다. 그후 기원전 232년 가이우스 플라미니우스가 이 땅을 개인들에게 나누어준 뒤로 전부 사유지가 되었다.

노리쿰 Noricum

오늘날의 오스트리아 티롤 동부와 유고슬라비아 알프스 지역. 원주민들은 켈트계로 타우리스키족이라 불렸다. 주요 정착촌은 노레이아였다.

다키아 Dacia

티사 강 동쪽의 헝가리와 루마니아와 트란실바니아 서쪽을 아우르는 넓은 지역. 초기 주민들의 인종적 기원은 분명치 않지만, 기원전 마지막 세기에 로마가 다키아의 존재를 알게 됐을 무렵 다키아 사람들은 적어도 문화와 채광, 금속 제련 기술과 관련해서는 켈트족이었다.

라티움 Latium

이탈리아 반도에서 로마가 위치한 지역. 이곳의 원주민 라티니족에서 유래한 명칭이다. 북쪽 경계는 티베리스 강이었고 남쪽은 키르케이 항구에서 내륙 쪽으로 뻗어 있었으며, 동쪽으로는 산세가 험준한 사비니족과 마르시족의 땅에 맞닿아 있었다. 로마가 볼스키족과 아이퀴족 정복을 마친 기원전 300년경에 온전한 로마 영토가 되었다.

루카니아 Lucania

이탈리아 서부지역으로 캄파니아의 남쪽이자 브루티움의 북쪽에 있었다. 장화 모양의 이탈리아 반도에서 발목 앞부분에 해당한다. 거친 산악지대로 곳곳에 전나무와 소나무가 크고 무성한 숲을 이루었다. 이곳에 살던 루카니족은 삼니움족, 히르피니족, 베누시니족과 두터운 유대관계를 맺었고, 로마가 자기들 땅에 몇 차례 침입했던 것에 크게 앙심을 품고 있었다.

리구리아 Liguria

이탈리아 북부 아르누스 강과 바루스 강 사이의 산악지대. 바다에서 시작되어 내륙으로는 마리티마이 알프스 산맥과 리구리아 아펜니누스 산맥 정상까지 이어진다. 이 지역의 최대 항구도시는 게누아, 최대 내륙도시는 데르토나였다. 경작 가능한 땅이 적어서 가난한 지역이었다. 이 지역의 특산품인 양모는 유분기가 많아서 사굼을 포함한 방수 망토와 외투 제작에 이용되었다. 돈벌이 수단으로 해적질이 성행했다.

리비아 Libya

이집트와 키레나이카 사이에 위치한 북아프리카의 한 지역.

마케도니아 Macedonia

로마 공화정 시대에는 오늘날보다 훨씬 넓은 지역을 포함했다. 아드리아 해 동쪽 연안의 달마티아(일리리쿰) 아래쪽, 대략 리소스 시부터 서쪽으로 뻗어 남쪽으로 에페이로스와 맞닿아 있었다. 이탈리아로부터 아드리아 해를 통해 물자를 수송받았으며, 주요 항구도시로는 디라키온과 아폴로니아가 있었다. 북쪽으로는 모이시아와 맞닿았고 동쪽으로 모라바 강, 악시오스 강, 스트리몬 강, 네스토스 강이 흐르는 드넓은 산악지대까지 이어져 남쪽으로 그리스의 테살리아와 접해 있었다. 네스토스 강 너머로 트라키아가 있었고

에게 해를 따라 헬레스폰트 해협까지 이어졌다. 마케도니아로 통하는 길은 대부분 강골짜기로 제한되어 있었다. 마리우스 시대에 모이시아와 트라키아의 야만족들은 모라바 강, 악시오스 강, 스트리몬 강, 네스토스 강을 통해 스코르디스키족과 베시족을 침략할 수 있었고 실제로 그런 일이 빈번했다. 마케도니아 남쪽 지역과 테살리아를 연결하는 유일한 통로는 템페 골짜기의 고갯길이었다. 원주민은 게르만족 피가 섞인 켈트족으로 추측되지만 수 세기 동안 잦은 침략에 시달리면서 그리스의 도리스인, 트라키아인, 일리리아인도 섞였을 것이다. 지형적으로 분리된 작은 민족국가들이 오랫동안 전쟁을 치르다가 단일국가로 통일되었다. 하지만 마케도니아를 전 세계에 알린 것은 필리포스 2세와 그 아들 알렉산드로스 대왕이었다. 알렉산드로스가 죽은 후 치열한 왕권 다툼이 벌어졌고, 이후 마케도니아는 로마와 충돌했다. 마지막 왕인 페르세우스는 기원전 176년 아이밀리우스 파울루스에게 패배하였다. 로마는 마케도니아를 자치공화국으로 바꾸려 했으나 실패했고 기원전 146년에 속주로 편입시켰다. 그리고 얼마 지나지 않아 마케도니아의 주요 도로가 될 에그나티우스 가도 건설이 시작되었다.

사르디니아 Sardinia

로마가 가장 초기에 편입시킨 두 속주 중 하나. 이탈리아 반도 서쪽의 토스카나(티레니아) 해에 위치한 큰 섬으로, 산악지대면서도 땅이 비옥해서 질 좋은 밀을 생산했다. 본래 카르타고가 이 지역을 지배했으나 로마에 지면서 코르시카와 함께 이곳의 지배권도 넘어갔다. 공화정 시대에 산적이 들끓고 제대로 진압되지 않아서 로마 영토에서 가장 천덕꾸러기로 취급받게 되었다. 로마인들은 사르디니아인들을 지극히 혐오했으며 상습적인 도둑, 불량배, 얼간이라는 꼬리표를 달았다.

살라시 계곡 Vale of the Salassi

오늘날 이탈리아의 발레다오스타('루그두눔 고개'와 '살라시족' 항목도 참조).

세리카 Serica

오늘날 중국에 해당하는 신비에 싸인 땅. 카이사르 시대는 아직 실크로드가 생기기 전이었다. '실크'는 에게 해 코스 섬에 서식하는 나방에서 채취한 고치솜을 가리켰다.

소아시아 Asia Minor

기본적으로 오늘날의 터키, 시리아, 이란, 이라크, 아르메니아. 아라비아는 고대인에게 따라 알려지지 않아 대체로 포함되지 않았다. 흑해와 카우카소스 산계가 북쪽 경계를 이루었다.

아나톨리아 Anatolia

오늘날 터키의 아시아 대륙에 해당하는 지역. 흑해 남쪽 연안에서 지중해 북쪽 연안까지, 서쪽으로는 에게 해, 동쪽으로는 오늘날 아르메니아, 이란, 시리아 땅까지 걸쳐져 있었다. 고대에는 비티니아, 미시아, 아시아 속주, 프리기아, 피시디아, 팜필리아, 킬리키아, 파플라고니아, 갈라티아, 폰토스, 카파도키아, 아르메니아 파르바가 이곳에 속했다. 타우루스 산맥과 안티타우루스 산맥이 있어서 내륙과 해안 모두 바위가 많고 험준했지만 그때도 지금처럼 비옥한 경작지였다. 내륙 기후는 대륙성이었다.

아르메니아 마그나 Armenia Magna

고대에는 카우카소스 산맥 남부에서 아락세스 강까지 뻗었고 동쪽으로 카스피 해, 서쪽으로 에우프라테스 강의 발원지에 맞닿아 있었다. 높고 험준한 산이 많고 추운 지역이었다.

아시아 속주 Asia Province

페르가몬의 아탈로스 3세가 유증하여 로마 속주가 된 지역. 오늘날 터키 서부 해안과 내륙에 해당하며, 북쪽으로 트로아스와 미시아에서 남쪽으로 크니도스 반도까지 이어졌다. 공화정 시대의 수도는 페르가몬이었다. 로마에서 파견된 총독은 관저를 페르가몬에 두었지만 스미르나, 에페이로스, 할리카리나소스도 당대에 주요 도시로 꼽혔다. 레스보스, 렘노스, 사모스, 키오스 등 주변의 섬들도 아시아 속주에 포함되었다. 이곳 사람들은 아이올리스인, 도리스인, 이오니아인 등 잇따른 그리스 식민화 열풍의 후손들로서 상당히 세련되고 상업적인 세계관을 갖고 있었다. 로마의 관리 하에 있었지만 현대적 중앙집권방식은 아니었고, 대개 지역 자치공동체들이 로마에 공물을 바쳤다.

아퀴타니아 Aquitania

카란토누스 강과 피레네 산맥 사이 장발의 갈리아 서남부에서 동쪽으로 가룸나 강을 따라 톨로사에 조금 못 미치는 곳까지 이어진 땅. 아퀴타니족이라는 켈트족 연합체가 점령하고 있었다. 이곳의 가장 큰 요새는 가룸나 강어귀 남쪽에 위치한 부르디갈라였다.

아풀리아 Apulia

이탈리아 동남부 지역. 북쪽으로 삼니움과 맞닿아 있었고 남쪽으로 칼라브리아(장화 모양의 이탈리아 반도에서 뒷굽 부분)까지 이어졌다. 비가 내리고 난 뒤에는 비옥했지만 늘 강수량이 적어 어려움이 많았다. 이곳에 살던 아풀리족은 매우 가난하고 후진적인 민족으로 여겨졌다. 주요 도시로 루케리아, 베누시아, 바리움, 카누시움이 있었다.

아프리카 Africa

로마 공화정 시대에는 대개 카르타고 주변 북아프리카 연안, 즉 오늘날의 튀니지 일대를 칭하는 말이었다.

아프리카 속주 Africa Province

아프리카에서 실질적으로 로마에 속했던 부분. 이 시리즈의 배경이 되는 시대에는 기본적으로 카르타고와 우티카를 포함하여 아프리카 대륙의 위쪽 테두리만 해당되는 아주 작은 땅이었다. 아래쪽으로는 훨씬 더 큰 누미디아 영토에 둘러싸여 있었다.

에트루리아 Etruria

과거 에트루스키족 왕국의 라틴어 이름. 아펜니누스 산맥 서쪽의 광활한 연안평야 지역으로, 남쪽의 티베리스 강부터 북쪽의 아르누스 강까지 펼쳐져 있었다. 공화정 말기 에트루리아의 주요 도시는 베이, 코사, 클루시움이었다. 아우렐리우스 가도, 클라우디우스 가도, 카시우스 가도가 에트루리아를 지나갔다.

에페이로스 Epirus

그리스 서부의 몰로시아와 테스프로티아 지역으로, 코린토스 만과 그리스 중부의 고지로 인해 주류 그리스 문화에서 격리되어 있었다. 그곳에는 테살리아나 보이오티아 지방으로 가는 길이 거의 없었기 때문이다. 기원전 167년 마케도니아가 아이밀리우스 파울루스에게 패배한 뒤 주민 약 15만 명이 추방당하면서 인적이 드물고 쓸모없는 땅이 되었다. 마리우스 시대에는 대부분 로마인 부재지주들의 영지로, 가축을 대규모 방목하여 양모와 가죽을 얻는 데 이용되었다.

엘리마이스 Elymais

티그리스 강 하류 동쪽의 매우 비옥하고 넓은 땅. 페르시아 만(해당 항목 참조)부터 수사 근처의 구릉지까지 뻗어 있던 엘리마이스는 파르티아 왕국의 영역이었다.

이탈리아 Italia

이 시리즈에서는 두 가지 의미를 갖는다. 첫째, 아르누스 강과 루비콘 강 남쪽의 고대 이탈리아 반도를 가리킨다. 술라가 아펜니누스 산맥 동쪽 이탈리아 갈리아와의 경계를 조정하기 전까지 아드리아 해 쪽 가장자리는 메타우루스 강에서 끝났을 것이다. 둘째, 기원전 91년에 로마에 반기를 들고 마르시 전쟁을 치른 이탈리아 동맹시들을 가리킨다.

일리리쿰 Illyricum

아드리아 해 동쪽과 면한 거친 산간 지역. 이스트리아, 리부르니아, 달마티아를 포함했다. 토착민인 인도유럽계 일리리아인들은 부족화되어 있었고 그리스와 로마의 해안 습격에 불만이 컸다. 로마는 본래 이곳에 거의 신경을 쓰지 않았으나, 분노한 일리리아인들이 이탈리아 갈리아 동부를 위협하기 시작하자 원로원은 군대를 보내 응징하였다. 카이사르 시대에 일리리쿰은 이탈리아 갈리아와 함께 통치되는 비공식 속주였다. 카이사르가 오래 총독으로 있어서 그곳에 도움이 됐는데, 카이사르의 내전 동안 계속 일리리쿰이 그에게 충성했다는 사실이 그 증거이다.

카르니아 알프스 Carnic Alps

연안 도시 테르게스테와 아퀼레이아의 내륙 쪽에 위치하며 이탈리아 북부를 동쪽 끝으로 하는 고산지대를 아울러 저자가 사용한 명칭. 현재는 보통 율리안 알프스로 불리며, 카르니아 알프스라는 명칭은 오늘날 오스트리아 티롤 지방의 산지를 가리킨다. 그러나 저자는 독재관 카이사르 이전에 율리우스 가문 일원의 이름을 딴 산지가 있었다고 추측할 증거를 찾을 수 없었고(저자가 발견하지 못했을 뿐, 증거가 존재하지 않는다는 뜻은 아니다) 따라서 이전에는 율리안 알프스가 다른 이름으로 알려졌을 거라고 추측할 수밖에 없었다. 그리하여 율리안 알프스까지 아우르는 명칭으로 카르니아 알프스를 사용하였다.

카시테리데스 Cassiterides

'주석 제도'. 오늘날 영국 콘월의 남서쪽 끝 부근에 있는 실리 제도. 콘월에서 채굴된 주석이 배편으로 수송되는 중간 기착지였다. 크라수스의 부친은 기원전 95년에 배를 타고 이곳으로 갔다.

카우디움 협곡 Caudine Forks

기원전 321년 삼니움의 베네벤툼 시 부근 카우디움 협곡에 갇힌 로마군은 삼니움족 군대의 가비우스 폰티우스에게 항복했다. 폰티우스는 로마 군인들이 멍에 밑을 통과하게 만들었다('멍에' 참조).

칼라브리아 Calabria

오늘날 이탈리아의 동명 지역과는 다르다. 현대의 칼라브리아는 장화 모양인 이탈리아 반도의 발부리 부분에 있지만, 고대의 칼라브리아는 뒤꿈치 부분에 있었다. 가장 중요한 도시는 브룬디시움이었으며 타렌툼이 그 뒤를 이었다. 주민들은 일리리아계 메사피족이었다.

캄파니아 Campania

화산활동으로 생성되어 화산토로 이루어진 매우 풍요롭고 비옥한 저지대로, 삼니움의 아펜니누스 산맥과 티레니아 해 사이에 위치하여 북쪽으로는 타라키나부터 남쪽으로는 나폴리 만까지 아우르는 지역이었다. 리리스 강과 볼투르누스/칼로르 강, 클라니우스 강 및 사르누스 강으로부터 물을 공급받아 세월이 지날수록 더 크고 살기 좋은 곳으로 발전하며 모든 면에서 이탈리아의 다른 지역을, 심지어 파두스 강 유역의 이탈리아 갈리아까지 능가했다. 기원전 7세기에 그리스 식민지가 되었다가 에트루리아의 지배를 받게 되었으며, 그후 삼니움에 합병되었다가 최종적으로 로마에 종속되었다. 그리스와 삼니움의 영향을 받은 캄파니아 주민들은 로마의 지배를 마지못해 받아들였고, 걸핏하면 로마에 반기를 들었다. 주요 내륙 도시로는 카푸아, 테아눔, 시디키눔, 베나프룸, 아케라이, 놀라, 인테람나가 있었다. 푸테올리, 네아폴리스, 헤르쿨라네움, 수렌툼, 스타비아이는 이탈리아 서부 해안의 주요 항구였다. 특히 푸테올리는 이탈리아를 통틀어 가장 크고 활기찬 항구로 캄파니아 가도와 아피우스 가도, 라티나 가도가 이곳을 경유했다.

케르소네소스 chersonnese

'반도'를 뜻하는 그리스어. 그리스인들은 이 말을 오늘날의 지리학자들보다 유연성 있게 사용했다. 따라서 케르소네소스 타우리카, 케르소네소스 트라키아, 케르소네소스 킴브리아 등이 존재했다.

케르소네소스 킴브리아 Cimbrian Chersonnese

오늘날 덴마크의 유틀란트 반도.

케벤나 Cebenna

갈리아 중남부의 고산지로, 로다누스 강 서쪽에 위치했다. 오늘날에는 세벤 산맥과 오베르뉴와 아르데슈, 즉 프랑스의 마시프 상트랄(Massif Central) 전역을 포함하는 명칭이다.

키르케이 Circeii

키르케이 산을 포함하는 지역으로, 라티움과 캄파니아 사이의 해안 경계를 형성했다. 동명 도시는 키르케이 해안절벽의 타라키나 쪽에 있었으며, 공화정 시대에 인기 있는 해변 휴양지였다.

킬리키아 Cilicia

아나톨리아 남부, 키프로스의 클레이데스 반도 맞은편에 있었으며 팜필리아와 인접한 키프로스의 변두리까지 서쪽으로 뻗어 있었다. 동쪽 경계는 아마노스 산맥과 맞닿았으며 그 너머는 시리아였다. 서부는 척박하고 험준한 산지였지만, 킬리키아 페디아라고 불리던 동부는 피라모스 강과 사로스 강, 키드노스 강의 물이 들어오는 드넓고 비옥한 평원이었다. 수도는 키드노스 강 근처의 타르소스였다. 킬리키아가 공식적으로 로마의 속주가 된 시기를 두고 학자들은 의견을 달리하지만, 저자가 보기엔 마르쿠스 안토니우스 오라토르가 기원전 101년 해적 소탕 작전중에 합병했다는 증거가 많은 듯하다. 분명한 것은 마르시 전쟁 한참 전인 기원전 90년대에 술라가 킬리키아 총독으로 파견되었다는 사실이다.

타프로바네 Taprobane

오늘날의 스리랑카(실론 섬). 고대인들은 이곳이 서양배 모양이며 인도 남동쪽 끝에서 조금 떨어진 커다란 섬이라는 것을 알았다. 후추 등 귀한 향료와 바다 진주가 많이 생산되었다.

테살리아 Thessaly

그리스 북부에 있는 지역. 서쪽으로는 에페이로스의 바위산과, 동쪽으로는 에게 해와 접해 있었다. 마리우스 시대에는 행정구역상 로마의 마케도니아 속주 일부로 관리되었다.

트라키아 Thracia

대략 헬레스폰트 해협의 서쪽과 필리피의 동쪽 경도 사이에 있는 발칸 지역. 에게 해와 흑해 양쪽으로 해안이 있었으며 북으로는 다누비우스 강어귀까지 뻗어 있었다. 로마인들은 트라키아의 서쪽 경계선이 네스토스 강이라고 생각했다. 로마가 점령하기 전까지 자체 조직화된 적이 없고 게르만족, 일리리아인, 켈트족이 부분적으로 뭉쳐 트라키아인이라는 이름으로 정착해 살던 곳이었다. 그리스인과 로마인 모두 트라키아인을 한없이 미개한 종족으로 여겼다. 기원전 129년 무렵 소아시아에서 아탈로스 왕조의 왕위계승 전쟁이 끝난 후 트라키아에서 에게 해 연안지역은 마케도니아의 일부로 로마 관할에 들어갔다. 로마는 아드리아 해와 헬레스폰트 해협 사이에 대규모로 에그나티우스 가도를 건설했는데, 이탈리아에서 소아시아로 가장 빨리 군대를 이동시킬 수 있었던 이 중요한 육로를 보호해야 했기 때문이다. 에게 해 연안지역에서 가장 중요한 정착지는 아이노스(헤브로스 강어귀의 항구도시)와 압데라(네스토스 강 동쪽의 항구도시)였다. 트라키아에서 가장 큰 도시는 보스포로스 해협의 옛 그리스인 거류지 비잔티온이었으나 당연히 이곳에는 트라키아인이 거주하지 않았으며 다른 항구도시도 마찬가지였다. 트라키아계 부족 중에 베시족이 가장 호전적이고 로마를 향한 증오가 컸던 반면, 오드리사이족은 더 그리스화되었고 로마를 회유하고자 애썼다.

판노니아 Pannonia

오늘날 티서 강을 동쪽 경계로 오스트리아 동부와 헝가리를 아우른 대단히 기름지고 비옥한 땅. 거주민은 일리리아인들이었으며 부족별 정착지에 나뉘어 살면서 농사를 짓고 가축을 방목했다. 이 지역의 주요 강은 지금의 드라바 강과 다뉴브 강이었다.

팜필리아 Pamphylia

리키아(로도스 맞은편)와 킬리키아(키프로스 맞은편) 사이에 위치한 소아시아의 남쪽 해안지역. 드높은 타우루스 산맥이 바다와 바로 이어지기 때문에 험준하고 접근하기 힘들었다. 게다가 내륙 쪽은 소나무 숲이 울창하며 전체적으로 곡물 생산량이 부족하였다. 그렇기 때문에 이 지역에서 가장 돈이 되고 지형적으로도 적합한 경제활동은 해적 행위였다.

펠로폰네소스 Peloponnese

'펠롭스의 섬'. 그리스 '본토'에 코린토스 지협이라는 좁다란 목으로 연결된 남부 반도지역. 이 시리즈의 배경이 되는 시대에는 별로 중요하지 않고 개발도 덜 된 상태였다. '본토' 사람들과 마찬가지로 이곳 주민들도 고향에 머물러 있느니 노예로 팔려가는 쪽을 택했다.

프레겔라이 Fregellae

라티나 가도와 리리스 강 부근, 삼니움 국경 바로 위에 위치한 라티움 시민권 지역. 로마에 늘 충성하다가 기원전 125년 반란을 일으켰다. 법무관 루키우스 오피미우스는 유례없이 혹독한 응징을 가했고, 완전히 파괴된 프레겔라이는 다시는 예전처럼 번영할 수 없었다.

프리기아 Phrygia

소아시아에서도 인구 밀도가 낮고 개발되지 않은 지역. 고대인들에게는 님프, 드리아스, 사티로스를 비롯해 숲에 사는 다양한 신화적 존재들을 떠오르게 하는 지역이었다. 이곳 사람들은 무방비 상태라서 쉽게 노예로 잡혔다. 비티니아에서 내륙 방향에 있었으며 파플라고니아의 남쪽, 갈라티아의 서쪽에 위치하였다. 숲이 울창하고 산이 많은 지역으로 페르가몬의 아탈로스 왕조가 다스렸다. 페르가몬 왕국이 로마의 손에 넘어간 뒤 발생한 전쟁에서 전직 집정관 마니우스 아퀼리우스는 프리기아 땅의 대부분을 폰토스의 미트리다테스 5세 국왕에게 팔아넘기고 받은 금을 전부 가로챘다.

피시디아 Pisidia

프리기아 남부에 있었으며 프리기아보다 더 낙후된 지역이었다. 산세가 험하고 호수가 많았으며 기후는 온화했다. 산업시설이나 인구가 많은 정착촌은 드물었고 시골지역에는 거대한 소나무 숲만 무성했다. 트라키아인과 관련 있는 고대로부터의 원주민이 살았던 것으로 보이며, 언어가 아주 독특했다. 피시디아인에 대해 로마인들이 아는 것은 기이한 종교적 믿음 정도였다.

피케눔 Picenum

이탈리아 반도의 동부에 위치한 지역으로, 장화처럼 생긴 땅에서 종아리 부분에 해당한다. 서쪽 경계는 험준한 아펜니누스 산맥이며 북쪽으로는 움브리아, 남쪽과 서쪽으로는 삼니움이 있었다. 아드리아 해와 맞닿아 항구가 많았고 그중에 앙코나와 피르뭄 피케눔이 가장 분주한 항구도시였다. 주요 내륙도시는 아스쿨룸 피켄툼이었다. 원주민은 남부 이탈리아의 고대 그리스 식민지 주민과 일리리아인이었다. 아펜니누스 산맥 반대편에 살던 사비니족이 이주해오면서 그들의 수호신인 피쿠스가 전해졌는데, 딱따구리를 의미하는 '피쿠스'에서 '피케눔'이라는 지명이 유래했다는 설도 있다. 기원전 390년 첫 번째 브렌누스 왕이 이탈리아를 침략했을 당시 세노네스라는 갈리아 부족이 이 지역에 정착하기도 했다. 정치적으로 북부와 남부로 양분되었는데 북부 피케눔은 남부 움브리아와 밀접한 관계였고 폼페이우스 가문의 영향권에 있었다. 반면 플로시스 강 이남의 피케눔은 삼니움과 끈끈한 관계를 맺고 있었다. 큰 파장을 일으킨 정치 인사들을 배출한 곳으로 유명했으며 이곳 주민들은 갈리아인이라며 로마인들에게 업신여김을 당했다. 바로 피케눔 출신의 폼페이우스 마그누스가 무척 민감해했던 부분이다.

히스파니아 Hispania

오늘날의 스페인. 이베리아라고도 한다.

— 가까운 히스파니아 Nearer Spain

히스파니아 키테리오르라고 불린 로마 속주. 지중해 근처의 평원부터 그 뒤

편의 구릉지대를 포함했고, 남쪽의 새 카르타고(오늘날 스페인 카르타헤나)에서 시작해 북쪽의 피레네 산맥까지 이어졌다. 먼 히스파니아 속주와의 남쪽 경계는 다소 불분명하지만 오로스페다 산맥, 혹은 압데라 뒤편의 조금 더 높은 솔로리우스 산맥을 경계로 삼았던 것으로 보인다. 이 시리즈에서 다루는 시기에는 가장 큰 정착촌이 새 카르타고였다. 그 뒤편의 오로스페다 산맥에 은광이 많았고 카르타고 몰락 후 로마인들이 그 은광을 차지했기 때문이었다. 로마에서 온 속주 총독들이 은광 외에 유일하게 관심을 보인 것은 이베루스 강(오늘날의 에브로 강)과 그 지류 부근의 비옥한 땅이었다. 속주 총독은 남쪽의 새 카르타고나 북쪽의 타라코에 머물렀다. 로마에게는 먼 히스파니아만큼 경제적으로 중요한 지역이 아니었지만, 그리로 통하는 유일한 육로였기 때문에 적당히 진압해놓을 필요가 있었다.

— 먼 히스파니아 Further Spain

로마의 히스파니아 속주 두 곳 중 더 먼 히스파니아 울테리오르. 가까운 히스파니아와의 경계는 다소 불분명했지만, 대체로 바이티스 강 유역 전체, 바이티스 강과 아나스 강이 발원하며 광석이 매장된 산지, 타구스 강어귀의 올리시포와 '헤라클레스의 기둥'까지 대서양 연안, 헤라클레스의 기둥에서 압데라 항구까지 지중해 연안을 가리켰다. 이곳에서 가장 큰 도시는 가데스였지만 총독 소재지는 코르두바였다. 스트라본은 먼 히스파니아를 세상에서 가장 부유한 경작지라고 말했다. 금, 은, 납, 철도 매우 풍부했다.

도시 및 구역

가데스 Gades

오늘날 스페인 카디스.

게누아 Genua

오늘날의 이탈리아 제노바.

게르고비아 Gergovia

막강한 갈리아 부족인 아르베니족의 주요 요새 도시. 오늘날 프랑스의 클레르몽페랑 근처였다.

고르고비나 Gorgobina

보이족의 주요 요새 도시. 오늘날 프랑스의 쌍빠리즈르샤텔.

나르보 Narbo

오늘날의 프랑스 나르본.

네마우수스 Nemausus

오늘날의 프랑스 님(Nîmes). 로다누스 강 삼각주의 서쪽 염습지에 위치하였으며, 나이우스 도미티우스 아헤노바르부스 시대(대략 기원전 120년)부터는 삼각주 동쪽의 아렐라테와 둑길로 연결되었다. 마리우스는 기원전 104년에 게르만족의 공격을 기다리면서 많이 망가져 있던 이 둑길을 재정비했다.

네메토켄나 Nemetocenna

벨가이계 아트레바테스족의 요새. 오늘날의 프랑스 아라스.

네아폴리스 Neapolis

오늘날의 나폴리. 이탈리아 남부에 세워진 그리스 식민지 중 가장 규모가 크고 성공적인 경우에 속했으며 기원전 4세기 말부터 로마의 지배를 받게 되었다. 한니발 전쟁 당시 현명하게도 계속 로마에 충성한 덕분에 로마에게 영토를 전혀 빼앗기지 않았다. 로마 공화정 시대에는 푸테올리에 비해 항구로서 중요도가 많이 떨어졌지만 나름대로 번영을 누렸다.

노붐 코뭄 Novum Comum

카이사르가 건설하여 완전한 로마 시민권을 부여한 라리우스 호수(코모 호수) 서쪽의 도시. 가이우스 클라우디우스 마르켈루스 같은 고등 정무관이 제멋대로 노붐 코뭄 주민들에게 채찍형을 내린 것을 볼 때, 그곳 주민들은 실제로 로마 시민 대접을 못 받았다. 오늘날의 이탈리아 코모.

노비오두눔 네비르눔 Noviodunum Nevirnum

세노네스족의 땅과 맞닿아 있긴 하지만 아이두이족의 요새였던 것으로 보인다. 리게르 강(루아르 강)과 엘라베르 강(알리에 강)의 합류지점에 위치했다. 오늘날의 프랑스 느베르.

놀라 Nola

남부 캄파니아의 아주 튼튼한 요새도시. 놀라 내에서의 제1언어는 오스키어였고, 놀라는 늘 삼니움족의 대의명분에 동조했다. 기원전 91년 이탈리아 동맹시와 로마 간의 전쟁이 발발했을 때, 이 도시는 이탈리아 편에 섰다. 놀라는 수많은 로마 장군을 상대로 10년 넘게 포위전을 견디며 이탈리아 도시 중 제일 마지막으로 항복했기 때문에, 놀라라는 이름은 끈질긴 저항의 대명사가 되었다. 술라는 놀라 성벽 밖에서 풀잎관을 받았다. 클로디아(푸블리우스 클로디우스의 누나이자 메텔루스 켈레르의 아내이자 카툴루스와 카일리우스의 정부)에 관한 유언비어 중에는 그녀가 '침실의 놀라'라는 말이 있었는데, 이는 침실에서 절대 가질 수 없는 여자란 뜻이었다.

누만티아 Numantia

켈트이베리아인 4천여 명이 거주하던 소도시. 가까운 히스파니아의 두리우스 강 상류에 위치했다. 기원전 195년의 감찰관 카토부터 기원전 137년의 호스틸리우스 망키누스에 이르기까지 수많은 로마 장군을 물리쳤다. 그러다 기원전 135년에 스키피오 아이밀리아누스에게 누만티아를 정복하라는 명령이 떨어졌고, 그는 8개월간의 포위 작전 끝에 항복을 받아낸다. 유구르타, 마리우스, 푸블리우스 루틸리우스 루푸스, 퀸투스 카이킬리우스 메텔루스 누미디쿠스가 당시 스키피오 아이밀리아누스 휘하에서 개인 참모로 활동했다. 누만티아가 마침내 항복하자, 스키피오 아이밀리아누스는 마을을 철저히 파괴하고 주민을 처형하거나 추방함으로써 켈트이베리아인이 절대 로마를 이

길 수 없음을 분명히 보여주었다.

니코메디아 Nicomedia

오늘날의 터키 이즈미트.

데르토나 Dertona

오늘날 이탈리아 북부의 토르토나.

데케티아 Decetia

리게르(루아르) 강변에 위치한 아이두이족의 요새도시. 오늘날 프랑스의 데시즈.

델포이 Delphi

그리스 중부의 파르나소스 산골짜기에 위치한 아폴론 신의 대성역. 먼 고대부터 중요 숭배지였으나 아폴론 숭배지가 된 것은 기원전 7세기 혹은 6세기 경부터였다. '배꼽돌' 옴팔로스(운석이었을 가능성이 크다)가 있어 세상의 중심으로 여겨졌다. 명성이 자자한 신탁소도 있었는데, 여기서 무아경의 광란상태에 빠져 예언을 하는 노파를 '피티아' 또는 '피토네스'라고 불렀다. 감사의 뜻으로 값비싼 선물을 하는 청원자들이 끊이지 않았던 덕에 이곳은 매우 부유했고, 여러 차례 약탈 대상이 되었다.

도도나 Dodona

그리스의 제우스 신을 모시는 신전 및 주변 구역. 에페이로스 내륙 산지의 팜보리스 호수에서 남서쪽으로 16킬로미터 정도 떨어진 이곳 신전에는 신성한 떡갈나무 안에 매우 유명한 신탁소가 있었다. 이 신전은 비둘기들의 고향으로 여겨지기도 했다. 다른 유명 신탁소들처럼 수많은 선물이 들어왔기에 매우 부유했으며 여러 차례 약탈당했다. 기원전 219년에는 아이톨리아인, 기원전 167년에는 로마인 아이밀리우스 파울루스, 기원전 90년에는 스코르디스키족에게 약탈당했으나 매번 빠르게 부를 회복하고 더 많은 부를 축적

했다('브렌누스' 참조).

두로코르토룸 Durocortorum

레미족의 주요 요새도시. 오늘날 프랑스의 랭스.

디라키온 Dyrrachium

오늘날 알바니아 두러스.

라누비움 Lanuvium

오늘날의 이탈리아 라누비오.

레기움 Rhegium

오늘날의 이탈리아 칼라브리아 주 레조.

로세아 루라 rosea rura

사비니족의 도시인 레아테 외곽에 위치한 이탈리아에서 가장 비옥한 땅. 경작지가 아닌 방목지로 이용되었는데 훌륭한 풀이 끊임없이 빠르게 자라났기 때문이다. 수천 마리 암말과 당나귀 들이 이곳에서 풀을 뜯었고 경매장에서 비싼 값에 팔렸다. 이 지역에서는 특히 노새 생산을 주된 목표로 삼았으며, 이곳의 노새는 최상급으로 인정받았다.

루그두눔 Lugdunum

오늘날의 프랑스 리옹.

루시카데 Rusicade

누미디아의 수도 키르타에서 가장 가까운 항구도시.

루테티아 Lutetia

세콰나 강(오늘날 센 강)의 섬으로 켈트계 파리시족의 주요 요새였다. 오늘날 프랑스 파리.

리소스 Lissus

오늘날 알바니아 레저.

릴리바이움 Lilybaeum

시칠리아 섬 서쪽 끝에 위치한 주요 소도시.

마실리아 Massilia

오늘날의 프랑스 마르세유. 알프스 너머 갈리아 남부의 멋진 항구도시로, 로다누스 강어귀에서 멀지 않으며 기원전 600년경 그리스인 거류지로서 건설되었다. 주민들은 갈리아 지방에서 교역활동을 벌였으며 교역로 주변에 거주하던 갈리아인들에게 헬레니즘 문화를 전파하는 데 일조했다. 특히 톨로사의 볼카이 텍토사게스족, 니카이아와 포르투스 헤르쿨리스 모노이키(오늘날의 프랑스 니스와 모나코)의 리구르족, 로다누스 강 하류지역에 거주하던 일부 부족들에게 많은 영향을 끼쳤다. 그들은 갈리아인에게 포도나무와 올리브나무를 소개하기도 했으며, 일찍이 로마의 잠재력을 알아보고 제2차 포에니 전쟁 때 로마와 동맹을 맺었다. 나이우스 도미티우스 아헤노바르부스가 기원전 122년에 갈리아 원정을 떠났다가 알프스 너머 갈리아를 발견한 계기는, 서부 리구리아의 살루비족이 약탈을 일삼는다고 마실리아 주민들이 불만을 제기했기 때문이었다.

마티스코 Matisco

아이두이족 분파인 암바리족의 요새 중 하나. 아라르 강(오늘날 손 강) 변에 있었다. 오늘날 프랑스 마콩.

말라바르 해안 Malabar coast

인도 데칸고원의 서남단. 나바테아의 아라비아 선단이 이곳의 향신료(특히 후추 열매)를 구하러 매해 방문했다.

말라카 Malaca

오늘날의 스페인 말라가.

메디올라눔 Mediolanum

오늘날의 이탈리아 밀라노.

메티오세둠 Metiosedum

파리시족 분파인 멜디족의 주요 요새. 세콰나 강(오늘날 센 강)의 섬이었다. 오늘날 프랑스 믈룅.

멤피스 Memphis

오늘날 이집트 카이로 부근.

모이시아 Moesia

오늘날 세르비아와 불가리아 서북부에 해당하는 지역. 트라키아인들이 부족을 이루어 정착해 살았다. 농작과 방목을 병행했다. 주요 부족인 다르다니족과 트리발리족이 로마령 마케도니아 속주와의 경계지역을 끊임없이 침략했다.

무티나 Mutina

이탈리아 갈리아의 아이밀리우스 가도상 도시. 오늘날 이탈리아 북부 도시 모데나. 마르쿠스 안토니우스의 피호도시였다.

바리움 Barium

오늘날 이탈리아 아드리아 해 연안의 바리.

바이아이 Baiae

이탈리아 북부 미세눔 곶에서 만을 이루는 쪽(오늘날 나폴리 만으로 알려져 있다)에 자리한 작은 마을. 공화정 시대에는 휴양지로 그다지 인기가 없었지만 이곳에서 양식되는 굴이 유명했다.

바티카누스 Vaticanus

바티카누스 평원과 바티카누스 언덕 둘 다를 가리킨다. 마르스 평원 맞은편으로 티베리스 강 북쪽 강변에 위치했다. 공화정 말기에 이 평원은 시판용 채소밭으로 사용되었고 그 뒤에 자리한 언덕은 정해진 용도가 없었다.

발렌티아 Valentia

오늘날 프랑스의 발랑스.

베로이아 Beroea

오늘날 그리스 베로이아.

베르켈라이 Vercellae

이탈리아 갈리아의 소도시. 파두스 강 북쪽에서 살라시 계곡으로 굽어드는 곳에 있었다. 외곽에는 한 쌍의 작은 평원인 라우디우스 평원이 있었는데, 이곳에서 기원전 101년 마리우스와 카툴루스 카이사르가 킴브리족을 격파했다.

베손티오 Vesontio

세콰니족의 중심 요새. 오늘날 프랑스의 브장송.

벨라우노두눔 Vellaunodunum

갈리아 세노세스족의 요새 도시. 오늘날 프랑스의 트리게르.

보노니아 Bononia

이탈리아 갈리아 도시로 아이밀리우스 가도상에 위치해 있었다. 오늘날 이탈리아 볼로냐.

보이오하이뭄 Boiohaemum

보헤미아. 오늘날의 체코와 슬로바키아 지역.

부르디갈라 Burdigala

오늘날 프랑스 서남부의 보르도. 갈리아의 가장 큰 요새로 아퀴타니족에 속했으며 가룸나 강어귀 남쪽 연안에 위치해 있었다.

부트로툼 Buthrotum

오늘날 알바니아 부트린토. 지금은 사람이 살지 않는 곳이다.

브루티움 Bruttium

장화 모양의 이탈리아 지도의 앞코 부분에 자리해 있었던 고대 로마 도시.

브룬디시움 Brundisium

오늘날 이탈리아의 브린디시. 이탈리아 남부에서 가장 중요한 항구도시로, 이탈리아 아드리아 해 연안을 통틀어 유일하게 좋은 항구가 있었다. 기원전 244년 아피우스 가도에 타렌툼에서 브룬디시움까지 신규 구간이 건설되자, 로마는 이 구간을 보호할 목적으로 브룬디시움을 라티움 시민권자 거류지로 만들었다.

비로두눔 Virodunum

트레베리족의 일족인 메디오마트리키족의 요새 도시. 오늘날 프랑스의 베르됭.

비보 Vibo

레기움에서 북쪽으로 그리 멀지 않은 곳에 위치한 티레니아 연안의 작은 항구도시.

비브락스 Bibrax

레미족의 요새. 오늘날 프랑스 랑.

비브락테 Bibracte

아이두이족의 요새. 오늘날 프랑스 몽 부브레.

비엔 Vienna

오늘날 프랑스의 비엔. 로다누스 강 유역에 자리한 교역 거점도시로, 정식 명칭은 비엔나였지만 오스트리아 수도와의 혼동을 막기 위해 주로 현대의 이름을 사용한다.

비투리게스족의 노비오두눔 Noviodunum of the Bituriges

비투리게스족의 요새. 오늘날의 프랑스 뇌비.

사마로브리바 Samarobriva

아트레바테스족과 가까운 동맹관계였던 벨가이계 암비아니족의 요새 도시. 오늘날 프랑스의 아미앵.

사바티아 Sabatia

바다 사바티아라고도 했다. 오늘날 이탈리아 북부 리구리아 해안의 항구도시 사보나.

살로나 Salona

오늘날 크로아티아 달마티아 지역의 스플리트.

수에시오눔 Suessionum

벨가이계 수에시오네스족의 중심 요새. 오늘날 프랑스의 수아송.

스미르나 Smyrna

오늘날 터키의 이즈미르. 에게 해 연안 소아시아의 대규모 항구도시로 헤르모스 강어귀 가까이에 있었다. 원래 이오니아계 그리스인들의 거류지였는데 기원전 6세기부터 3세기까지 거의 300년간 절멸되었다. 그러나 알렉산드로스 대왕에 의해 재건된 뒤로 내내 발전을 거듭했다. 주로 상업이 융성했으나 학문의 중심지이기도 했다.

시라쿠사이 Syracuse

시칠리아의 수도이자 최대 도시.

아게딩쿰 Agedincum

세노네스족의 요새. 오늘날 프랑스 상스.

아라비아 펠릭스 Arabia Felix

행복 또는 행운의 아라비아. 아라비아 반도에서 홍해 남단에 해당하는 부분.

아라우시오 Arausio

오늘날의 프랑스 오랑주. 알프스 너머 갈리아의 로다누스 강 남쪽에 자리한 로마 통치하의 소규모 정착지.

아렐라테 Arelate

오늘날의 프랑스 아를. 알프스 너머 갈리아의 로다누스 강 삼각주 바로 위쪽에 그리스인들이 세운 마을로 추정된다. 마리우스가 선박용 운하를 건설한 후 지리적 요지가 되었다.

아르피눔 Arpinum

라티움 소속 마을로 삼니움과의 경계에 가까웠다. 원주민은 볼스키족으로 추정된다. 라티움 시민권 지역 중 완전한 로마 시민권을 포르미아이 푼디와 더불어 가장 늦게 받았다(기원전 188년). 공화정 후기에도 자치시 지위를 온전히 누리지 못했다. 마리우스와 키케로가 나고 자란 곳으로 유명하다.

아리미눔 Ariminum

오늘날 이탈리아 리미니.

아미소스 Amisus

오늘날 흑해의 항구도시인 터키 삼순.

아바리쿰 Avaricum

비투리게스족의 가장 큰 요새.

아콰이 섹스티아이 Aquae Sextiae

오늘날의 프랑스 남부 엑상프로방스. 알프스 너머 갈리아 속주의 온천 도시.

아퀼레이아 Aquileia

카르니아 알프스 산맥에서 노리쿰과 일리리쿰까지 이어지는 무역로를 보호하기 위해 로마가 기원전 181년 이탈리아 갈리아 동쪽 끝에 심어놓은 라티움 시민권자 거류지. 얼마 후 라벤나, 파타비움, 베로나, 플라켄티아까지 도로가 깔리면서 아드리아 해 연안 최상단부에서 가장 중요한 도시로 급성장했다.

아폴로니아 Apollonia

비잔티온과 헬레스폰트에서 아드리아 해를 연결하는 에그나티우스 가도의 남쪽 종착지. 오늘날 알바니아 비오서 강 하구 부근에 있었다. 북쪽 종착지는 디라키온이었다.

안티오케이아 Antiocheia

현재의 안티오크. 시리아의 수도로, 당시 인근에서 가장 큰 도시였다.

알레시아 Alesia

만두비족의 요새. 오늘날 프랑스 알리즈 생트 렌느 부근.

알바롱가 Alba Longa

오늘날 이탈리아 중부의 카스텔 간돌포 부근. 아이네아스의 아들 율루스(또는 아스카니우스)가 알바누스 산에 세운 것으로 추정된다. 라티움의 중심부였으며 율리우스 가문을 비롯한 로마의 유서 깊은 파트리키 가문 여럿이 이곳에서 시작되었다. 기원전 7세기에 로마의 툴루스 호스틸리우스 왕의 침략으로 완전히 파괴되었다. 일부 명문가는 이 일이 있기 전에 미리 로마로 이주했고, 나머지는 이후 툴루스 호스틸리우스 왕의 명령하에 강제 이주되었다.

알바 헬비오룸 Alba Helviorum

헬비족의 주요 도시. 오늘날 프랑스 르 테유 부근.

암브루숨 Ambrussum

로마의 갈리아 속주 도시. 나르보와 히스파니아로 이어지는 도미티우스 가도 상에 있었다. 오늘날 프랑스 루넬 부근.

에포레디아 Eporedia

오늘날 이탈리아 북부의 이브레아.

엑바타나 Ecbatana

오늘날 이란의 하마단.

오리쿰 Oricum

오늘날의 알바니아 오리쿠.

오스티아 Ostia

티베리스 강어귀에 위치한 로마에서 가장 가까운 항구도시. 로마 초기에 이곳의 염습지에서는 이탈리아 최고의 소금이 생산되었는데, 이탈리아에서 생산되는 유일한 소금이었을지도 모른다. 공화정 시대에는 요새도시였으며 포에니 전쟁 때는 해군 기지로 이용되었다. 점토와 모래톱이 많아 썩 훌륭한 항구가 아니었음에도 늘 배들로 북적댔다. 티베리스 강은 유속이 빠르고 토사가 많아서 아주 작은 상선들만 로마까지 진입할 수 있었다. 중대형 선박에 실린 화물은 오스티아에서 바지선이나 거룻배에 옮긴 다음 로마로 보냈다. 이곳에는 곡물 저장소가 있었고, 오스티아 전속 재무관의 역할은 운송되고 적하되는 곡물을 감독하고 관세와 소비세를 부과하는 것이었다.

옥토두룸 Octodurum

오늘날의 스위스 마티니.

올림피아 Olympia

제우스에게 바쳐진 유명한 신전과 그 주변의 성지. 테살리아의 올림포스 산 근처가 아니라 펠로폰네소스 반도 서부의 엘리스 지역 알페이오스 강 부근에 있었다.

우티카 Utica

기원전 146년 스키피오 아이밀리아누스가 카르타고를 파괴한 후 아프리카 속주에서 가장 중요한 도시이자 항구가 되었다. 총독 관저가 있었고, 바그라다스 강어귀에 위치했다.

욱셀로두눔 Uxellodunum

카르두르키족의 중심 요새. 오늘날 프랑스의 퓌디솔뤼로 추정됨.

이올 Iol

오늘날 알제리의 셰르셸.

이코시움 Icosium

오늘날 알제리의 알제.

이탈리카 Italica

마르시 전쟁의 반란군들이 꿈꾸었던 새 나라 이탈리아의 수도. 실제로는 코르피니움 시였으며 전쟁 동안에만 이탈리카라고 불렸다.

일레르다 Illerda

오늘날 스페인의 레리다.

일리움 Ilium

트로이아의 로마식 이름.

카라이 Carrhae

오늘날의 터키 남단 시리아 국경 근처의 하란이라는 작은 마을. 파르티아인들이 마르쿠스 크라수스의 군대를 공격했을 때 로마가 참패한 곳.

카란토마구스 Carantomagus

루테니족의 요새 도시. 오늘날 프랑스의 빌프랑슈.

카르카소 Carcasso

갈리아 속주에서 나르보 인근의 아탁스 강가에 있는 성채. 오늘날 프랑스의 카르카손.

카르타고 Carthage

페니키아의 식민지 개척자들이 북아프리카 중부(오늘날의 튀니지)에 세운 무역 제국의 수도이자 중심지. 지중해에서 가장 번성한 항구 중 한 곳인 카르타고의 항만 시설은 대규모 인력이 투입된 여러 차례의 개량 공사로 더욱 발전했다. 스키피오 아이밀리아누스가 제3차 포에니 전쟁에서 카르타고인들의 활동을 막은 후 사실상 멸망했다.

카빌로눔 Cabillonum

아라르 강(손 강) 인근의 요새 도시. 오늘날 프랑스의 샬롱쉬르손.

카푸아 Capua

캄파니아의 가장 중요한 내륙 도시. 로마에 대한 충성 서약을 깨뜨려서 넓고 매우 가치 있는 공유지를 빼앗기는 보복을 당했다. 이 공유지는 캄파니아에 있는 로마 공유지의 핵심이었으며, 팔레르눔 포도주의 산지인 비옥한 포도밭을 포함했다. 마리우스와 술라 시대에 카푸아의 경제적 번영은 도시를 둘러싼 다수의 군사 훈련소와 검투사 양성소, 수많은 죄수들의 거처인 노예 수용소에 달려 있었다. 주민들은 이 대규모 시설들에 물자와 용역을 공급하면서 생계를 꾸렸다.

칸나이 Cannae

이탈리아 남동쪽 아풀리아 지역의 도시로 아우피디우스 강 유역에 있었다. 기원전 216년, 한니발이 이끄는 카르타고 군대는 이곳에서 루키우스 아이밀리우스 파울루스와 가이우스 테렌티우스 바로가 지휘하는 로마군을 전멸시켰다. 이 사건은 기원전 105년의 아라우시오 전투 전까지 로마 역사상 최악의 군사적 재앙으로 여겨졌으며, 3만 명에서 6만 명의 로마군이 목숨을 잃었고 생존자들은 멍에 밑을 지나는 굴욕을 강요당했다('멍에' 참조).

케나붐 Cenabum

카르누테스족의 주요 요새 도시로, 리게르 (루아르) 강변에 있었다. 오늘날 프랑스의 오를레앙.

코르두바 Corduba

스페인의 코르도바.

코뭄 Comum

오늘날 이탈리아 북부의 도시 코모.

쿠마이 Cumae

기원전 18세기 초 이탈리아에 생긴 최초의 그리스 식민지. 미세눔 곶의 토스

카나 해 쪽, 크라테르 만의 북쪽에 있었으며 공화정 시대 로마에서 아주 인기 있는 해변 휴양지였다.

쿨라로 Cularo

오늘날 프랑스 알프스 지역의 그르노블.

킴메리아 Cimmeria

흑해 맨 위쪽에 위치했으며, 고대에는 크림 반도뿐 아니라 인근 지역 대부분까지 포함했다.

타라키나 Tarracina

오늘날 이탈리아의 테라치나.

타렌툼 Tarentum

오늘날의 타란토. 이탈리아 최남단에 있으며 기원전 700년경 스파르타인들이 그리스인 거류지로 삼았다. 원래 아피우스 가도의 종착점이었으나 이 길이 브룬디시움까지 연장되며 중요성을 잃었다. 그래도 파트라이와 그리스 남부로 가는 여행자들은 항상 이 항구를 택했다.

타르소스 Tarsus

아나톨리아 남동쪽 킬리키아에서 가장 크고 중요했던 도시.

타우라시아 Taurasia

오늘날의 토리노. 고대 이탈리아 지도에는 아우구스타 타우리노룸으로 표기되어 있지만 이는 아우구스투스 원수정 시대에 부여된 이름이 분명하다. 저자는 상당한 조사 끝에 아우구스투스 이전의 도시로 보이는 타우라시아라는 이름을 발견했다.

테르게스테 Tergeste

오늘날의 이탈리아 트리에스테.

테살로니카 Thessalonica

오늘날 그리스의 테살로니키.

톨로사 Tolosa

오늘날 프랑스의 툴루즈. 가룸나 강 곡저평야에 자리한 지역으로 갈리아 부족 연합체인 볼카이 텍토사게스족의 수도였다.

투스쿨룸 Tusculum

로마에서 약 24킬로미터 떨어진, 라티나 가도상에 위치한 도시. 기원전 381년에 라티움 도시 최초로 완전한 로마 시민권을 얻었으며 로마에 변함없는 충성을 보였다. 감찰관 카토가 이곳 출신이었으며, 그의 가문은 이곳에서 3대 이상 로마 기사로서 공마(해당 항목 참조)를 보유했다.

트란스티베림 Transtiberim

오늘날 이탈리아의 트라스테베레. 로마에서 티베리스 강 바로 맞은편에 있다. 이곳 주민들은 트란스티베리니라고 불렸다.

트레브 Treves

오늘날 독일의 트리어.

트리덴툼 Tridentum

오늘날 이탈리아의 트렌토.

트리오칼라 Triocala

시칠리아의 노예 반란군이 시칠리아 남부 해안 뒤쪽 산줄기에 지었던 난공불락에 가까운 요새도시. 기원전 103년에 루키우스 리키니우스 루쿨루스가 포위하였으나 기원전 101년에야 함락되었다.

티부르 Tibur

오늘날의 이탈리아 티볼리. 아니오 강 유역의 작은 정착지로, 강줄기가 구릉에서 티베리스 평원으로 급작스럽게 흘러드는 곳에 위치했다. 마리우스 시대에는 완전한 로마 시민권을 갖지 못했다.

팅기스 Tingis

오늘날의 모로코 탕헤르. 마우레타니아 왕국의 수도이자 권력의 중심지였다. '헤라클레스의 기둥'(해당 항목 참조) 건너편 대서양 연안에 있다.

파눔 포르투나이 Fanum Fortunae

오늘날 이탈리아의 파노.

파라이토니온 Paraetonium

오늘날 이집트 북서부의 마르사마트루흐로 추정된다.

파르살로스 Pharsalus

라리사와 멀지 않은, 테살리아 에니페우스 강 유역의 작은 골짜기. 카이사르가 폼페이우스 마그누스와 맞붙어 승리한 곳이다.

파이술라이 Faesulae

오늘날 이탈리아의 피에졸레. 로마가 강국이 되기 전에 에트루리아인들이 정착한 곳이라 늘 에트루리아의 일부로 간주되었으나, 사실 아르누스 강의 북쪽에 있었기에 공식적으로는 이탈리아 갈리아였다.

파타비움 Patavium

오늘날 이탈리아 북부의 파도바. 이탈리아 갈리아에서 가장 부유하고 빠르게 성장한 도시.

파트라이 Patrae

오늘날 그리스 펠로폰네소스 반도의 파트라스. 코린토스 만 남쪽 해안에 위치하며, 바람이나 해류와 같은 자연 조건 때문에 타렌툼이나 시칠리아에서 배를 타고 그리스로 가는 사람들이 마지막에 도착하는 곳이기도 하다.

페렌티눔 Ferentinum

오늘날 이탈리아의 페렌티노.

페시노스 Pessinus

프리기아 동부의 작은 도시. 대모신 마그나 마테르의 주요 성소가 있는 곳으로 유명하다.

포룸 율리 Forum Julii

오늘날 프랑스의 코트다쥐르 해안 지역에 위치한 프레쥐스.

포풀로니아 Populonia

이탈리아 반도의 서쪽, 티레니아 해 방향에 위치하던 항구도시.

푸테올리 Puteoli

오늘날 이탈리아의 포추올리. 이 시리즈에서 다루는 시대에는 이탈리아의 가장 중요하고 분주한 항구도시로 델로스를 능가하는 해상 무역 중심지였다. 아주 효율적으로 조직되고 운영되는 항구인 동시에 로마 부자들의 해변 휴양지로도 각광받았다. 또한 유리 생산지로 유명하기도 했다. 이 지역에서 가장 유명했던 그라니우스 가문은 라티움 마을인 아르피눔과 마리우스 가문에 연고가 있었다.

프라아스파 Phraaspa

오늘날 이란의 잔잔 부근.

플라켄티아 Placentia

오늘날 이탈리아 북부의 피아첸차. 이탈리아 갈리아에서 가장 크고 중요한 도시 중 하나였으며 기원전 218년부터는 라티움 시민권이 부여되었다. 감찰관이었던 스카우루스 원로원 최고참 의원이 티레니아 해안부터 데르토나를 지나 플라켄티아와 파두스 골짜기까지 잇는 훌륭한 도로를 만들면서 아주 중요한 지역으로 급부상했다.

플로렌티아 Florentia

오늘날 이탈리아의 피렌체.

피사이 Pisae

오늘날 이탈리아의 피사.

핀데니소스 Pindenissus

이 도시는 소재가 파악되지 않는다. 저자가 찾아보았지만 핀데니소스라는 곳은 나오지 않았다. 키케로에 의하면 이곳은 카파도키아에 있었으며 그가 이곳을 포위해서 함락시키는 데 57일이 걸렸다고 한다. 하지만 저자는 이 말을 핀데니소스라는 도시의 힘과 능력을 나타내는 척도라기보다 키케로와 그의 보좌관 가이우스 폼프티누스의 군사적 능력을 드러내는 것으로 해석한다. 그게 아니라면 이렇듯 찾기 어려울 리 만무하다.

헤라클레스의 기둥 Pillars of Hercules

대서양과 지중해 사이의 좁은 통로. 두 개의 거대한 암석 노두로 이루어졌는데 하나는 히스파니아 쪽의 칼페(오늘날의 지브롤터)에, 하나는 아프리카 쪽의 아비두스에 있었다.

히포 레기우스 Hippo Regius

오늘날 알제리의 안나바.

산 · 산맥 · 고개 · 숲

루그두눔 고개 Lugdunum Pass

이탈리아 갈리아와 알프스 너머 갈리아를 연결하는 오늘날의 프티생베르나르 고개를 나타내기 위해 저자가 사용한 지명. 고도가 상당히 높았음에도 마리우스 시대 이전부터 종종 이용되었다. 그랑생베르나르 고개도 알려져 있긴 했지만 이용되지는 않았다. 오늘날의 이탈리아 발레다오스타를 차지하고 있던 켈트계 살라시족이 이탈리아 갈리아 쪽에서 이 두 고개를 지켰다.

몬스 게나바 고개 Mons Genava Pass

이탈리아 도라 리파리아 강의 발원지에서 프랑스 뒤랑스 강의 발원지로 이어지는 오늘날의 몽주네브르 고개를 로마인들이 어떤 이름으로 불렀는지는 밝혀지지 않았다. 저자는 독자들이 쉽게 연관성을 파악하도록 이 프랑스어 지명을 라틴어로 바꾸었다. 이 고갯길은 아이밀리우스 가도, 도미티우스 가도와 연결되어 있어 가장 오랫동안 빈번하게 이용되었다.

브렌누스 고개 Pass of Brennus

오늘날의 브렌네르 고개. 이 명칭은 이 고갯길을 통해 이탈리아를 침략했던 켈트족 왕 브렌누스('브렌누스[1]' 참조), 혹은 이 고갯길 주변에 거주했던 켈트 부족 브렌니에게서 유래했을 것이다. 이사르쿠스 강의 골짜기를 따라 놓여 있어서 이탈리아 갈리아로 통하는 알프스 산맥의 고갯길 중에 가장 지대가 낮다. 그러나 길의 북쪽 지역이 너무 위험했기 때문에 거의 이용되지 않았다.

아르두엔나 숲 Arduenna

오늘날의 프랑스 북부 아르덴 삼림지대. 고대에는 모사 강에서 모셀라 강까지 이어졌으며 사람이 헤치고 들어갈 수 없는 숲이었다.

아이트나 산 Aetna Mons

이탈리아의 시칠리아에 있는 오늘날의 에트나 산. 고대에도 지금처럼 활화산이었지만 당시 사람들은 이 산 주변 지대를 넓게 활용했다.

아펜니누스 산맥 Apenninus

이탈리아를 크게 세 부분, 즉 이탈리아 갈리아(북부의 포 계곡 일대), 아드리아 해 연안, 더 넓고 비옥한 서부 해안으로 나누는 산맥. 리구리아 지역의 마리티마이 알프스 산맥에서 갈라져나와 이탈리아 반도를 서에서 동으로 가로지르고 시칠리아 섬 맞은편 브루티움까지 이어져내려간다. 최고봉 높이가 3천 미터에 이른다.

테르모필라이 고개 Thermopylae

테살리아와 중부 그리스 사이의 해안 고갯길. 양옆으로 에게 해와 절벽이 있었다. 그러나 이 고갯길은 결코 방어에 좋은 곳이 아니었다. 위로 산길이 여러 갈래 있어서 이곳을 점한 군대가 측면에서 포위될 수 있었기 때문이다. 이 산길 중에 가장 잘 알려진 것은 아노파이아 길이고, 이 고개에서 벌어진 가장 유명한 방어전은 스파르타의 레오니다스가 이끈 전투다.

피스켈루스 산 Mons Fiscellus

오늘날 그란사소디탈리아 산. 이탈리아에서 가장 높은 산이다.

강 · 바다 · 호수 · 항구 · 섬 · 만

가룸나 강 Garumna River

오늘날 프랑스의 가론 강.

게소리아쿠스 항 Portus Gesoriacus

브리타니아 해협(도버 해협) 연안 마을. 오늘날 프랑스의 불로뉴.

네모렌시스 호수 Lacus Nemorensis

알바누스 산의 아피우스 가도 쪽에 자리한 작은 화산호. 호수 연안의 신성한 숲에 디아나 신전이 있었고, 이 신전을 보살피는 신관은 렉스 네모렌시스라고 불렸다. 그는 본래 도망친 노예로, 신성한 숲에서 나뭇가지를 꺾어 첫 신성모독 행위를 범한 뒤 기존 신관과의 결투에서 그를 죽임으로써 자리를 이어받은 자였다.

다나스트리스 강 Danastris River

오늘날 몰다비아의 드네스트로 강. 고대인들은 티라스 강이라고도 불렀다.

다누비우스 강 Danubius River

로마인들은 다누비우스(Danuvius)라고도 불렀다. 그리스인들은 이스트로스 강이라고 불렀지만, 이 강의 수원이나, 흑해로 유입되는 곳 이전의 경로는 전혀 몰랐다. 카이사르 시대 로마인들은 막연하게, 이 강이 매우 크고 길며, 판노니아와 다키아 남부, 모이시아 북부를 관통해 흐른다고 알고 있었다. 오늘날에는 다뉴브, 도나우, 두너, 두나브, 두너레아, 두네이 등 다양한 명칭으로 알려져 있다.

두리아 마요르 강 Duria Major River

오늘날 이탈리아 북부의 도라 발테아 강.

두리아 미노르 강 Duria Minor River

오늘날 이탈리아 북부의 도라 리파리아 강.

드라부스 강 Dravus River

오늘날 유고슬라비아의 드라바 강.

드루엔티아 강 Druentia River

오늘날 프랑스의 뒤랑스 강.

라리우스 호수 Lacus Larius

오늘날 이탈리아의 코모 호수.

레누스 강 Rhenus River

오늘날 독일의 라인 강. 게르만족의 땅(게르마니아)과 갈리아인의 땅(갈리아)을 가로지르는 경계였다. 폭넓고 깊고 유속이 빨라서 교량을 건설하기에 부적합하다고 여겨졌다.

레만누스 호수 Lacus Lemannus

오늘날의 레만 호수, 혹은 제네바 호수.

로다누스 강 Rhodanus River

오늘날 프랑스의 론 강. 갈리아의 켈트족이 거주했던 이 강의 비옥한 골짜기는 일찍이 로마의 영향권에 들어왔다. 기원전 122년과 121년 나이우스 도미티우스 아헤노바르부스의 원정 이후, 아이두이족과 암바리족의 땅이 있는 강 상류까지는 알프스 너머 갈리아 지역의 로마 속주에 편입되었다.

로마 항 Port of Rome

로마인들은 간단히 포르투스(항구)라고 불렀다. 수블리키우스 목교에서 로마 방면으로 티베리스 강 하류에 있었다. 좀더 정확히는 세르빌리우스 성벽 바깥의 국영 곡물 저장소가 있는 아벤티누스 절벽 옆 좁다란 강기슭에 위치하였다. 부두와 상점들이 들어서 있었고 수많은 바지선, 거룻배, 소형 상선들이 오스티아로부터 왔다. 오스티아 항에서 큰 배의 화물을 작은 배로 옮겨 이곳으로 보내곤 했기 때문이다.

루비콘 강 Rubicon River

루비코 강(Rubico) 강으로도 알려져 있다. 아펜니누스 산맥에서 발원해 아드리아 해로 흐르는 강들 중 술라가 이탈리아 갈리아와 이탈리아 본토의 경계로 삼은 루비콘 강이 어느 것인지를 두고 논란이 분분하다. 대부분의 학자들은 지금의 루비콘 강이 지목하지만, 그 강은 아주 얕고 짧으며 아펜니누스 산맥까지 연결돼 있지도 않다. 그러므로 이탈리아 반도의 서쪽 경계인 아르누스 강의 발원지와 맞닿아 있지 않다. 나는 그 지역에 관한 스트라본의 글과 다른 고대 문헌을 오랫동안 조사한 끝에, 아펜니누스 산맥 고지대에서 발원하는 오늘날의 사비오 강이 고대의 루비콘 강일 것이라는 결론을 내렸다. 보통 작은 강이 아니라 커다란 강이 지역 경계선으로 사용되기 때문이다. 사비오 강의 북쪽에 위치한 론코 강도 강력한 후보지만, 아쉽게도 그 강은 라벤나와 너무 가까운 곳에 있다. 문제는 지금 우리로서는 고대의 하천 지도가 어떤 모습이었는지 알 수 없다는 점이다. 중세시대에 라벤나 강 주변에서 대대적인 배수 및 수로 공사가 이루어졌으므로, 고대의 강들은 지금과 다른 경로로 흘렀을지도 모른다.

리게르 강 Liger River

오늘날 프랑스의 루아르 강.

리리스 강 Liris River

오늘날 이탈리아의 가리글리아노 강.

마레 에리트라이움 Mare Erythraeum

오늘날 페르시아 만. 우리가 '홍해'로 알고 있는 지역은 로마인들에게 아라비아 만(Sinus Arabicus)으로 알려져 있었기 때문에 나는 이 시리즈에서 마레 에리트라이움을 홍해로 옮기지 않았다(한글판에서는 독자의 혼동을 피하기 위해 오늘날 가장 많이 사용되는 지명〔마레 에리트라이움 및 페르시아 해는 페르시아 만, 아라비아 만은 홍해〕으로 통일해 번역했다 — 옮긴이).

모사 강 Mosa River

오늘날 프랑스의 뫼즈 강(네덜란드어로는 마스 강).

모셀라 강 Mosella River

오늘날 독일의 모젤 강.

무툴 강 Muthul River

누미디아 중부에 위치한 강. 이 강의 정확한 위치에 대해서는 아직도 논란이 많다. 저자는 『고대 그리스·로마 역사지도(the Atlas of Classical History, 리처드 J. A. 탈버트 편집)』를 참고해 이 강을 바그라다스 강의 지류로 설정했다.

물루카트 강 Muluchath River

오늘날 모르코의 물루야 강.

바그라다스 강 Bagradas River

오늘날 튀니지의 멜레그 강. 로마의 아프리카 속주에서 가장 중요한 강이었다.

바루스 강 Varus River

오늘날 프랑스의 바르 강.

바이티스 강 Baetis River

오늘날의 스페인 과달키비르 강. 먼 히스파니아 지역에 있다. 고대 그리스의 지리학자 스트라본에 따르면 이곳 골짜기는 세계에서 가장 기름지고 비옥한 땅이었다고 한다.

베나쿠스 호수 Lacus Benacus

오늘날 이탈리아 북부의 가르다 호수.

보리스테네스 강 Borysthenes River

오늘날 우크라이나의 드네프르 강.

북해 German Ocean

기본적으로 북해와 발트 해.

비겐나 강 Vigenna River

오늘날 프랑스 서부의 비엔 강.

비수르기스 강 Visurgis River

오늘날 독일의 베저 강.

사마라 강 Samara River

오늘날 프랑스의 솜 강.

사부스 강 Savus River

오늘날 유고슬라비아의 사바 강.

사비스 강 Sabis River

오늘날 프랑스의 상브르 강.

사해(팔루스 아스팔티테스) Palus Asphaltites

공화정 당시 전 세계의 역청 공급원이었다. 역청은 물위에 떠오른 것을 건져내는 식으로 채취했다. 바닷가 주변에 쌓인 퇴적물은 황화되고 지나치게 딱딱해서 상품 가치가 없었다. 사해의 역청은 포도나무에 발라 곰팡이와 해충을 막거나 약용으로 쓰이기도 한 만큼 귀하게 취급되었고 값이 비쌌다. 나바테아인들이 역청 채굴권을 보유했으며 철저하게 그 권리를 지켰다.

세콰나 강 Sequana River

오늘날 프랑스의 센 강.

스칼디스 강 Scaldis River

오늘날 벨기에의 스헬더 강.

스트리몬 강 Strymon River

오늘날 불가리아의 스트루마 강과 그리스의 스트리몬 강.

시코리스 강 Sicoris River

오늘날 스페인의 세그레 강.

아나스 강 Anas River

오늘날 스페인의 과디아나 강.

아니오 강 Anio River

오늘날 이탈리아 로마의 아니에네 강.

아드리아 해 Adriatic Sea

이탈리아 반도를 일리리쿰, 마케도니아, 에페이로스로부터 갈라놓던 바다. 아래쪽으로 이오니아 해와 이어진다.

아라르 강 Arar River

오늘날 프랑스의 손 강.

아라비아 만 Sinus Arabicus

시누스 아라비쿠스. 오늘날의 홍해('마레 에리트라이움' 참조).

아르누스 강 Arnus River

오늘날 이탈리아 서부의 아르노 강. 이 강의 줄기가 이탈리아 본토와 이탈리아 갈리아의 경계선을 이루었다.

아미시아 강 Amisia River

오늘날 독일의 엠스 강.

아오오스 강 Aous River

오늘날 알바니아 비오서 강.

아우세르 강 Auser River

오늘날 이탈리아 세르키오 강.

아이누스 강 Aenus River

오늘날 독일 바이에른 주의 인 강.

아테시스 강 Athesis River

오늘날 이탈리아의 아디제 강.

악소나 강 Axona River

오늘날 프랑스 엔 강.

알비스 강 Albis River

오늘날 독일의 엘베 강.

압소스 강 Apsus River

오늘날 알바니아 세만 강.

엘라베르 강 Elaver River

오늘날 프랑스 알리에 강.

올티스 강 Oltis River

오늘날 프랑스 로트 강.

우리의 바다(마레 노스트룸) Mare Nostrum

지중해. 눈 밝은 독자들은 시리즈 중반부터 지중해를 지칭하는 말로 우리의 바다라는 표현이 등장하는 것을 발견할 것이다. 공화정 후기부터 로마인들은 지중해를 우리의 바다로 불렀다.

이베루스 강 Iberus River

스페인의 에브로 강.

이사라 강 Isara River

이런 이름의 강이 여럿 있었다. 오늘날의 이제르 강(로다누스 강의 지류), 오늘날의 이자르 강(다누비우스 강의 지류), 오늘날의 우아스 강(세콰나 강의 지류) 모두 이사라 강이었다.

이사르쿠스 강 Isarcus River

오늘날 이탈리아 북부의 이사르코 강. 아테시스 강의 지류.

이카우나 강 Icauna River

프랑스의 욘 강.

이티우스 항 Portus Itius

게소리아쿠스 항에서 북쪽으로 몇 킬로미터 떨어져 있는 브리타니아 해협(도버 해협) 연안 마을. 두 마을 모두 벨가이계 모리니족의 영토에 속했다. 이티우스 항이 오늘날 프랑스의 위상인지 칼레인지에 대해서는 여전히 의견이 분분하다.

일바 섬 Ilva

오늘날 이탈리아의 엘바 섬. 철광석이 풍부했다. 주민들은 철광석을 채광하고 제련하여 괴철로 만들었고, 이 괴철로 만든 대형 주철은 해로로 피사이와 포풀로니아에 옮겨져 정련되었다.

카리스 강 Caris River

오늘날 프랑스 셰르 강.

카타바트모스 Catabathmos

이집트와 키레나이카 사이의 사람이 살지 않는 해안.

케르키나 섬 Cercina Island

오늘날의 케르케나(Kerkenna)섬. 아프리카 소(小)시르티스 만의 섬들 중 하나로, 마리우스의 퇴역병사 이주지들 중 최초의 이주지였다. 마리우스는 독재관 카이사르의 부친을 이 섬으로 파견하여 퇴역병사들의 정착 업무를 감독하게 했다.

케르키라 섬 Corcyra Island

오늘날 그리스 코르푸 또는 케르키라(Kerkira) 섬.

케팔레니아 Cephallenia

그리스의 서쪽, 이오니아 해의 섬.

코라 강 Cora River

오늘날 프랑스 퀴르 강.

코스 섬 Cos

스포라데스 제도의 일부이자 소아시아 연안 근처에 위치한 섬. 유명한 수출품인 '코스 섬 실크(Coan silk)'는 양잠이 아닌 야생 누에로부터 얻은 것이었다(양잠 실크는 제정 초기에야 지중해 지역에 들어왔다). 이 실크는 매춘부들에게 인기가 무척 많아서 아예 매춘부를 '코스 섬 사람(Coan)'이라고 불렀을 정도였다.

쿠릭타 섬 Curicta Island

크르크 섬. 유고슬라비아의 리부르니아 해안 인근에 있다.

크라테르 만 Crater Bay

고대 로마에서 오늘날의 나폴리 만을 부르던 명칭. 고대 자료들은 베수비우스 산의 폭발이 서기 79년 최초로 있었다고 기록했지만, '분화구 만'을 뜻하는 이 이름은 선사시대의 어느 시기에 훨씬 더 큰 폭발이 일어나 이 거대한 만이 생성되었음을 시사한다.

클리툼누스 강 Clitumnus River

이탈리아 움브리아 지역에 있는 강.

키오스 섬 Chios

에게 해의 스미르나 근처 소아시아 해안에 있던 큰 섬. 최고의 포도주 산지로 유명했다. 폰토스의 왕 미트리다테스 6세는 키오스의 배 때문에 자신의 기함이 사고를 당한 후부터 이곳 사람들에게 원한을 품었다.

타나이스 강 Tanais River

오늘날 러시아의 돈 강.

타르니스 강 Tarnis River

오늘날 프랑스의 타른 강.

타메사 강 Tamesa River

오늘날 영국 템스 강.

티베리스 강 Tiberis

로마 시내를 가로지르는 강. 아레티움 너머 아펜니누스 산맥 고지대에서 시작하여 오스티아에서 티레니아 해로 흘러 들어갔다. 로마는 티베리스 강의 북동쪽 제방 위에 자리했다. 위쪽으로 나르니아까지 배가 다닐 수 있다고 전해졌지만, 실제로는 급류가 심해서 상류로 배를 타고 가기는 어려웠다. 범람이 잦아 특히 로마에서 홍수로 큰 피해가 발생하기도 했다.

파두스 강 Padus River

오늘날 이탈리아 북부의 포 강.

페르시아 만 Persian Sea → '마레 에리트라이움'

프로폰티스 Propontis

에게 해와 흑해 사이에 있는 오늘날의 마르마라 해.

플루멘 flumen

'강'을 의미하는 라틴어. 따라서 저자의 지도는 '볼투르누스 강(Volturnus F.)', '이사라 강(Isara F.)' 등으로 표기되어 있다.

헬레스폰트 해협 Hellespont

오늘날의 다르다넬스 해협. 에게 해와 마르마라 해 사이의 해협으로, 흑해로 가는 관문이다.

흑해 Euxine Sea

그리스인들은 기원전 7세기부터 6세기까지 이 일대를 대대적으로 탐험했으며, 상인들은 흑해 연안에 거류지를 여럿 세웠다. 큰 강들이 많아서 (특히 댐들로 수량을 조절하던 시대 이전에는) 다른 바다보다 염도가 낮았으며, 트라키아의 보스포로스 해협과 헬레스폰트 해협을 지나는 해류는 언제나 흑해에서 에게 해로 흘렀다. 이로 인해 물이 흑해에서 나가기는 쉬웠지만 흑해로 유입되기는 어려웠다. 흑해 연안에서 가장 강대한 나라는 폰토스였고 폰토스의 왕 미트리다테스 6세는 흑해 연안 지역들을 정복했다. 그러나 보스포로스와 프로폰티스, 헬레스폰트 해협을 지배하고 이 해협들을 지나는 배에 관세와 통행세를 부과하여 막대한 수입을 거둔 나라는 비티니아였다. 비티니아가 흑해 입구를 소유한 것은 폰토스와의 심한 반목을 야기했다.

히파니스 강 Hypanis River
오늘날 러시아의 부크 강.

가도

구 아우렐리우스 가도 Via Aurelia Vetus
기원전 241년에 건설. 에트루리아의 티레니아 해안을 따라 포풀로니아와 로마를 연결했다.

도미티우스 가도 Via Domitia
기원전 121년에 건설. 먼 히스파니아로 이어진 긴 도로로 나이우스 도미티우스 아헤노바르부스가 입안했다. 이탈리아 갈리아의 플라켄티아에서 시작해 알프스와 피레네 산맥을 가로질러 코르두바에서 끝났다.

라비쿰 가도 Via Labicana
너무 오래되어 건설시기 확인 불가.

라타 가도 Via Lata
너무 오래되어 건설시기 확인 불가.

라티나 가도 Via Latina
너무 오래되어 건설시기 확인 불가.

미누키우스 가도 Via Minucia
기원전 225년에 건설. 베네벤툼과 아드리아 해변의 바리움을 연결한 뒤 해안을 따라 브룬디시움까지 이어졌다.

발레리우스 가도 Via Valeria

기원전 307년에 건설. 아펜니누스 산맥을 관통하며 로마에서 아드리아 해까지 이어졌다.

살라리아 가도 Via Salaria

너무 오래되어 건설시기 확인 불가. 로마에서 가장 오래된 가도로 추측된다. 이 가도의 지로(支路)인 카이킬리우스 가도는 기원전 283년에 건설되었고 또다른 지로인 클라우디우스 가도는 기원전 168년에 건설되었다. 아펜니누스 산맥 한가운데를 관통하며 로마에서 아드리아 해까지 이어졌다.

신 아우렐리우스 가도 Via Aurelia Nova

기원전 118년에 건설. 피사이부터 에트루리아의 티레니아 해안 도시 포풀로니아까지 연결되었다.

아이밀리우스 가도 Via Aemilia

기원전 187년에 건설. 아드리아 해안의 아리미눔부터 이탈리아 갈리아 서부의 플라켄티아까지 연결되었다.

아이밀리우스 스카우루스 가도 Via Aemilia Scauri

기원전 103년경에 완공. 기원전 109년에 감찰관을 지냈던 원로원 최고참 의원 마르쿠스 아이밀리우스 스카우루스가 건설했다. 플라켄티아부터 데르토나를 거쳐 게누아까지 연결된 뒤, 티레니아 해변을 따라 아르누스 강변의 피사이로 이어졌다.

아피우스 가도 Via Appia

기원전 312~244년에 건설. 로마와 아드리아 해의 항구도시 타렌툼, 브룬디시움을 잇는 긴 도로.

안니우스 가도(1) Via Annia(1)

기원전 153년에 건설. 아르누스 강변의 플로렌티아와 이탈리아 갈리아 북부의 베로나를 연결했으며 보노니아에서 아이밀리우스 가도와 만났다.

안니우스 가도(2) Via Annia(2)

기원전 131년에 건설. 이 길이 안니우스 가도인지 포필리우스 가도인지를 둘러싸고 논란이 많다. 자료들을 세어보니 포필리우스 가도가 하나 더 많게 나와서, 이 시리즈 지도에는 포필리우스 가도로 표시했다.

에그나티우스 가도 Via Egnatia

기원전 130년에 건설. 마케도니아 서부의 디라키온과 아폴로니아를 헬레스폰트 해협, 비잔티온과 연결했다.

오스티아 가도 Via Ostiensis

너무 오래되어 건설시기 확인 불가.

율리우스 가도 Via Julia

기원전 105~103년에 건설. 게누아와 마실리아를 잇는 해안 도로.

카시우스 가도 Via Cassia

기원전 154년에 건설. 에트루리아 일대를 관통하며 아르누스 강변의 아레티움, 플로렌티아와 로마를 연결했다.

캄파니아 가도 Via Campana

건설 시기 확인 불가.

클로디우스 가도 Via Clodia

기원전 3세기 중에 건설되었으나 정확한 시기는 불명.

티부르 가도 Via Tiburtina

로마와 티부르 사이에 난 발레리우스 가도의 첫 구간을 가리키는 옛 이름.

포스투미우스 가도 Via Postumia

기원전 148년에 건설.

포필리우스 가도(1) Via Popillia(1)

기원전 131년에 건설. 카푸아에서 출발해, 시칠리아 섬의 메사나와 마주보는 이탈리아 발끝 지역의 레기움까지 이어졌다.

포필리우스 가도(2) Via Popillia(2)

기원전 131년에 건설. 안니우스 가도라고도 한다. 건설자가 누군지 불확실하다.

플라미니우스 가도 Via Flaminia

기원전 220년에 건설. 로마에서부터 아펜니누스 산맥을 거쳐 아드리아 해안의 파눔 포르투나이까지 이어졌다.

로마 시내 장소 · 시설

가설투표소 saepta

라틴어 원뜻은 '양 우리'. 공화정 시대에는 라타 가도에서 멀지 않은 마르스 평원의 개방지였다. 백인조회가 이곳에서 백인조 단위로 집회를 가졌다. 백인조회는 투표를 실시해야 하는 경우가 많았으나 이곳엔 영구적인 건물이 없었으므로, 그때그때 임시 울타리로 구획하여 다섯 경제계급이 각자 속한 백인조에서 투표할 수 있도록 했다.

관저(도무스 푸블리쿠스) Domus Publicus

로마 원로원과 인민, 즉 국가가 소유한 집(관저). 최소 몇 채 이상이 있었으며 거주자 모두 신관이었던 듯하다. 최고신관, 제사장, 베스타 신녀들, 대제관 세 명(유피테르, 마르스, 퀴리누스)이 살았다. 이 집들은 모두 포룸 로마눔에 있었던 것으로 추정된다. 여러 증거에 따르면 공화정 시대에 이 용어는 일반적으로 최고신관과 베스타 신녀들이 공동 거주했던 집(먼 훗날 아트리움 베스타이가 생긴 장소였지만, 이 집은 북향이었다)을 가리켰다. 벨리아에 위치한 제사장의 집은 '왕의 집'이라고 불렸다. 로마 도심 지도에 표시된 상급 플라멘 세 명의 집들 위치는 저자가 임의로 추정한 것이다.

국고 aerarium

공공 자금 보관소, 즉 금고.

노디아 하수도 Cloaca Nodia

팔라티누스 언덕과 에스퀼리누스 언덕의 하부, 오피우스 언덕과 대경기장 구역 및 아벤티누스 언덕 일부 구역의 하수시설. 고대의 강인 노디아 강과 그 지류들을 따라 설치되었으며, 하수는 수블리키우스 목교와 가까운 상류 지점에서 티베리스 강으로 유입되었다.

대경기장 Circus Maximus

공화정 이전에 타르퀴니우스 프리쿠스 왕이 지은 오래된 경기장. 팔라티누스 언덕과 아벤티누스 언덕 사이의 내리받이인 무르키아 계곡 전체를 차지했다. 공화정 시대에 약 15만 명을 수용할 수 있었지만, 로마 시민들만 입장할 수 있었으며 해방노예들은 입장이 금지되었다는 증거가 많다. 이곳에서 열리는 경기대회에 가고 싶어한 사람이 너무 많았기 때문이다. 여성은 남성과 함께 앉아 관람할 수 있었다.

대하수도 Cloaca Maxima

수부라 지구와 에스퀼리누스 언덕의 상부, 카피톨리누스 언덕 및 포룸 로마눔과 벨라브룸의 하수시설. 이곳의 하수는 아이밀리우스 다리와 수블리키우스 목교 사이, 아이밀리우스 다리와 가까운 지점에서 티베리스 강으로 유입되었다. 고대의 강인 스피논 강은 대하수도의 첫 통로 역할을 했다.

라나타리우스 평원 Campus Lanatarius

아벤티누스 언덕과 인접한 세르비우스 성벽 안의 다소 평탄한 지대. 라우두스쿨라나 성문과 나이비우스 성문 사이에 위치했으며 넓은 가축 사육장과 도살장들이 있었다.

라우투미아이 Lautumiae

카피톨리누스 언덕 아륵스의 동북쪽 절벽 밑에 있던 석회암 채석장. 마리우스와 술라 시대에 볼 수 있던 포룸 로마눔의 초기 건물들은 모두 이곳에서 채석한 돌로 지어졌다. 이후 근방에 감옥이 지어졌는데, 로마인들에게는 장기 수감이라는 개념이 희박했기 때문에 보안이 철저하지는 않았다. 처벌 수단으로는 감금 대신 추방이 선호되었으며, 그쪽이 비용 면에서도 훨씬 유리했다.

레기아 Regia

로마의 제2대 왕 누마 폼필리우스가 지었다고 알려진 포룸 로마눔의 작고 오래된 건물. 북향이며 형태가 다소 기이했다. 최고신관의 집무실이자 기록 보관소, 대신관단의 본부였다. 신전으로 불렸으며 내부에는 옵스 콘시바, 베스타, 마르스 등 로마에서 가장 오래되고 신령스러운 신들을 모신 성소, 그들을 위한 제단과 공예품이 있었다('누멘' 참조).

마르스 평원 Campus Martius

세르비우스 방벽의 북쪽에 위치했다. 남쪽으로는 카피톨리누스 언덕, 동쪽으로는 핑키우스 언덕과 접해 있었고 나머지 부분은 티베리스 강의 거대한 굽이에 둘러싸여 있었다. 공화정 시대에는 사람이 살지 않는 변두리였으나 개선행진을 위해 군대가 야영하며 대기하는 장소이자 군사 훈련과 청년들의 교련을 실시하는 곳이었으며, 전차 경주에 동원되는 말들의 축사도 있었다. 티베리스 강굽이의 선단에는 트리가리움이라고 불린 공공 수영용 구덩이들이 있었으며 트리가리움의 바로 북쪽에는 타렌툼이라는 약수 온천 구역이 있었다. 백인조회의 회의장소이자 시장용 원예구역과 공원이 공존하는 곳이기도 했다. 라타 가도가 이 평원을 북쪽으로 가로질러 물비우스 교(橋)에서 렉타 가도와 직각으로 교차했다.

문두스 mundus

벌집 모양의 구덩이. 두 부분으로 나뉘었고 보통 덮개가 덮여 있었다. 정확한 목적은 알려져 있지 않으나 공화정 말기에는 지하세계로 통하는 입구라 믿어졌던 듯하다. 죽은 자들의 영혼이 도시를 거닐 수 있도록 덮개를 여는 흉일(해당 항목 참조)이 일 년에 세 번 있었다.

민회장 Comitia

민회가 열리던 움푹 파인 너른 땅. 포룸 로마눔의 낮은 구역, 원로원 의사당과 아이밀리우스 회당 근처에 있었으며 주변 땅보다 낮은 곳에 있었고 원형 계단석(이곳에 사람들이 서 있었다. 민회의 군중은 앉아 있는 법이 없었다)이 사방을 둘러싸고 있었다. 최고 3천 명 정도를 수용할 수 있었을 것이다. 한쪽에 로스트라 연단이 있었다.

바티카누스 평원 Campus Vaticanus

마르스 평원에서 티베리스 강의 맞은편(북쪽) 강변에 위치했다. 시장 원예지역으로, 마리우스와 술라 시대에는 중요하지 않은 곳이었다.

빌라 푸블리카 Villa Publica

마르스 평원에서 팔라키나이 구와 면해 있던 공원처럼 구획된 땅. 개선식 참가자들이 행진 전에 운집하던 장소.

세르비우스 성벽 Servian Walls

오늘날 관광객들이 볼 수 있는 성벽은 공화정 시대에는 존재하지 않았다. 이제는 땅에 묻혀버린 공화정 당시의 성벽은 세르비우스 툴리우스 왕이 축조했다고 알려졌다. 그러나 신성경계선보다 로마 시를 더 넓게 에워싼 점으로

미루어, 이 성벽은 실제로 기원전 390년 브렌누스(1)(해당 항목 참조)의 갈리아가 로마를 점령한 이후에 세워진 것으로 추정된다. 규모가 엄청나면서도 튼튼하게 관리되었는데, 게르만족의 침공 위협이 있었던 가이우스 마리우스 시대에 특히 그랬다. 카이사르는 자신의 신축 포룸 주변에 성벽을 재건하는 수고를 마다하지 않았다.

수부라 지구 Subura

로마 시에서 가장 인구가 밀집되고 가난한 지역. 포룸 로마눔 동쪽, 에스퀼리누스 언덕 옆으로 솟은 오피우스 언덕과 비미날리스 언덕 사이의 내리막에 있었다. 수부라를 통과하는 매우 긴 중심 도로에는 세 가지 이름이 붙어 있었다. 아르길레툼과 접하는 맨 아래쪽은 파우케스 수부라이(수부라 입구), 바로 다음 구역은 수부라 마요르, 마지막 구역은 에스퀼리누스 언덕 비탈로 뻗은 수부라 언덕길이었다. 수부라 마요르에서 갈라져나온 수부라 미노르와 파트리키 구는 비미날리스 언덕 방향으로 이어졌다. 수부라 지구는 온통 인술라로 이루어져 있었으며, 딱 하나 눈에 띄는 건물로 마밀리우스 탑이 있었다. 주민들은 서로 다른 잡다한 언어를 사용했으며 사고방식도 제각각이었다. 많은 유대인이 거주했으며 마리우스와 술라 시대에는 로마의 유일한 유대교 회당이 있었다. 수에토니우스에 의하면 독재관 카이사르가 이곳에서 살았다고 한다.

수블리키우스 목교 Wooden Bridge

로마 시내의 티베리스 강을 가로지르는 다리 중에 가장 오래된 다리. 앙쿠스 마르키우스 왕 시대에 건설되었다고 전해진다.

신성경계선 pomerium

로마를 둘러싸고 있던 신성한 경계선. 키피(cippi)라는 하얀 돌들로 표시되었다. 로마의 왕 세르비우스 툴리우스가 처음 만들었다고 알려졌으며 독재관 술라의 시대까지 전혀 바뀌지 않았다(술라가 로마 영토를 늘림에 따라 확장되었다). 세르비우스 성벽과 정확히 일치하지 않기 때문에, 세르비우스 성벽은 세르비우스 툴리우스가 건설한 것이 아니라는 주장도 있다. 로물루스가 건설한 팔라티누스 언덕 위의 고대 로마는 모두 신성경계선 내부에 있었지만 아벤티누스 언덕과 카피톨리누스 언덕은 포함되지 않았다. 전통에 따르면 로마의 영토를 크게 확장한 사람만이 신성경계선의 범위를 넓힐 수 있었다. 종교적인 관점에서 로마는 어디까지나 신성경계선 안쪽을 의미했고, 나머지 지역은 로마 영토에 불과했다.

실레노스 Silanus

사티로스와 닮은—심술궂은 눈초리와 납작한 들창코에 흉측하게 생긴—괴물의 얼굴로, 감찰관 카토가 세운 로마의 석조 공공분수에서 물을 뿜어낸 조각물.

아게르 Agger

로마 시에서 가장 취약한 지역인 에스퀼리누스 평원을 보호하기 위해 쌓은 이중 성벽과 옹성을 통칭하는 말. 세르비우스 성벽의 일부를 이루었다.

아륵스 Arx

로마의 카피톨리누스 언덕 위에 자리한 두 소언덕 중 북쪽 소언덕 구역.

아실룸 Asylum

카피톨리누스 언덕 위 두 개의 소언덕 사이에 말안장 모양으로 푹 꺼진 지대. 인간 사회에서의 응징이나 복수를 피해 숨어야 하는 망명자들이 체포나 구금의 두려움 없이 머무를 수 있는 보호소였다. 아실룸을 처음 세운 이는 로물루스였다. 그는 로마에 거주할 사람들을 많이 모으기 위해 이곳을 세웠다.

아우구라쿨룸 auguraculum

신임 집정관들이 카피톨리누스 언덕에서 취임식 전날 밤하늘을 관찰하던 장소.

야니쿨룸 언덕 Janiculum

로마에서 티베리스 강 건너편 서북쪽에 위치한 언덕. 이곳에 있던 방어 요새는 마리우스와 술라가 활약하던 공화정 말기에도 언제든 주둔군이 파견될 수 있게 정비된 상태로 유지되었다. 이 요새 꼭대기의 붉은 깃발이 내려지면 로마가 적의 공격에 노출되었다는 신호였다(시 경계 밖이라서 로마의 일곱 언덕에는 포함되지 않는다—옮긴이).

에스퀼리누스 평원 Campus Esquilinus

세르비우스 성벽과 아게르 바깥의 다소 평탄한 지대. 퀘르퀘툴라나 성문과 콜리나 성문 사이에 위치했으며 대규모 공동묘지가 있었다.

원로원 의사당 Curia Hostilia

직역하면 '호스틸리우스의 회의소'라는 뜻. 알려진 것이 별로 없는 로마의 세번째 왕 툴루스 호스틸리우스가 지었다고 여겨져 이런 명칭이 붙었다. 기원전 52년 군중이 푸블리우스 클로디우스의 시신을 화장할 때 불이 나 전소됐다가 카이사르가 독재관이 된 후 재건되었다.

카리나이 지구 Carinae

로마에서 가장 땅값이 비싼 주거지 중 하나로, 포룸 로마눔의 정상부에 위치한 벨리아 고지와 풀리우스 언덕길까지 걸쳐 있었고 서쪽은 오피우스 언덕의 북단이었다. 파구탈 지구를 포함하는 이 지구에서는 남서쪽으로 케롤리아이 늪지와 아벤티누스 언덕까지 조망할 수 있었다.

카페나 성문 Capena Gate

콜리나 성문과 함께 세르비우스 성벽에서 전략적으로 가장 중요한 성문이었다. 대경기장 너머에 있던 이 성문의 바깥쪽 공공 도로는 성문에서 800미터가량 떨어진 곳에서 아피우스 가도와 라티나 가도로 갈렸다.

카피톨리누스 언덕 Mons Capitolinus

로마의 일곱 언덕 중 하나로, 대부분 종교적 건물 및 공공건물로 제한되었던 유일한 곳이다. 정상부에는 개인 저택이 없었지만, 마리우스 시대에는 낮은 비탈에 로마의 가장 비싼 집들이 위용을 뽐내고 있었다. 마리우스의 집도 그 중 하나였다.

케롤리아이 늪지 Palus Ceroliae

공화정기 로마인들은 뛰어난 공학기술을 지녔음에도 불구하고 이 습지를 간척하지는 못했다. 이곳의 위치는 훗날 콜로세움 원형 극장이 세워진 자리다.

쿠페데니스 시장 Cuppedenis Markets

포룸 로마눔의 동쪽 높은 구역 뒤쪽, 오르비우스 언덕길과 카리나이/파구탈 지구 사이에 있던 특화 시장. 후추, 향신료, 향, 연고, 고약, 발삼 같은 사치품을 팔았으며 꽃다발부터 목에 두르는 화환이나 머리에 쓰는 화관까지 무엇이든 살 수 있던 꽃시장이기도 했다. 시장 부지는 술라가 미트리다테스 왕을 처치하기 위한 전쟁 자금을 마련하려고 팔기 전까지 국가의 소유였다. 에스퀼리누스 언덕 쪽으로는 호레아 피페라타—향신료와 향료를 저장한 창고들—에 둘러싸여 있었다.

타르페이아 바위 Tarpeian Rock

정확한 위치에 대해서는 이견이 있지만, 이곳에서 떨어지는 사람들을 로스트라 연단에서 볼 수 있었다고 하므로 포룸 로마눔 낮은 구역에서 잘 보이는 위치였던 것은 분명하다. 카피톨리누스 절벽 꼭대기에 돌출된 암벽이었으리라 추측되지만, 낙하 거리가 겨우 25미터 정도였으므로 삐죽삐죽한 지층의 노출부 바로 위였을 것이다. 예로부터 반역이나 살인을 저지른 로마 시민의 처형 장소였으며, 죄인들은 여기서 던져지거나 뛰어내리도록 강요받았다. 이곳에서 떨어진 사람 중 생존자가 있었다는 기록은 없다. 특히 호민관들이 방해가 되는 원로원 의원들을 이곳에서 던져버리겠다고 위협하곤 했다. 저자가 확인한 결과 옵스 신전과 일직선상에 있었다.

툴리아눔 Tullianum

카르케르(지하감옥)라고도 했다. 방 하나인 작은 건물로 지하에 로마의 유일한 사형집행실이 있었다. 중요 죄수들은 승전 장군의 개선식을 따르게 하다가 행렬이 카피톨리누스 언덕을 오르기 시작할 때 끌어내어 툴리아눔의 지하실에서 교살형에 처했다. 교살이라고 해도 맨손이 아니라 올가미나 쇠고리를 썼던 것으로 보인다. 처형 후 시신은 지하실 벽의 하수구에 던져넣었다. 자주 시행되지는 않았지만, 죄수를 지하실에 굶어죽을 때까지 가둬두는 것도 합법적인 처형 방식이었다.

페트로니아 하수도 Cloaca Petronia

비미날리스 언덕과 퀴리날리스 언덕 및 마르스 평원의 하수시설. 고대의 강인 페트로니아 강과 그 지류들을 따라 설치되었다. 하수는 티베리스 섬과 가까운 상류 지점에서 티베리스 강으로 유입되었고, 사람들은 이 지점보다 하류에서는 수영을 하지 않았다.

포룸 로마눔 Forum Romanum

로마의 공적 생활 중심지였던 이 기다란 공터는 주위의 건물들과 마찬가지로 대부분 정치·법·업무·종교 활동에 쓰였다. 주변보다 지대가 낮아서 비교적 습하고 춥고 해가 들지 않았지만 공적 활동이 매우 활발하게 이루어졌다. 포룸 로마눔의 절반 정도를 차지하는 낮은 쪽 구역에서 법과 정치 업무가 늘 진행중이었다는 설명들로 볼 때 이곳이 항상 노점과 매대, 손수레로 북적이지는 않았을 것이다. 포룸 로마눔의 에스퀼리누스 언덕 쪽 구역에 일련의 건물들로 구분된 매우 큰 시장이 두 개 있었는데, 이곳에 대부분의 매대와 노점이 있었을 것이다.

포룸 보아리움 Forum Boarium

대경기장의 출발 지점(벨라브룸) 끝, 팔라티누스 언덕의 게르말루스 고지 밑에 위치한 육류 시장. 포룸 보아리움을 수호하는 헤라클레스의 대제단과 여러 신전이 있는 곳이기도 했다.

포룸 율리움 Forum Julium

카이사르가 로마에 새로 만든 포룸.

포룸 프루멘타리움 Forum Frumentarium

곡물 시장. 저자의 지도에 표시된 위치는 완전히 가설에 따른 것이지만, 이는 다음과 같은 이유 때문이다. 저자는 (다수 존재했던) 곡물 판매상들이 공공 곡물 배포 장소와 같은 지역에서 사업을 하지 않았을 것이라고 추정한다. 공공 곡물은 두 지역에 집중 보관되어 있었다. 하나는 마르스 평원의 미누키우스 주랑건물로, 곡물 모종을 배포하는 조영관들의 부스와 사무실이 있었다. 다른 하나는 로마 항 근처 아벤티누스 언덕 절벽 밑에 있던 공공 곡창이었다. 현재 우리는 팔라티누스 언덕 밑의 투스쿠스 언덕길에 곡창이 있었음을 알고 있다. 이 곡창은 아그리파가 권력의 정점에 있을 때 재건했지만, 공화정 시대에는 개인 소유였던 것으로 보인다. 따라서 저자는 포룸 프루멘타리움을 투스쿠스 언덕길에 있는 곡창 근처인 벨라브룸에 위치시켰다.

포룸 피스키눔 Forum Piscinum

생선 시장. 위치는 알 수 없으나, 키케로가 로마의 우세풍이 포룸 로마눔 낮은 구역과 원로원에까지 지독한 생선 냄새를 실어나른다고 불평한 것은 알려져 있다. 따라서 저자는 이 생선 시장의 위치를 벨라브룸에 있는 노바 가도의 서쪽 근처로 잡았다.

포룸 홀리토리움 Forum Holitorium

채소 시장. 티베리스 강과 카피톨리누스 언덕의 측면 사이에서 세르비우스 성벽을 가로지르고 있었다. 인근 성벽에는 트리움팔리스 성문(로마로 들어오는 개선행진시에만 통행 가능)과 카르멘타 성문, 플루멘타나 성문까지 세 개의 성문이 있었다. 공화정 말기에는 인근의 세르비우스 성벽이 허물어져 없어졌다는 것이 통설이나 저자는 이에 동의하지 않는다. 게르만족의 위협

만으로도 세르비우스 성벽을 여러 차례 보수했기 때문이다.

플라미니우스 경기장 Circus Flaminius

티베리스 강과 포룸 홀리토리움에서 멀지 않았던 마르스 평원의 경기장. 기원전 221년에 지어졌으며 5만여 명을 수용했다. 평민회나 트리부스회가 신성경계선 밖에서 모여야 할 때 회의장소로 사용되었고 비교적 적은 관중을 위한 경기대회 장소로도 이용된 것으로 보인다. 안에 신전이 여러 개 있었는데, 그중에 불카누스 신을 위한 신전과 헤라클레스와 아홉 무사(뮤즈)들을 위한 매우 아름답고 유명한 신전도 있었다.

플라쿠스 집터(아레아 플라키아나) area Flacciana

가이우스 그라쿠스의 주요한 추종자였던 마르쿠스 풀비우스 플라쿠스는 가이우스의 정책을 탄압하는 원로원의 움직임에 휘말려 기원전 121년 두 아들과 함께 살해되었다. 그의 토지와 자산 전체가 압수되었고 팔라티누스 언덕에 자리한 저택은 폐허가 된 채 방치되었다. 포룸 로마눔이 훤히 내다보이던 이 공터가 아레아 플라키아나로 불리게 되었다. 기원전 100년에 퀸투스 루타티우스 카툴루스가 이 땅을 취득해 주랑을 세우고 베르켈라이에서 킴브리족에게서 빼앗아온 깃발들을 세웠다.

제도

사회 일반

가장 paterfamilias

가족 구성원들의 우두머리. 가족 문제를 자기 뜻대로 처리할 가장의 권리는 로마법으로 철저히 보호받았다.

계급 classes

재산이나 지속적 수입이 있는 로마 시민을 다섯 경제 집단으로 나눈 것. 1계급이 가장 부유했고 5계급이 가장 가난했다. 최하층민(capite censi)은 다섯 계급에 속하지 않았고 따라서 백인조회에서 투표할 수 없었다. 사실 4계급, 5계급은 물론 3계급도 백인조회에서 투표하는 일이 드물었다.

공화파 Republicans

이 시리즈에서는 카이사르가 루비콘 강을 건넌 후 그에게 맞섰던 일단의 인물들을 지칭한다. 극보수주의 집단인 보니가 이끌었다. 공화파는 나이우스 폼페이우스 마그누스를 전쟁 지도자로 임명해 카이사르를 축출하기 위한 전쟁을 개시했다. 그들은 파르살로스 전투에서 참패하지만 아프리카 속주에서 저항을 이어가다가 이후 먼 히스파니아의 문다에서 완패한다.
공화파와 일명 '해방자'라 불리는 카이사르의 암살자들을 혼동해서는 안 된다. 해방자들 중 다수는 공화파였던 적이 없고, 브루투스와 카시우스 같은 일부 암살자들은 공화파와 카이사르의 전쟁 초기에 카이사르에게 항복한 바 있었다.

국고, 재정(피스쿠스) fiscus

돈이 든 지갑 또는 돈주머니라는 뜻으로, 나랏돈을 가리켰다.

권위(아욱토리타스) auctoritas

로마 특유의 개념으로, 타인을 능가하는 탁월함, 정치권력, 지도력, 공적 · 사적 영역에서의 존재감, 무엇보다 공적 또는 개인적 명성을 활용해 사회에 영향을 발휘하는 능력을 모두 아우른다. 로마의 모든 정무직에는 아욱토리타스가 기본적으로 따랐지만, 그렇다고 정무관들에게만 아욱토리타스가 있었던 것은 아니다. 원로원 최고참 의원, 최고신관, 제사장, 전직 집정관, 심지어 일개 개인도 권위를 쌓을 수 있었다.

기사 equites

가이우스 그라쿠스가 오르도 에퀘스테르(Ordo Equester)라고 명명한 집단. 왕정 시대에 로마 최고의 시민들로 특별 기병대를 임명하면서 만들어졌다. 당시 이탈리아에서 훌륭한 품종의 말은 귀하고 비쌌기 때문에, 18개 백인대를 구성하는 기사 1천800명에게는 공마(해당 항목 참조)가 한 필씩 지급되었다. 공화정이 발전하면서 기사들의 숫자도 증가했지만, 기사계급에 추가로 편입된 이들은 전부 사비로 말을 구입하고 관리해야 했다. 공마를 소유한 기사 1천800명은 기사계급에서도 가장 높은 지위를 누렸다. 하지만 기원전 2세기 즈음부터는 기병대를 국가 차원에서 관리하지 않았고 갈리아인 기병을 보조군으로 활용했다. 이때부터 기사계급은 군대와 별 관련이 없는 사회 · 경제 집단으로 바뀌었고 감찰관은 경제력만을 기준으로 기사를 선정했다. 포룸 로마눔의 특별 심사장에서 열리는 인구조사에서 40만 세스테르티우스 이상의 재산이나 수입을 증명하면 기사로 인정받아 자동으로 1계급이 되었다. 국가로부터 여전히 공마를 지급받던 18개 백인대는 이때도 구성원

수가 100명으로 유지되었지만, 나머지 백인대(71~73개)는 대개 100명 이상이었다.
원로원 의원들도 원래 모두 기사였지만, 기원전 123년 가이우스 그라쿠스가 원로원 의원 300명을 기사계급에서 분리해 별개의 계급집단으로 만들었다. 하지만 이것은 기껏해야 인위적인 조치에 불과했다. 원로원 의원의 가족들은 예전처럼 그대로 기사로 분류되었고, 선거에서 원로원 의원들은 원로원 의원이 세 명에 불과한 백인조로 재배치되지 않고 원래 속했던 백인조에 그대로 남아 있었다. 또한 18개 상급 백인조에 속한 의원들이 공마를 반납하지도 않았던 것으로 보인다.
완전한 1계급 구성원으로 인정받으려면 경제적으로 연간 40만 세스테르티우스의 수입이 있어야 했고, 연간 40만 미만에서 30만 세스테르티우스의 수입이 있는 자들은 트리부누스 아이라리우스(본 시리즈에서는 '하급 기사'로 번역되었다—옮긴이)였을 것이다. 하지만 이러한 구분은 아주 비공식적인 것이어서, 어떤 감찰관들은 관대한 기준을 다른 감찰관들은 더 엄격한 기준을 갖고 있었다. 가이우스 그라쿠스 시절부터 공화정 말기까지 기사계급은 경반역죄 및 속주에서의 직무상 부당취득죄 혐의를 받는 원로원 의원에 대한 재판권을 획득했다가 박탈당하기를 반복했고, 원로원과 자주 대립했다. 감찰관 심사에서 재산 조사만 통과하면 그들도 원로원 의원이 될 수 있었지만 대부분은 그렇게 하지 않았다. 원로원 의원과 기사의 신분상 차이점은 상업적 활동을 할 수 있느냐의 여부에 있었다. 원로원 의원들은 기사들과 달리 토지 소유 외에 일체의 상업 활동이 금지되었다. 기사들은 상업과 무역업을 선호했지만 원로원 의원에게 이들 업종은 금단의 열매였다. 기사들은 정치의 광장보다 상업의 광장에서 더 큰 즐거움을 느꼈다.

내란 tumultus

투물투스. 이 시리즈에서는 내전 상황이라는 뜻으로 사용되었다.

노멘 nomen

고대 로마의 두번째 이름(씨족명). 코르넬리우스, 율리우스, 도미티우스, 리비우스, 마리우스, 마르키우스, 술피키우스 등이 대표적인 노멘이다. 여성형 어미로 끝나는 것이 원칙이므로 본래 '율리우스'가 아니라 '율리아'라고 해야 한다. 하지만 여성형과 남성형을 구분하는 라틴어에 익숙하지 않은 독자들은 혼란에 빠질 위험이 있었다. 그래서 '율리우스 가문'이라는 표현을 더 많이 이용했다.

노예 해방 manumit

'손으로부터 놓아주다'라는 뜻. 주인이 로마 시민이면 해방노예는 자동적으로 로마 시민권을 얻었다. 옛 주인의 이름을 새 이름으로 이용하고, 노예 시절의 이름은 코그노멘으로 붙여서 썼다. 노예 신분에서 해방되는 방법은 다양했다. 직접 돈을 모아 자유를 살 수도 있었고, 성년식과 같은 큰 행사 때 특별히 해방되기도 했고, 약속 기간을 채운 다음에 혹은 주인의 유언으로 해방되기도 했다. 해방노예에게 주어진 로마 시민권에는 많은 제약이 따랐지만('해방노예' 참조), 그들은 대부분 본인보다 후손을 위해 로마 시민권을 손에 넣으려 했다. 해방노예는 '자유의 모자'라고 부르는 원뿔 모양 모자를 평생 쓰고 다녔다.

독립 상태 sui iuris

쉬 유리스. 스스로 행하는 혹은 자신의 운명을 주도하는 상태. 가장이나 기타 법적 보호자의 지배하에 있는 것과 완전히 구분된다. 이러한 상태에 있는 사람은 남의 간섭 없이 독립적인 삶을 영위했으며 자신의 돈과 재산을 스스로 관리했다.

동맹 Allies

로마 공화정 초기에 정무관들은 로마가 어려울 때 협력(대부분 군사 지원)을 제공한 민족이나 국가에 '로마의 우호동맹' 자격을 부여했다. 공화정 후반기에 접어들자 이 말은 로마 시민권이나 라티움 시민권이 부여되지 않은 이탈리아 도시를 지칭하게 되었다. 로마는 동맹에 군사적 보호 및 무역상 혜택을 제공하는 대가로, 로마가 요청하면 언제라도 군사를 지원하고 참전비

용도 자체 부담할 것을 요구했다. 처음에는 모두 이탈리아 반도 내 도시들이었지만 이후 반도 바깥에도 동맹 자격을 받은 민족이나 국가가 생겼는데, 장발의 갈리아 지역 아이두이족과 비티니아 왕국이 대표적인 예다. 그러면서 이탈리아 반도 국가들은 간단히 동맹(동맹시, 동맹국)으로 불리었고 해외 국가들은 '로마의 우호동맹'이라는 정식 명칭을 사용했다. ('이탈리아 동맹', '동맹시민' 참조)

동맹시민 socius

로마와 동맹관계에 있는 시민권 보유자.

라티움 시민권 Latin Rights

최하등급인 이탈리아 동맹시 주민들의 비시민권자 지위와 최상등급인 로마 시민권 사이의 중간 단계 시민권. 로마 시민권을 내주지 않고도 이탈리아 동맹의 불만을 달래기 위한 지극히 로마인다운 수법이었다. 라티움 시민권자는 로마 시민권자처럼 다양한 특권을 누렸다. 전리품을 균등하게 분배받았고, 로마 시민권자와 계약을 맺고 그 계약에 대해 법적인 보호를 받을 수 있었으며, 로마 시민과 결혼하거나 사형선고에 항소할 수 있었다. 하지만 참정권이 없어 로마에서 진행되는 선거에 투표권을 행사할 수 없었고, 로마의 법정에 배심원으로 참여할 수도 없었다. 기원전 125년의 프레겔라이(해당 항목 참조) 폭동 이후, 기원전 123년에 어느 호민관이 라티움 시민권이 부여된 지역의 정무관과 그 직계 후손들에게 영구히 로마 시민권을 부여하는 법을 통과시켰다. 하지만 이 역시 주요 인사들의 불만을 잠재우려 한 것일 뿐 일반 주민에게는 혜택이 없었다.

로마 원로원과 인민 SPQR

라틴어 '세나투스 포풀루스퀘 로마누스(Senatus Populusque Romanus)'의 약자.

모스 마이오룸 mos maiorum

오늘날 우리로서는 정의를 내리기 거의 불가능한 개념. 뜻을 풀자면 기성 질서. 정부와 공공기관의 관습을 설명할 때 이용되는 말이었다. 모스 마이오룸은 로마에서 불문법이나 다름없었다. '모스'는 '이미 굳어진 관습'을 의미했고, '마이오룸'은 이 경우 '선조'나 '조상'을 의미했다. 다시 말해, 모스 마이오룸은 모든 일이 이전부터 처리되어 오던 방식을 뜻했고, 앞으로도 그런 식으로 처리되어야 함을 의미했다. 일반적으로 통치 및 관련 기관을 설명하는 공적 개념으로 사용되었다. 일종의 불문법에 해당했다.

무산자 proletarii

프롤레타리. 로마 시민 중에서 가장 낮은 계급, 즉 최하층민을 일컫는 다른 이름. '프롤레타리'라는 단어는 자손, 자식, 아이들을 의미하는 '프롤레스(proles)'에서 유래했다. 너무도 가난한 프롤레타리는 로마에 세금이나 용역을 제공할 수 없었고, 오로지 자식만을 제공했기 때문이다. 그러나 가이우스 마리우스 이후로는 상황이 바뀌어 프롤레타리도 병사가 될 수 있었다. 저자는 고대와 아무런 상관이 없는 마르크스주의를 연상시키는 이 단어의 사용을 자제했다.

민중파 Popularis

굳이 설명하자면 원로원과 민회 내에서 극보수파인 보니에 비해 진보적인 정견을 가진 파벌의 구성원들을 가리켜 키케로와 그 후대 저술가들이 사용한 용어. 저자는 키케로를 이 표현의 원조로 설정했지만 그가 실제로 이 용어를 처음 만들었다고 장담할 수는 없다.

보호자 patronus

로마 공화정 사회는 보호자와 피호민으로 구성되었다. 물론 구멍가게를 운영하거나 천한 일을 하는 사람들은 그 체계에서 제외되었지만 보호자와 피호민의 관계는 로마 사회 전반에 널리 퍼져 있었다. 모든 보호자들이 최상위 사회계층은 아니었다. 보호자는 자신을 따르는 피호민을 보호하고 그에게 특혜를 베풀었다. 해방노예는 이전 주인으로부터 보호를 받았으며, 여성은 보호자가 될 수 없었다. 보호자 역시 더욱 강력한 보호자의 피호민인 경우가 많았으며, 그에게 보호 받는 사람들은 그의 보호자의 피호민이기도 했다. 비록 법적으로 인정받는 체계는 아니었지만 강력한 명예의 원칙을 기반으로 했기 때문에 본인의 보호자를 무시하고 기만하는 피호민은 극히 드물었다. 보호자는 몇 년 동안 피호민에게 어떤 도움도 요구하지 않다가 어느 날 갑자기 불러내 투표, 로비 활동, 특별 임무 등을 맡기기도 했다. 보호자는 영업일 새벽에 피호민을 만나는 것이 관례였다. 이런 자리에서 피호민은 보호자에게 구체적인 도움을 요청하기도 하고 단순히 경의를 표하기도 하고 용역을 제공하기도 했다. 돈이 많고 너그러운 보호자의 경우 그렇게 모여든 피호민들에게 돈을 주기도 했다. 예전에 죽도록 증오했더라도 한번 피호민이 되면 보호자를 위해 목숨을 바칠 만큼 충성을 다해야 했다(독재관 카이사르와 쿠리오의 경우를 참고).

비우호세력 inimicus

비우호적인 반대자.

빵과 경기대회 panem et circenses

폭동과 불만을 방지하기 위해 빈민들에게 먹을거리와 즐길 거리를 제공해주는 것이 로마의 방침이었다.

속주(프로빙키아) province

원래는 정무관이나 정무관 권한대행에게 주어진 직무의 범위를 의미하는 말이었으며, 이는 로마 내의 집정관과 법무관은 물론 해외의 집정관과 법무관에게 동일하게 적용되었다. 그러다 이 단어는 정무관의 임페리움이 적용되는 지역을 의미하게 되었고, 종국에는 단순히 로마가 소유하고 있는 지역, 다시 말해 로마 속주를 의미하게 되었다.

수부라 트리부스 Suburana

로마의 네 수도 트리부스 중 하나이자, 새롭게 선거권을 얻은 해방노예가 편입된 두 트리부스 중 하나였다(나머지 하나는 에스퀼리누스). 이로 인해 수부라와 에스퀼리누스 트리부스는 공화정 시대에 로마의 35개 트리부스 중 구성원 수가 가장 많은 두 트리부스가 되었다.

시민권 citizenship

로마 시민권자는 (경제계급에 속할 수 있는 요건을 갖추었다면) 로마의 모든 선거에서 트리부스와 계급을 통해 투표할 수 있었다. 로마 시민권자는 태형을 받지 않았으며, 로마식 재판을 받을 권리가 있었고 항소권이 있었다. 남성 시민은 17세 생일부터 군역 의무를 졌으며 상황에 따라 군사작전에 열 번 참여하거나 6년간 군 생활을 해야 했다. 마리우스의 군 개혁 이전 시민이 군단에서 복무하려면 자신의 무기와 갑옷, 장비, 식량을 살 재산이 있어야 했으나(보통 전쟁이 끝난 후에야 국가로부터 수당을 지급받았고, 그나마 지극히 적어 생활비에도 못 미쳤다) 개혁 이후에는 재산이 없는 최하층민도 복무 가능했다. 기원전 91년 미니키우스 자녀법 시행 후, 성별을 불문하고 로마 시민이 시민이 아닌 사람과 결혼할 경우 그들의 자식은 로마 시민이 될 수 없었다.

신귀족(노빌리스) Nobilis

집정관을 지낸 사람이나 그 후손들을 일컫는 용어. 명백한 귀족성을 타고난 파트리키의 콧대를 꺾어주기 위해 평민들이 새롭게 만들어낸 귀족계급이었다. 공화정 첫 100년이 지난 후로는 파트리키보다 평민 출신이 집정관에 오르는 경우가 더 많았다. 현대에는 집정관에 이르지 못하고 법무관까지만 역임한 사람도 신귀족으로 칭하는 경우가 있다. 하지만 그것은 지나친 확대 해석이라 생각되기 때문에, 이 시리즈에서는 집정관을 배출한 가문만을 신귀족으로 규정하였다.

십인조 decury

사람들 열 명의 집단. 정돈된 것을 좋아하던 로마인들은 수백 명으로 구성된 집단을 관리 및 감독상의 편의를 위해 열 명씩 세분하는 경향이 있었다. 원로원 의원들은 십인조로 나뉘었고(각 십인조의 대표는 파트리키 의원이었다) 릭토르단과 거의 모든 전문 관리집단들도 마찬가지였다. 군단의 백인대 역시 십인대로 나뉘어 병사 열 명이 같은 천막에서 지낸다는 의견이 제시된 바 있으나, 자료에 따르면 여덟 명이 함께 지냈다는 것이 더 타당하다. 백인대는 군인 100명이 아니라 80명씩이었기 때문에 여덟 명씩 열 개 집단이 되었을 것이다. 그러나 군단병 여덟 명당 백인대의 하인 및 일반 잡역부 비전투원 스무 명 중 두 명이 할당되었기에, 병사 여덟 명에 비전투원 두 명이 더해져서 십인대를 이루었을 것이다.

씨족 gens

겐스. 씨족명(가문명) 즉 노멘이 같은 사람들을 말했다. 예를 들어 율리우스, 도미티우스, 코르넬리우스, 아이밀리우스, 파비우스, 세르빌리우스, 유니우스는 모두 노멘(해당 항목 참조)이었다. 같은 씨족의 순수한 구성원들(즉 주인의 성을 받은 해방노예를 제외한 사람들)의 조상은 거슬러올라가면 동일했다. 노멘에 의해 정해지지만, '겐스 코르넬리아(gens Cornelia)', '겐스 율리아(gens Iulia)'처럼 여성형으로 썼다.

오르도 ordo

로마에서는 가정환경이나 재산 정도가 엇비슷한 사회적 집단을 지칭한다.

우애 amicitia

동등한 가족 구성원(또는 국가)간 격식을 차린 우정. 지위가 동등하지 않을 때는 보통 예속자와 보호자 관계가 되었다. 한 번 형성된 우애 관계는 가문의 전통이 되어 다음 세대로 이어졌다.

이탈리아 동맹 Italian Allies

완전한 로마 시민권이나 심지어는 라티움 시민권도 없이 이탈리아 반도에 살던 사람들, 부족들, 또는 국가들('이탈리아 동맹'은 이 세 가지 모두로써 여러 가지로 묘사되었다). 군사적인 보호의 대가로, 그리고 평화로운 공존을 위해, 이탈리아 동맹은 로마의 군대에 제대로 무장한 군인들을 제공하고 군인들의 유지비까지 부담해야 했다. 또한 이탈리아 동맹은 마리우스와 술라의 시대에 이탈리아 내 일반세라는 부담을 졌으며, 많은 경우 로마 공유지 확장을 위해 영토의 일부를 내놓아야 했다. 이탈리아 동맹 중 다수는 (삼니움족처럼) 로마에 대해 반란을 일으키거나 (캄파니아의 여러 지역들처럼) 한니발 등 다른 반로마 세력의 편에 가담했다. 로마라는 멍에를 벗으려고 하거나 완전한 시민권을 요구하는 움직임은 정도의 차이는 있으나 이탈리아 동맹 내에 늘 존재했다. 그러나 공화정의 마지막 세기까지 로마는 그러한 불만의 소리가 너무 커지기 전에 행동에 나설 만큼 충분히 민감했다. 기원전 188년 포르미아이 푼디와 아르피눔이 시민권을 얻은 이후 로마 시민권이나 심지어 라티움 시민권이라도 얻은 이탈리아 동맹 공동체는 없었다. 기원전 95년의 리키니우스·무키우스법은 이탈리아 동맹의 불만을 공공연한 적대감으로 이어지게 한 마지막 결정타였고 기원전 91년, 전쟁이 발발했다. 에트루리아, 움브리아, 피케눔 북부, 캄파니아 북부, 라티움, 사비니는 로마에 계속 충성했다.

로마에 저항한 부족은 마르시족(마르시 전쟁이라는 이름에 나타나 있다), 삼니움족, 프렌타니족, 마루키니족, 포텐차 강 남쪽의 피켄테스족, 파일리그니족, 베스티니족, 히르피니족이다. 이들이 단결하여 전쟁을 일으켰고, 루카니족과 아풀리족, 베누시니족이 곧 합류했다.

가장 남쪽에 있던 두 지역 브루티움과 칼라브리아는 이탈리아의 명분에 동조했지만 전쟁 행위에는 거의 가담하지 않았다. 마르시족 포파이디우스 실로와 삼니움족 가이우스 파피우스 무틸루스가 이탈리아 동맹 정부를 이끌었다.

기원전 82년 말에 술라가 독재관이 된 후에야 이탈리아 동맹 사람들은 정식으로 로마 시민이 되었다.

인구 population of Rome

로마 인구에 관한 문제는 예전부터 논란이 많았다. 저자는 학자들이 로마 내의 실제 거주 인구에 대해 과소평가하는 경향이 있다고 생각한다. 100만 명에 달했을 것이라 주장하는 학자는 극소수에 불과하고, 일반적 견해는 50만 명 정도에 머무른다. 하지만 우리는 세르비우스 성벽 안쪽에 위치한 공화정 시대 로마 시의 크기를 정확히 알고 있다. 너비는 1킬로미터가 넘고, 길이는 2킬로미터가 넘는다. 예나 지금이나 로마는 아파트 거주자들의 도시였고, 이는 도시 인구를 추측하는 데 강력한 단서가 된다. 공식적인(인구조사 장부에 등록된) 로마 남자 시민은 대략 25만 명이었는데 그들에게는 아내와 자녀는 물론 노예까지 딸려 있었을 것이다. 노예가 한 명도 없는 집은 지독히 가난한 가정뿐이었고 최하층민조차도 노예를 부렸다. 게다가 로마 시민이 아닌 유대인, 시리아인, 그리스인, 갈리아인 등 다양한 사람들이 시내에 거주했다. 로마에는 늘 사람이 넘쳐났고 수많은 인술라가 가득했다. 로마 시민 25만 명의 부인, 자녀, 노예, 비로마인까지 합산하면 인구는 100만 명을 훌쩍 넘어섰을 것이다. 그렇지 않다면 인술라의 태반이 비어 있었을 것이고, 로마는 온통 공원으로 가득했을 것이다. 저자는 로마 인구가 200만 명에 육박했을 것이라 짐작한다.

인민 People

엄밀히 말해서 원로원 의원을 제외한 모든 로마인을 포괄하는 용어다. 평민부터 파트리키까지, 1계급부터 최하층민까지를 모두 포함한다. 그러나 저자는 때로 행사하는 표에 가치가 있는 사람들을 지칭하는 표현으로 사용하기도 했다.

자유인 freeman

자유로운 신분으로 태어났고 노예로 팔린 적도 없는 사람. 빚으로 인한 채무노예는 예외였으나, 공화정 말기 이탈리아에는 채무노예가 드문 편이었다.

자치도시 municipium

무니피키움. 처음에는 로마의 동맹시지만 로마 시민권을 부여받지 않은 이탈리아 지역을 가리키는 말이었다. 나중에 시민권이 이탈리아 반도 모든 민족들에게 보편적으로 주어진 후 이 말은 원칙적으로 자치권을 약간 갖고 있더라도 여전히 공공 토지를 소유한 도시와 지역구를 의미하게 되었다. 자치도시에서는 그 지역 정무관을 직접 선출했고 기록 문서를 자체적으로 보관했으며 자체 소득원이 있었지만, 로마(짐작건대 원로원)가 파견한 관료의 감사를 받아야 했다.

존엄(디그니타스) dignitas

로마 특유의 개념으로, 개인의 고결함, 긍지, 가문, 말, 지성, 행동, 능력, 지식, 사람으로서의 가치의 총체였다. 공적이라기보다 사적인 입지였으나, 훌륭한 존엄은 공적인 입지를 크게 강화시켰다. 로마 귀족은 소유한 모든 자산 중 디그니타스에 대해 가장 민감했다. 디그니타스를 지키기 위해서라면 그는 전쟁에 나가거나 망명길에 오르고, 자살을 하고, 아내나 아들을 죽일 수도 있었다.

직무단 college

공통점이 있는 사람들의 집단. 신관단, 사업 집단, 정치 집단, 종교 집단 등이 존재했다. 노예를 포함한 각계각층 사람들은 '교차로단'을 형성하여 로마 시의 주요 교차로를 관리하고 콤피탈리아라는 교차로 축제를 해마다 열었다.

찬가 paean

찬양의 노래 혹은 찬미가. 현존인물을 대상으로 만들어진 경우도 있지만, 신에게 바치는 노래인 경우가 더 많다.

추첨 sortition

제비를 뽑아 공직자를 정하는 것.

카피테 켄시 capite censi

'머릿수'라는 뜻. 완전한 로마 시민이지만 너무 가난해서 로마의 다섯 개 경제계급에 포함되지 않고 따라서 백인조회에서 투표할 수 없는 최하층민을 의미했다. 감찰관들은 인구조사시 이들의 이름도 기입하지 않고 머릿수만 셌다. 대다수가 도시에서 태어나 살았으므로 수도 트리부스에 속했는데, 35개 트리부스 중에 수도 트리부스는 넷밖에 되지 않아서 트리부스회와 평민회 모두에서 영향력이 거의 없었다. 시골의 최하층민은 원칙상 트리부스회 투표를 할 수 있었지만 태반은 선거 때 로마까지 갈 여건이 되지 못했다. 저자가 '프롤레타리아'나 '대중'보다 '머릿수'라는 표현을 쓴 것은 '프롤레타리아'나 '대중'이라는 용어에 대한 마르크스주의 이후의 관점 때문이다. 그러한 관점은 고대의 맥락에서 큰 오해를 낳을 수 있다.

그들은 반란을 일으키지 않을 정도로만 식량과 오락거리를 제공받았으며 정치적으로 아무 쓸모 없는 존재로 취급받았다. 그들은 로마가 통치되는 방식을 몰랐고 관심도 없었지만 산업혁명 시대처럼 특별히 억압받지도 않았다. 사실 로마의 최하층민은 분주하고 행복하며 다소 뻔뻔한데다 노예근성은 전혀 없었던 것처럼 보인다. 그들은 자신의 가치를 잘 알고 있었으며 로마의 위인들을 그다지 존경하지 않았다. 그러나 최하층민에게도 영웅들이 있었다. 마리우스는 카이사르가 등장하기 전까지 그들에게 최고의 영웅이었다. 이것을 보면 그들도 군사력과 '가장 위대한 로마'라는 개념에 무심하진 않았을지도 모른다.

코그노멘 cognomen

이름(프라이노멘) 및 씨족명(노멘)이 같은 사람들과의 차별화를 위해 로마 남성이 붙였던 세번째 이름. 폼페이우스의 코그노멘인 마그누스처럼 개인이 직접 정할 수도 있었고, 율리우스 가문의 카이사르 분가처럼 집안 대대로 유지하는 코그노멘도 있었다. 일부 가문에서는 하나 이상의 코그노멘이 필요하게 되었다. 예를 들어 메텔루스 피우스의 양자는 퀸투스 카이킬리우스 메텔루스 피우스 코르넬리아누스 스키피오 나시카였는데 '퀸투스'는 이름, '카이킬리우스'는 소속 씨족명, '메텔루스 피우스'는 양부의 코그노멘이었고

'코르넬리아누스'는 생물학적 씨족명, '스키피오 나시카'는 친부의 코그노멘이었다. 결국 그는 늘 혈연 가족과 입양 가족을 모두 나타내는 절충안인 메텔루스 스키피오로 불렸다.

코그노멘은 튀어나온 귀, 평발, 곱사등, 부은 다리 같은 신체 특징을 묘사하거나 위대한 업적을 기리는 경우가 많았다. 카이킬리우스 메텔루스 집안사람들의 코그노멘 '달마티쿠스'. '발레아리쿠스', '누미디쿠스'는 각자가 정복한 나라 이름에서 따왔다. 최고의 코그노멘은 극히 풍자적이거나(한없이 착한 사람이라는 뜻의 '레피두스'는 말도 못하게 나쁜 놈에게 붙였다) 매우 익살맞았다. 이미 코그노멘이 여럿 있던 가이우스 율리우스 카이사르 스트라보 보피스쿠스에게 추가된 '세스퀴쿨루스'는 그가 똥구멍(바보라는 뜻도 있다—옮긴이) 한 개로는 모자라서 한 개 반을 가졌다는 뜻이었다.

코그노멘 뜻풀이

갈바	'배불뚝이'
게타	'지구 끝에서 온'
그라쿠스	'갈까마귀'(?)
글라우키아	'회녹색'
나시카	'참견하기 좋아하는'
네르바	'강단 있는' 또는 '거친'
누미디쿠스	'누미디아의'
달마티쿠스	'달마티아의'
덴타투스	'태어날 때부터 이가 난'
드루수스	알려지지 않음
디베스	'천상의 존재'
디아데마투스	'왕족의 머리띠를 두른'
라빌라	'말이 많아 목이 쉰'
라이나스	'성직자의 망토'

레기누스	'여왕의'
레피두스	'멋진 친구'
렉스	'왕'
렌툴루스	'더딘' 또는 '느린'
롱기누스	'먼 곳에 있는'
루소	'촌놈'
루쿨루스	'작은 숲'
루푸스	'붉은 머리인'
루피누스	'붉은 머리의 가문에 속한'
리메타누스	'경계선의'
바로	'안짱다리인'
바티아	'밭장다리인'
발레아리쿠스	'발레아레스 제도의'
밤발리노	알려지지 않음
베루코시스	'무사마귀로 뒤덮인'
베스티아	'야수'
보피스쿠스	'쌍둥이 중 살아남은 자'
브로쿠스	'뻐드렁니가 난'
브루투스	'동물처럼 아둔한'
마그누스	'위대한'
마르가리타	'진주'
마케도니쿠스	'마케도니아의'
막시무스	'가장 위대한'
막타토르	'도살자'
망키누스	'불구인'
메룰라	'검은 새'
메미니우스	'갈리아 메미니족의'
메텔루스	'해방된 용병'
무스	'집쥐' 또는 '생쥐'

사투르니누스	'사투르누스 신의'
세라누스	'톱의' 또는 '톱니 모양인'
세스퀴쿨루스	'똥구멍 하나 반'
술라	알려지지 않음
스카우루스	'부은 발' 또는 '수종에 걸린'
스카이볼라	'왼손잡이인'
스키피오	'예식 지팡이'
스트라보	'사팔뜨기인'
스티쿠스	노예 이름(그리스어)
시켈로스	'시칠리아의'
실라누스	'못생긴 개 같은 얼굴'
실로	'들창코인'
아겔라스투스	'절대 웃지 않는'
아우구르	'조점관'
아프리카누스	'아프리카의'
아헤노바르부스	'붉은빛 혹은 구릿빛 수염이 난'
알비누스	'희끄무레한'
에부르누스	'상아로 만든'
오라토르	'웅변가'
오레스테스	'태어날 때 어머니가 죽은'
카르보	'남김없이 타버린' 또는 '재'
카밀루스	알려지지 않음
카이사르	'머리숱이 풍성한'
카이소니누스	알려지지 않음
카이쿠스	'눈이 먼'
카이피오	'양파 장수'
카토	'예리하지만 신경질적인'
카툴루스	'새끼 동물'
카프라리우스	'숫염소'

칼두스	'미지근한'
칼부스	'머리가 벗어진'
코타	'포도주 방울'(?)
쿵타토르	'자제하는 자'
크라수스	'두꺼운'
키케로	'병아리콩'
투베로	'혹' 또는 '도덕적으로 잘못된'
파울루스	'작은' 또는 '하찮은'
포르켈라	'새끼돼지' 또는 '어린 소녀의 성기'
포스투무스	'태어나기 전에 아버지가 죽은'
풀케르	'아름다운'
플라쿠스	'귀가 큰'
피소	'나는 갈아뭉갰다'
피핀나	'어린 소년의 성기'
필리푸스	'필리피 지역의'
핌브리아	'앞머리를 내린'

콘파레아티오 confarreatio

로마의 결혼 형태 세 가지 중 가장 오래되고 엄격한 것. 공화정 말기에는 파트리키만 콘파레아티오 결혼식을 했다. 하지만 의무사항은 아니었기에 모든 파트리키가 그렇게 한 것은 아니었다. 이 결혼식에서 신부는 아버지의 손에서 남편의 손으로 넘겨졌는데, 신부가 그 어떤 독립 수단도 획득하지 못하게 하기 위해서였다. 이는 콘파레아티오가 인기 없던 이유 중 하나였다. 다른 결혼 형태들은 여성의 사업과 지참금과 관련하여 여성에게 더 많은 통제권을 허용했다. 이혼(디파레아티오)이 어렵다는 점도 인기가 없는 이유였다. 이혼은 종교적으로나 법적으로나 몹시 고된 과정을 거쳐야 했으므로 다른 대안이 없는 경우가 아니면 피하는 것이 상책이었다.

쿠리아 curia

원래는 트리부스보다 그리고 (당연히) 계급보다 먼저 생긴, 로마인을 30개 집단으로 나눈 가장 오래된 분류단위. 이 최초의 로마인 씨족들은 특별한 회의장들에서 모였고, 각각 종신 선출직인 쿠리오라는 지도자가 이끌었다. 쿠리아이 베테레스(curiae veteres)라고 불린 고대의 회의장들은 트리움팔리스 가도 근처에 있는 팔라티누스 언덕의 팔라티움 고지의 마루터기에 모여 있었다. 마리우스 시대에 쿠리아는 로마 시민의 정치 · 사회 조직에서 거의 잊혀졌다. 평민 가문이 파트리키를 입양하거나 임페리움에 관한 쿠리아법(lex curiata)에 따라 고등 정무관에게 임페리움을 부여하는 일과 관련하여 30개 쿠리아가 회의를 해야 하는 경우, 릭토르 30명이 각 쿠리아를 대표했다.

퀴리테스 Quirites

민간인 신분의 로마 시민. 이 단어가 로마군 복무 경험이 전혀 없는 시민을 의미하는지 여부는 불분명하지만, 독재관 카이사르가 남긴 말을 보면 그런 뜻인 것처럼 보인다. 카이사르가 반란을 일으킨 병사들을 퀴리테스라고 부르자 그들은 지독한 멸시의 말을 들은 것처럼 즉시 그에게 용서를 구했기 때문이다. 하지만 마리우스와 술라 시대에서 독재관 카이사르 시대까지 분명 많은 변화가 있었을 것이다. 그래서 저자는 마리우스와 술라 시대에는 퀴리테스가 모욕적인 말이 아니었다고 설정했다.

태수령(사트라페이아) satrapy

종주국 소유지만 종주를 위해 별개의 독립체로 관리되는 영토. 사트라페이아를 통치하도록 임명된 사람은 태수(사트라페스)라고 불렀다. 파르티아나 동방에서 볼 수 있는 피호 왕국의 형태였다.

트리부스 tribus

공화정이 시작될 무렵 로마인에게 트리부스는 자신이 속한 종족 집단 분류가 아니라 국가에만 유용한 정치 집단 분류로 인식되었다. 로마에는 모두 서른다섯 개 트리부스가 있었는데 서른한 개는 지방 트리부스였고 단 네 개만 수도 트리부스였다. 유서 깊은 열여섯 개 트리부스는 다양한 파트리키 씨족의 이름을 지니고 있었다. 이는 해당 트리부스에 속하는 시민들이 그 파트리키 씨족의 구성원 또는 그 씨족의 소유지에 살았던 사람이거나 기원전 91~88년 이탈리아 전쟁 후 감찰관들에 의해 그 트리부스에 배정된 사람임을 의미했다. 공화정 초기와 중기 동안 로마가 이탈리아 반도에서 영토를 늘려감에 따라 로마 정치체계에 새로운 시민들을 수용하기 위해 여러 트리부스가 추가되었다. 완전한 로마 시민권자 거류지들도 새로운 트리부스의 중심이 되었다. 네 개의 수도 트리부스는 세르비우스 툴리우스 왕이 만든 것으로 여겨졌으나 실제로는 좀더 시간이 지난 공화정 초기에 창설되었을 가능성이 높다. 트리부스 창건이 마지막으로 이루어진 때는 기원전 241년이었다. 각 트리부스의 모든 구성원에게는 트리부스 단위 민회에서 투표할 권리가 있었지만 이 표 자체는 큰 의미가 없었다. 먼저 각 트리부스 내에서 구성원들의 표수를 산출한 후 한 트리부스 전체가 한 표를 행사하는 방식이었기 때문이다. 다시 말해 네 개 수도 트리부스에 등록된 시민이 압도적인 다수를 차지했지만, 그 어떤 트리부스 단위 민회에서도 이들이 투표 결과에 영향을 끼칠 수 없었다. 수도 트리부스 외에 서른한 개 지방 트리부스도 똑같은 투표권을 지녔기 때문이다. 지방 트리부스의 구성원도 로마 시내에 거주할 자격이 있었고, 그들의 자손이 억지로 수도 트리부스에 들어가야 하는 일도 없었다. 원로원 의원과 1계급 기사는 대부분 지방 트리부스에 속해 있었는데 이는 저명한 가문이라는 증거였다. 그에 반해 수도 트리부스에는 하층계급이 빽빽이 몰려 있었다. 해방노예는 수도 트리부스 네 개 중에서도 수부라 트리부스와 에스퀼리누스 트리부스 두 개에만 배정되었다.

티로키니움 포리 tirocinium fori

청년이 포룸 로마눔에서 받는 수사학 및 법률 지식 수련 과정.

파트리키 patricii

로마 구귀족. 조상을 숭배하고 태생을 중시했던 로마인들에게 파트리키 가문 출신이냐 아니냐는 더없이 중요한 문제였다. 파트리키 중에서도 특히 오래된 가문들은 왕정 시대 전부터 있던 귀족이었고, 가장 역사가 짧은 클라우디우스 가문은 공화정 초창기에 부상한 것으로 보인다. 이 귀족들은 로마 공화정 내내 파트리키 칭호를 유지했으며, 가문 내에서 집정관을 배출함으로써 '신귀족'의 자리에 오른 평민들에게도 허락되지 않는 특권을 누렸다. 그러나 공화정 마지막 세기에 이르러 파트리키는 고귀한 혈통 외에는 별다른 차별점을 갖지 못했다. 걸출한 평민 가문의 부와 권력이 파트리키의 기존 권리를 서서히 잠식했기 때문이다. 파트리키 출신인 술라는 파트리키의 지위를 평민 귀족보다 향상시키고자 소소하게 시도했지만, 그조차도 파트리키에게 굵직한 특권을 부여하는 법을 제정하지는 못했다. 하지만 헌법에 명시된 권리와 특권 따위는 대부분의 로마인들에게 전혀 중요하지 않았다. 어쨌거나 그들은 파트리키가 더 우월하다고 생각했기 때문이다. 이처럼 공화정 말기까지도 파트리키 혈통의 중요성은 대단히 컸는데, 파트리키 중에서도 가장 오래되고 대표적인 가문 출신의 술라나 카이사르 같은 인물들이 스스로 로마의 왕이 될 가능성이 있다고 여겨진 데 반해 가이우스 마리우스나 폼페이우스 마그누스 같은 이들은 최고의 영웅이었음에도 불구하고 로마의 왕이 된다는 건 꿈조차 꾸지 못했던 것도 바로 그런 이유에서였다. 파트리키 가문에서는 콘파레아티오(confarreatio)라는, 평생을 함께하는 특별한 형태의 혼인을 했다. 파트리키 여성들에게는 평민 여성들이 누리던 자유가 절대 허락되지 않았다. 제사장과 유피테르 대제관 같은 일부 신관 직, 섭정관과 최고참 의원 같은 일부 원로원 의원직은 파트리키에게만 허용되었다. 공화정 말기에 법무관, 집정관을 포함해 원로원 의원을 꾸준히 배출하던 파트리키 가문으로는 아이밀리우스, 클라우디우스, 코르넬리우스, 파비우스(입양을 통해서), 율리우스, 만리우스, 파피리우스, 피나리우스, 포스투미우스, 세르기우스, 세르빌리우스, 술피키우스, 발레리우스 등이 있었다.

평민 plebs

파트리키가 아닌 모든 로마 시민. 공화정 초기에는 평민에게 신관 직, 고위 정무관 직, 원로원 의원직조차 허락되지 않았다. 하지만 얼마 지나지 않아서 파트리키에게만 허락되던 직위들을 평민들이 하나씩 차지하기 시작했다. 공화정 말기에는 정치적으로 그리 중요하지 않은 몇 가지 직책만이 파트리키 고유의 영역으로 남아 있었다. 파트리키가 평민보다 우월하다는 일반적 인식을 제외하면, 그들에게 주어지는 특권은 대부분 사라진 것이다. 하지만 평민들은 특별히 뛰어난 평민을 차별화하기 위해 신귀족을 뜻하는 노빌리스 개념을 도입했다. 집정관으로 선출된 평민과 그의 직계후손들은 신귀족이 될 수 있었다. 로마 시민들 거의 대다수는 평민이었다. 이 시리즈가 다루는 시대에는 파트리키의 수가 많지 않았다.

프라이노멘 praenomen

로마인의 개인 이름. 실제로 사용되는 프라이노멘은 다양하지 않았으며 최고 스무 개 정도였던 것으로 보인다. 그중에서도 절반 정도는 잘 쓰이지 않았고 각 씨족이나 분가별로 선호하는 프라이노멘이 정해져 있었다. '마메르쿠스'는 아이밀리우스 레피두스 분가에서만 이용되었고, '아피우스'는 파트리키인 클라우디우스 씨족 사이에서만 이용되었다. 각 씨족이나 분가는 총 스무 개의 프라이노멘 중 두세 개 정도만을 실제로 이용했던 것으로 보인다. 오늘날 학자들은 프라이노멘을 보면 해당 인물이 진짜 그 씨족 사람인지 아닌지를 알 수 있다고 한다. 율리우스 씨족의 경우 프라이노멘으로 '섹스투스', '가이우스', '루키우스'만을 사용했기 때문에 '마르쿠스 율리우스'라는 이름을 가진 사람은 진정한 율리우스 씨족의 파트리키가 아니라는 뜻이다. 리키니우스 씨족은 '푸블리우스', '마르쿠스', '루키우스'를, 폼페이우스 씨족은 '나이우스', '퀸투스', '섹스투스'를, 코르넬리우스 씨족은 '푸블리우스', '루키우스', '나이우스'를, 파트리키 세르빌리우스 씨족은 '퀸투스', '나이우스'를 선호했다. 하지만 공화정 말기에 제사장을 역임한 루키우스 클라우디우스는 학자들에게 풀리지 않는 미스터리로 남아 있다. '루키우스'는 파트리키 클라우디우스 씨족의 프라이노멘이 아니었다. 하지만 제사장이 된 것을 보면 그는 파트리키 클라우디우스 씨족 출신이 분명했다. 그래서 저자는 이 시리즈에서 '루키우스'라는 프라이노멘을 이용하는 클라우디우스 씨족의 분파를 만들어냈으며, 제사장 직은 전통적으로 이 가문에서 세습된다고 설정했다. 저자는 할리우드에서 만든 로마 시대극을 볼 때마다 프라이노멘 문제와 관련해 배꼽을 잡고 웃는다. 시종일관 틀리기 때문이다!

프리무스 인테르 파레스 primus inter pares

'비슷한 동료들 사이에서의 일인자'. 정치에 참여하는 모든 로마인들이 입에 달고 다녔던 말. 로마 정치인의 목표, 즉 동료들 사이에서 출중함을 뽐내는 것을 의미한다. 그렇게 되기 위해서는 무엇보다 자신과 비슷한 수준의 혈통, 경험, 배경, 가족, 지위, 성취, 존엄을 갖춘 동료들이 필요했다. 이 말은 로마 귀족들이 동료 없이 오로지 홀로 우뚝 서 있는 왕이나 독재자가 되길 원치 않았음을 강력하게 시사한다. 로마인들은 경쟁을 사랑했다.

프리바투스 privatus

개인으로서의 시민. 하지만 이 시리즈에서는 원로원 의원이지만 현재 정무관 직을 맡지 않은 인물을 지칭한다.

피호국 왕 client-king

로마를, 드물게는 로마인 개인을 보호자로 섬기는 피호민이 되겠다고 서약한 외국 군주. '로마의 우호동맹'이라는 표현('동맹' 참조)은 보호자와 피호민 관계를 선언하는 것이었다.

피호민 cliens

보호자(파트로누스, patronus)에게 입회를 약속한 자유인이나 해방노예를 뜻한다. 반드시 로마 시민일 필요는 없었다. 가장 엄숙하고 도덕적인 구속력 있는 방식으로, 보호자의 이익을 도모하고 그의 지시에 따를 것을 약속하는 대신 여러 가지 원조(일반적으로 돈이나 직위, 법률적인 도움)를 받았다. 해방노예는 자동으로 전 주인의 피호민이 되었고, 이러한 관계는 의무를 면제받는 날까지 지속되었다(그러나 그런 경우는 거의 없었다). 피호민인 동시에 보호자인 사람도 있었다. 이러한 경우 그는 최종 보호자가 아니었으며, 그의 피호민은 그의 보호자의 피호민이기도 했다. 공화정 시대에는 피호민과 보호자의 관계에 관한 공식적인 법이 없었다. 필요가 없었기 때문이다.

어느 쪽이건 이 중요한 관계에서 불명예스럽게 처신하면 사회적인 성공은 기대할 수 없었다. 외국의 피호민과 보호자 관계를 다스리는 법도 있었다. 피호국, 즉 로마를 보호자로 삼은 나라들은 로마 시민이 납치될 경우 몸값을 내고 구출할 법적 의무가 있었고, 해적들은 이러한 사실을 십분 활용하여 추가 수입원으로 삼았다. 다시 말해 개인만이 아니라 도시나 국가 전체도 피호민이 될 수 있었다.

하급 기사 tribunus aerarius

글자 그대로 풀이하면 '국고 담당관'이라는 뜻. 이는 감찰관들의 경제적 분류였던 것으로 보인다. 이들은 기사 자격이 있으면서 인구조사 자산 기준액이 연간 30만 세스테르티우스였으며, 따라서 인구조사 자산 기준액이 40만 세스테르티우스였던 기사들의 하급자였다고 전해진다. 국고위원회를 관리하던 공무원들이 아마도 이 하급 기사들이었으리라 짐작해볼 수 있지만, 실제로 그런지는 알 수 없다.

해방노예 freedman

엄밀하게 말하면 자유인이었지만(전 주인이 로마 시민인 경우 그 자신도 로마 시민이 되었다) 해방된 후에도 전 주인의 피호민로 남아 시간과 봉사를 제공했다. 여생 동안 '자유의 모자'라는 원뿔형 모자를 쓰고 다녔다. 소속 인구가 매우 많은 수도 트리부스 두 가지(수부라 및 에스퀼리누스 트리부스) 중 하나에 속해 있었기 때문에 투표권을 행사할 기회가 거의 없었다. 그러나 특별히 능력이 있거나 무자비한 일부 해방노예들은 막대한 부를 쌓아 백인조회 투표를 할 수 있었다. 보통 돈을 써서 지방 트리부스에 편입하는 방법을 썼다.

행정 및 법제

12표법 Twelve Tables

십계명과 다소 유사한 열두 개의 서판. 원본은 갈리아인들이 로마를 약탈할 당시 불타 없어졌으나 이후 청동으로 복원되었다. 공화정 초기인 기원전 450년경 10인 법전 제정관단이 작성한 성문법 체계로, 로마의 모든 법이 여기서 비롯되었다. 민형사 양쪽에서 거의 모든 법적 측면을 아울렀지만 다룬 방식이 폭넓지는 못했다. 기원전 1세기 로마 학생들은 12표법 원문을 암기해야 했으므로 고생깨나 했을 것이다. 그 무렵의 법은 이전에 비해 내용이 훨씬 더 복잡해져 있었다. 공화정 말기에 이르러 12표법은 법전보다는 기념물의 성격이 강했다.

게누키우스법 lex Genucia

기원전 342년 호민관 루키우스 게누키우스가 통과시킨 법. 같은 사람이 동일한 정무직을 다시 맡으려면 10년이 지나야 한다는 것을 골자로 했다. 게누키우스법은 이 외에도 두 가지 더 있지만, 이 시리즈에서는 다루지 않았다.

경반역죄 maiestas minuta

로마를 상대로 전쟁을 일으켜 시민권을 박탈당하는 경우의 반역죄와 구분하기 위해 사용된 말이다. 루키우스 아풀레이우스 사투르니누스는 기원전 103년 호민관 첫 임기중에 경반역죄 혐의자를 기소할 수 있는 법을 최초로 만들었고, 관련 재판을 진행할 특별 법정을 열었다. 이 법정의 배심원은 기사만으로 구성되었지만 재판을 받는 사람은 원로원 의원들이었다. 사투르니누스 반역법이 만들어진 후, 백인조회에서 재판하던 '대반역죄(해당 항목 참조)'라는 기존의 반역죄 혐의는 사실상 유명무실한 존재가 되었다.

고관 의자 sella curulis

정무관들만 앉을 수 있던 상아 의자. 저자는 고위직만 가능할 거라 생각했지만 공화정의 어느 단계에서 평민 조영관 두 명에게도 임페리움이(따라서 고관 의자도) 주어졌던 것으로 보인다. 릭토르단과 마찬가지로 임페리움을 보유한 정무관의 전유물이었다. 아름답게 조각되고 굽힌 다리가 넓은 X자 형태로 교차했다. 매우 낮은 팔걸이가 달려 있었지만 등받이는 없었다. 토가 차림의 로마인은 등을 곧게 펴고 앉아 팔과 등, 어깨에 걸친 토가가 흐트러지는 일이 없도록 매우 조심했다.

곡물 배급 grain dole

로마의 유명 정치인들이 곡물(밀)을 지급해 하층 계급 사람들의 호감을 얻는 건 오랜 관습이었다. 득표수로 따지자면 거의 이득이 없었지만, 고위 공직의 경우 유권자들에게 자선가로서 좋은 인상을 줄 수 있었다. ('트리부스' 참조) 자선은 본받을 만한 것으로 여겨졌기 때문이다.

기원전 58년에 호민관 푸블리우스 클로디우스는 모든 로마 남성 시민에게 매월 5모디우스의 밀을 무상으로 제공하는 법을 통과시켰다(한 가족이 매일 큰 빵을 하나 구워먹을 수 있는 양이다). 클로디우스는 여기에 드는 비용을 그때까지 이집트의 프톨리마이오스 왕가의 소유였던 키프로스 섬을 로마로 편입시켜 마련했다. 수입 조사는 실시하지 않았다. 그러나 독재관 카이사르는 수입 조사를 실시하여 수급자를 30만 명에서 15만 명으로 줄였다.

곡물법 lex frumentaria

가이우스 그라쿠스가 맨 처음 도입한 이래로 여러 차례 곡물 관련법이 제정되었다. 모두 국가가 사들여 조영관이 분배하는 공공 공급 곡물을 대상으로 했다. 대부분 싼값에 곡물을 공급하는 것을 골자로 했지만, 간혹 싼 곡식을 국가에서 거둬가는 경우도 있었다.

공공의 적 hostis

로마의 적이나 사회의 적으로 선포된 사람을 부르는 용어. 공공의 적은 신성모독(nefas, 네파스)을 저지른 자로 간주되어 시민권과 재산, 그리고 보통 목숨까지 빼앗겼다.

공권박탈 proscription

특정 인물을 명단에 올려 그에게서—종종 목숨을 비롯한—모든 것을 빼앗는 행위를 일컫는다. 그 과정에 법적 절차는 필요하지 않았고, 공권박탈자에게는 재판받을 권리, 무죄 입증용 증거를 제출할 권리, 청문회를 통해 결백을 주장할 권리가 허락되지 않았다. 주로 내전에서 패한 쪽 사람들이 대상이 되었으며 공권박탈자 명단은 포룸 로마눔의 로스트라 연단에 게시되었다. 독재관 술라의 시절에 공권박탈 조치는 악명을 떨쳤다. 술라는 원로원 의원 40명과 상급 기사 1천600명을 공권박탈자 명단에 올렸고, 그들은 대부분 살해당했다. 그들의 재산은 텅 빈 국고를 채우는 데 사용되었다. 술라 시대 이후 로마인들은 '공권박탈'이라는 말이 언급되기만 해도 완전히 겁에 질렸다.

공마 Public Horse

국가, 즉 로마 원로원과 인민에게 소속된 말. 로마에서 가장 지위가 높은 기사들로 구성된 백인대 열여덟 개는 왕정 시대부터 국가로부터 말을 지급받았다(애초에 백인조회는 군사조직에서 비롯되었고, 상급 백인대 구성원들은 기병이었음을 명심하자). 당시에는 말이 귀하고 상상을 초월할 정도로 비쌌던 것으로 보인다. 그렇지 않았다면 인색하기로 악명 높은 로마 정부는 국고를 쓰는 대신 기사들에게 각자 말을 구입하라고 요구했을 것이다. 기사의 숫자가 1천800명을 훌쩍 넘어선 공화정 시대에는 기사들이 자비로 말을 구했다.
공마를 소유한다는 것은 사회적으로 상당히 높은 지위를 의미했다. 세대에 걸쳐 상속되는 공마가 집안에 있다는 것은 그 가문이 로마 초기부터 존재했음을 증명하기 때문이었다. 하지만 폼페이우스 가문을 보면 공마를 소유했다고 모두 오래된 집안은 아니라는 점을 알 수 있다. 한 가문이 사라지면서 공마가 전통이 짧지만 영향력 있는 가문으로 넘어가는 경우도 더러 있었던 것이다. 감찰관 카토는 소작농 출신 신진 세력으로 유명하지만, 그는 증조부(기원전 4세기 인물이었을 것이다)가 전장에서 죽은 공마 다섯 마리 값을 국고위원회로부터 보상받았다고 자랑하곤 했다. 원로원의 일원이 되면 공마 소유권이 자동적으로 없어졌는지에 대해서는 논란의 소지가 많다. 가이우스 그라쿠스가 원로원을 기사계급과 분리한 후에도 공마를 계속 사용한 원로원 의원들이 많았다는 증거가 나와 있기 때문이다.
늘 지켜졌던 것은 아니지만, 카토를 비롯한 일부 감찰관들은 공마를 소유한 기사 1천800명이 말을 제대로 관리하고 있음을 증명하기 위해 행진에 참여해야 한다고 주장했다. 공마 행진은 7월 이두스에 진행되었을 것이다. 감찰관은 포룸 로마눔의 카스토르·폴룩스 신전 계단 꼭대기 심사장에 앉아 있었고, 기사들은 한 명씩 엄숙하게 공마를 이끌고 감찰관 앞을 지나야 했다. 감찰관이 판단하기에 관리 소홀로 볼품없어진 기사는 공마 소유권을 박탈당했다.

공유지 ager publicus

로마에 공공 소유로 귀속된 토지. 대부분 정복을 통해 획득했거나 로마에의 불충성에 대한 징벌 목적으로 소유주로부터 강탈한 땅이다. 이탈리아 반도에서는 후자의 경우가 많았다. 이탈리아 반도뿐만 아니라 이탈리아 갈리아와 해외 속주 어디에나 공유지가 존재했다. 가장 논란이 되었던 공유지는 캄파니아 땅(아게르 캄파누스)으로, 카푸아에서 여러 차례 반란이 있은 후 로마가 이 기름진 땅을 압수해버렸다. 대개 대규모 임대 방식으로 감찰관들이 국가를 대신해 개인에게 임대했지만, 해외의 경우 방치되는 경우가 많았다. 그라쿠스 형제와 마리우스가 빈민층이나 가난한 군인들에게 연금 대신 공유지를 나누어주려고 시도하자 원로원이 이를 극렬히 반대하며 정치적으로 큰 논쟁이 벌어졌다.

공탁금(스폰시오) sponsio

배심원단이 아니라 한 사람이 판결을 내리는 민사 소송의 경우, 담당 법무관이 심리를 진행하려면 심리 개시 전에 일정 금액을 그에게 맡겨야 했다. 이 돈은 손해배상 청구 금액이나 분쟁대상 금액으로, 파산이나 채무불이행의 경우 빚진 액수가 스폰시오였다. 술라가 독재관이 되기 전까지는 원고나 피고 양쪽 다 해당 금액을 마련하지 못할 시 법무관이 사건을 심리할 수 없었고, 이는 많은 소송사건에 대한 심리가 이루어지지 못했다는 뜻이다. 술라는 이 문제를 해결하기 위해 법무관이 공탁금 지불을 면제할 수 있도록 허용했다. 술라가 이 제도를 처음 마련한 건 미트리다테스와의 전투에 나서기 전

헌법 강화에 힘쓰던 기원전 88년이지만, 당시 제정된 법은 금세 폐지되었다. 그러나 그가 독재관에 오른 뒤에 제정한 법은 계속 효력을 유지했다.

공판 actio

이 시리즈에서는 완전한 형식을 갖춘 법정 재판을 의미한다. 보통 1차(프리마, prima)와 2차(세쿤다, secunda) 두 차례의 공판이 며칠의 간격(정확한 기간은 재판장의 재량에 맡겨졌다)을 두고 열렸다.

공화국 수호를 위한 원로원 결의 senatus consultum de re publica defendenda

키케로가 정식 명칭을 '세나투스 콘술툼 울티뭄'으로 축약 사용한 후 '원로원 최종 결의'로 알려졌다. 기원전 121년 가이우스 그라쿠스가 자신이 제정한 법의 폐지를 막기 위해 폭력을 사용한 이후로, 민간 비상사태시 원로원은 이를 통과시킴으로써 다른 모든 통치기구에 우선할 수 있었다. 이는 원로원의 통치권과 사실상 계엄령 체제를 선포하는 최종 결의였고 실제로 독재관 임명을 피하기 위한 방법이었다.

공화정 Republic

'레스 푸블리카(res publica)'에서 나온 말이다. 시민의 집합체, 즉 정부를 의미한다. 기원전 510년 로마의 마지막 왕 타르퀴니우스 수페르부스를 축출한 이후 들어선 정부 형태. 오늘날에는 어떠한 군주도 상급자로 인정하지 않으며 선거로 구성된 정부를 말한다. 물론 로마인들도 왕정의 대안으로 공화정을 세우기는 했지만, 그들이 생각한 공화정의 의미가 지금 우리가 생각하는 것과 같다고 보기는 힘들다.

선거를 치른다면 면에서 언뜻 민주주의를 닮은 듯하지만, 재산 유무에 따라 유권자의 권리를 차등 적용했으므로 금권 정치에 가깝다. 로마에는 총 35개 트리부스가 있었지만 도시 빈민들은 그중 4개의 수도 트리부스에만 소속될 수 있어 사실상 선거권을 박탈당한 것과 마찬가지였다. 1계급과 나머지 31개 지방 트리부스에 소속된 시민들에게 훨씬 큰 권한이 주어졌다.

관직의 사다리(쿠르수스 호노룸) cursus honorum

직역하면 '명예의 길'이라는 뜻. 집정관이 되려는 사람은 특정 단계들을 거쳐야 했다. 우선 원로원에 들어가야 했다(마리우스와 술라 시대에 원로원 의원은 감찰관들이 지명하거나 호민관으로 선출되어야 했으며, 재무관이 된다고 해서 자동적으로 원로원 의원이 되지는 않았다). 그리고 원로원 입회 전후에 재무관을 역임해야 했다. 원로원에 들어간 후 최소 9년이 지나면 법무관으로 선출되어야 했다. 법무관을 역임한 후 2년이 지나면 마침내 집정관직에 입후보할 수 있었다. 원로원 의원, 재무관, 법무관, 집정관이라는 네 단계가 바로 관직의 사다리였다. 감찰관을 포함한 다른 모든 정무관 직은 관직의 사다리에 포함되지 않았지만, 집정관이 되려는 사람들은 유권자의 이목을 충분히 끌려면 호민관이나 조영관을 지내야 한다는 사실을 알고 있었다.

담노 DAMNO

민회에서 유죄판결을 내릴 때 썼던 표현. 법정에서는 이 말을 쓰지 않았는데, 아마도 법정에 사형 집행 권한이 없었기 때문인 듯하다.

대반역죄(페르두엘리오) perduellio

처음에는 사투르니누스가, 나중에는 술라가 반역죄의 정의를 수정하고 새로운 반역법을 통과시키기 전까지 로마법상에서 유일한 형태의 반역죄였다. 12표법(해당 항목 참조)에 언급될 만큼 오랜 역사를 자랑한다. 이 죄로 기소된 사람은 백인조회에서 재판을 받아야 했다. 이 과정은 매우 번거로운 동시에 공개적이었는데, 최종 판결만은 백인조회의 비밀 투표로 정해졌다. 하지만 기소된 사람이 직접 재판소에 나와 스스로 로마에 반역을 꾀했음을 인정하지 않는 한 (물론 정치범들은 그렇게 명청하지 않았다) 백인조회를 설득해 피고인에게 유죄판결을 내리는 것은 사실상 불가능했다.

도미티우스 신관선출법 lex Domitia de sacerdotiis

나이우스 도미티우스 아헤노바르부스가 기원전 104년에 통과시킨 법이다. 당시 그는 호민관 재임중으로 최고신관이 되기 전이었다. 새로운 신관 및 조점관을 반드시 추첨으로 선정된 17개 트리부스의 표결을 통해 선출하도록 하는 것이 골자였다. 이 법이 제정되기 전에는 현임 신관단과 조점관단에서 신관과 조점관을 선임했다. 후에 독재관 술라가 이 법을 폐지했지만 기원전 63년 호민관 티투스 라비에누스가 되살렸다.

디비나티오 divinatio

'짐작'이라는 뜻. 특별 지명된 재판관단이 고소인의 적합성을 결정하는 특별 청문회. 피고측이 고소인의 적합성에 이의를 제기해야 열렸다. 본 명칭은 재판관단이 구체적인 증거 제시 없이(즉, 짐작에 의해) 결론을 내렸다는 사실에서 비롯되었다.

레페툰다이 repetundae

직무상 부당취득. 가이우스 그라쿠스 시대 이전에는 권력을 이용해 재산을 늘린 속주 총독을 기소할 제도가 없었다. 특별 법정이나 위원회를 설립해서 그때그때 문제의 총독을 기소하는 것이 전부였다. 이러한 특별 법정은 모두 원로원 의원으로 구성되었는데, 배심원 역할을 맡은 원로원 의원들이 동료인 피고에게 유죄판결을 내리는 경우가 거의 없어서 곧 실효성을 잃어버렸다. 그러다가 기원전 122년에 가이우스 그라쿠스의 동지인 마니우스 아킬리우스 글라브리오가 법을 통과시켜, 기사만으로 구성된 부당취득죄 상설법정을 개설했고 배심원 자격을 갖춘 기사 450명을 선정했다. 기원전 106년에 퀸투스 세르빌리우스 카이피오는 부당취득죄를 비롯한 모든 재판을 원로원에서 진행하도록 법을 바꿨다. 그러다가 기원전 101년에 가이우스 세르빌리우스 글라우키아가 부당취득죄 재판을 다시 기사들이 진행할 수 있도록 관련법을 대폭 개선했는데, 이것이 모든 법정의 표준 관행으로 자리잡았다. 우리에게 전해지는 것은 속주 총독의 부당취득죄 재판뿐이지만, 기원전 122년 아킬리우스법이 제정된 이후로는 부당취득죄 법정에서 불법으로 재산을 축적한 모든 사람의 재판을 진행할 수 있게 되었다. 신고를 하는 시민에게는 포상금이 주어졌고, 성공적으로 기소를 마친 비로마 시민에게는 시민권이 주어졌다.

로스트라 rostra

뱃머리에 달린 청동으로 보강한 떡갈나무 충각 로스트룸(rostrum)의 복수형. 수면이 닿는 곳 바로 아래에 툭 튀어나와 있었으며, 적선을 쳐서 구멍을 내는 데 이용되었다. 기원전 338년에 집정관 가이우스 마이니우스는 안티움 항구에서 볼스키족 함대를 상대로 대승을 거두고, 승전 기념으로 나포한 적선의 로스트라를 분리해서 민회장 연단 앞을 장식했다. 이후로 그 연단은 로스트라로 불리게 되었다. 해전에 승리한 다른 사령관들도 마이니우스를 따라 민회장 연단 앞쪽에 적선의 로스트라를 붙였고, 공간이 부족해진 후에는 민회장 주변에 설치된 여러 높은 기둥에 붙였다.

루스트룸 lustrum

감찰관의 5년 임기와, 감찰관이 로마 시민 인구조사를 마치고 마르스 평원에서 진행하는 의식을 동시에 일컫는 라틴어.

리베로 libero

민회에서 무죄판결을 내릴 때 썼던 표현.

리키니우스 · 무키우스법 lex Licinia Mucia

기원전 96년 인구조사에서 가짜 로마 시민 발각 사례가 급증한 것을 성토하는 목소리가 높아지자 이에 대응하여 기원전 95년 집정관들이 통과시킨 법. 이 법을 통해 설립된 수많은 특별 법정에서 신규 등록자 전원의 자격요건을 조사했고, 시민권을 위조한 것으로 밝혀진 자에게는 중형이 내려졌다.

리키니우스 사치금지법 lex Licinia sumptuaria

리키니우스 크라수스 가문 출신의 누군가가 기원전 143년 이후에 통과시킨 사치금지법. 당시 최고 진미로 통했던 티베리스 강의 리커피시, 굴, 민물장어 등 특정 음식을 연회에 내놓는 것을 금지했다. 또한 자주색의 과도한 사용을 금지했다.

마밀리우스 특별위원회 Mamilian Commission

호민관 가이우스 마밀리우스 리메타누스가 기원전 109년에 설립한 특별위원회. 누미디아의 유구르타와 일부 로마인, 특히 정무관들의 뒷거래를 조사하기 위해 만들어졌다.

미니키우스 자녀법 lex Minicia de liberis

기원전 91년에 통과되었다. 법을 제정한 이의 가문명이 미니키우스인지 미누키우스인지는 확실치 않다. 이 법에 따라, 로마 시민과 비로마 시민이 혼인하여 낳은 자녀는 부모 중 누가 로마 시민이든 상관없이 비로마 시민 신분을 물려받았다.

민회(코미티아) comitia

로마인들이 통치, 입법, 선거와 관련된 사안을 다루기 위해 소집한 모든 회합을 통칭하는 말. 공화정 시대에는 실질적으로 백인조회, 트리부스회, 평민회 세 종류의 민회가 있었다.

로마 민회에서는 개인이 자신이 원하는 방향으로 직접 투표할 수 없었다. 백인조회의 경우 각 구성원의 표는 그가 속한 백인조의 의사를 결정하는 데만 영향을 미쳤고, 해당 백인조의 총 투표가 구성원 다수의 의사로 간주되었다. 트리부스 단위로 모이는 민회인 트리부스회와 평민회의 경우 개개인의 표는 해당 트리부스의 의사를 결정하는 데만 영향을 미쳤고, 해당 트리부스의 투표 결과가 구성원 다수의 의사로 간주되었다. ('투표', '트리부스' 및 194~195쪽 그림 참조)

—백인조회 Comitia Centuriata

인민 즉 파트리키와 평민 모두 참여하는 민회로, 재산 평가에 따라 계급이 구분되는 사실상 경제계급 모임이었다. 공화정 후반에는 18개의 상급 백인조를 제외한 나머지 백인조들은 각 구성원 수가 100명을 훨씬 초과했는데, 이는 계급당 백인조 수를 일정하게 유지하려 했기 때문이다. 집정관, 법무관을 매년, 감찰관을 5년마다 선출했고 대반역죄 재판을 열거나 법안을 통과시킬 권한이 있었다. 본래 군사 단체였기 때문에 백인조 단위로 모였고, 신성경계선 안에서 모일 수 없었기 때문에 보통 마르스 평원의 가설투표소(해당 항목 참조)에서 열렸다. 규모가 워낙 거대했던 탓에 단순히 법안 의결이나 재판 목적으로 모이는 일은 드물었다.

—트리부스회 Comitia Populi Tributa

'트리부스 인민회'라고도 한다. 로마 시민 전체가 소속된 35개 트리부스 단위로 모였다. 파트리키의 참여를 허용했고, 집정관이나 법무관이 소집했으며, 보통 포룸 로마눔 낮은 구역에 위치한 민회장에서 열렸다. 고등 조영관, 재무관, 군무관을 선출했고 법안을 제출 · 의결할 수 있었으며 재판권도 있었다. 백인조회처럼 종교적 제약을 받았기 때문에 반드시 회의 개시 전 기도문을 읊고 조점식을 치러야 했다.

—평민회 Comitia Plebis Tributa 또는 Concilium Plebis

'트리부스 평민회'라고도 한다. 35개 트리부스 단위로 모였지만 파트리키는 참여할 수 없었다. 평민회 소집 권한이 있는 정무관은 호민관뿐이었다. 회의 전에 기도문을 읊거나 조점식을 치르지 않았다. 법(엄밀히 말해서 평민회 결의)을 제정하고 재판을 열 권한이 있었지만, 술라가 상설 법정을 세운 뒤 재판권은 유야무야 사라졌다. 그 밖에 평민 조영관과 호민관을 선출했다. 보통 민회장에서 열렸다.

바리우스 반역법 lex Varia de maiestate

기원전 90년에 퀸투스 바리우스 세베루스 히브리다 수크로넨시스가 평민회에서 통과시킨 법. 이 법으로 이탈리아인에게 로마 시민권을 주려 한 사람들을 심판하는 특별 법정이 설립되었고 이후 '바리우스 특별위원회'라는 이름으로 불렸다.

백인조 century

100명으로 구성된 모든 집단. 가장 중요한 것은 로마 군단을 구성하는 기본

단위인 백인대이다. 백인조회의 경제계급들 역시 백인조로 이루어져 있었지만 인구가 계속 증가하면서 이 백인조는 100명보다 훨씬 많은 수의 사람들을 포함하게 되었다.

법 lex

법을 의미하는 라틴어 '렉스'(lex)는 후에 평민회에서 통과된 평민회 결의(플레비스키툼)에도 사용되었다. 로마에서 법은 동판이나 석판에 새겨져 사투르누스 신전 지하로 옮겨진 이후에 효력이 발생했다. 그러나 신전의 공간이 한정되어 있고 로마의 국고도 사투르누스 신전에 보관되었다는 점을 감안할 때 신전에 법전이 보관되는 기간은 분명히 짧았을 것이다. 법전을 한곳에 모아두기 시작한 것은 술라가 새 기록보관소 타불라리움을 지어올린 뒤의 일로, 그전까지는 법이 새겨진 판이 도시 곳곳에 산재해 있었을 것으로 짐작된다. 법명은 제정한 자의 이름을 따서 지어졌고, 그뒤에 법에 대한 간단한 설명이 붙기도 했다. 먼저 나온 법은 나중에 나온 다른 법 때문에 폐기될 수 있었으며, 실제로 그런 사례가 흔했다.

보니 boni

'선량한 사람들'이라는 뜻. 플라우투스의 희곡 『포로들』에 맨 처음 등장한 이 표현은 가이우스 그라쿠스 시대부터 정치적 맥락에서 사용되었다. 가이우스 그라쿠스가 자기 추종자들을 묘사하는 말로 가장 먼저 썼지만 그의 정적 드루수스와 오피미우스도 이 단어를 사용했다. 이후 점차 일반적으로 사용하는 표현이 되었고, 키케로 시대에는 정치 성향이 강경보수인 자들을 일컫는 말로 사용되었다. 『풀잎관』에 등장하는 '진정한' 로마 정부의 구성원들, 즉 집정관 나이우스 옥타비우스 루소가 이끄는 당파는 스스로를 보니라 칭했을 것이다.

보코니우스 여성상속법 lex Voconia de mulierum hereditatibus

기원전 169년에 통과된 이 법은 여성의 유산 상속권을 대폭 축소시켰다. 이 법으로 인해 여성은 어떠한 경우에도, 심지어 외동딸인 경우에도 주된 상속자가 될 수 없었다. 그런 경우 외동딸보다 부계 쪽의 가장 가까운 남자 친척이 우선적인 상속자가 되었다. 키케로가 인용한 재판에서는, 죽은 사람의 재산이 통계조사를 거치지 않은 경우 이 법이 적용되지 않는다는 주장이 제기된다. 하지만 당시의 법무관(가이우스 베레스)은 이 주장을 인정하지 않았고, 논란의 중심에 선 여성이 상속자가 되는 것을 허락하지 않았다. 하지만 안토니우스의 세번째 부인 풀비아를 비롯해서 막대한 유산을 상속받은 여성들의 사례를 보면 이 법을 슬쩍 피해 가는 경우도 있었던 것으로 보인다. 이 시리즈에서는 그라쿠스 형제의 어머니 코르넬리아가 원로원의 특별허가를 받아 유산을 상속받았다고 설정했다. 부계 친족이 없는 사람이 유언을 남기지 않고 죽을 경우, 기존 법에 따라 성별과 무관하게 자녀들이 상속자가 되었다. 수도 담당 법무관은 유산 상속 관련법을 해석하는 데 있어 상당한 재량권을 행사했던 것으로 보인다. 독재관 술라가 상설 법정을 설립하기 전까지는 유언 관련 소송을 담당하는 법정이 없었기 때문에 사실상 수도 담당 법무관이 최종 결정권을 쥐고 있었다.

분열식 transvectio

7월 이두스에 열린 공마(해당 항목 참조) 행렬. 가이우스 그라쿠스 사태로 폐지되었으나 기원전 70년 폼페이우스가 부활시켰다. 폼페이우스는 이 의식을 통해 자신이 기사계급 출신임을 분명히 알리고자 했다.

빌리우스 정무직 연령법 lex Villia annalis

기원전 180년에 호민관 루키우스 빌리우스가 통과시킨 법. 고등 정무직을 맡을 수 있는 최소 연령을 명시했다. 법무관과 집정관이 되기 위한 최소 연령은 각각 39세와 42세였을 것으로 짐작된다. 또한 법무관을 역임한 뒤 최소 2년이 지나야 집정관이 될 수 있고, 집정관으로 재임(再任)하려면 첫번째 임기가 끝나고 최소 10년이 지나야 한다고 규정하였다.

사치금지법 lex sumptuaria

사치품 구입 및 소비를 제한하는 법. 사치를 즐기는 세태를 개탄하는 정무관들 사이에서 인기가 있었지만 실제로는 거의 지켜지지 않았다. 규제한 주요 항목으로는 향신료, 후추, 향수, 향, 수입 포도주, 진품 티로스 자주 염료가 있었다. 술라의 사치금지법은 심지어 개인 가정에서 장례식이나 연회에 쓸 수 있는 비용까지 규제 대상으로 삼았다. 공화정 시기에 제정된 사치금지법들은 여성이 일정량 이상의 보석을 착용하거나 세르비우스 성벽 안에서 가마나 마차를 타는 것을 금하는 등 여성을 겨냥하는 경우가 많았다.

상정 tabled

영국 의회의 맥락에서 법률과 관련하여 사용되는 표현. 어떤 법안이나 수정안 또는 문건이 상정된다는 것은 그것을 '탁자에 올려' 놓고 검토, 논의, 숙고한다는 의미다. 상정된 안건은 추후 통과되거나 기각된다.

선동 정치가(데마고고스) demagogue

원래 그리스에서는 군중에게 호소력이 강한 정치인을 의미했다. 로마의 데마고고스는 불가피하게 대부분 호민관이었으며 활약 장소로 원로원 의사당보다 민회장을 선호했다. 하지만 '대중의 해방'이 그의 정책은 아니었으며 그의 말을 경청하는 사람들의 다수가 최하층 계급인 것도 아니었다. 원로원의 극보수 파벌들은 호민관들 중 급진적인 사람에 대해 이 말을 사용했다.

술피키우스법 leges Sulpiciae

기원전 88년 9월경, 미트리다테스와의 전쟁 지휘권이 집정관 술라에게 돌아간 뒤 통과된 네 개의 법. 첫번째 법은 바리우스 특별위원회의 결정에 따라 국외 추방된 인물들을 모두 소환했다. 두번째 법은 신규 로마 시민권자 및 로마의 해방노예들이 35개 트리부스에 균등하게 분포되도록 했다. 세번째 법은 2천 데나리우스 이상 부채를 지닌 모든 의원들을 원로원에서 추방했다. 네번째 법은 미트리다테스와의 전쟁 지휘권을 술라에게서 빼앗아 마리우스에게 넘겨주는 내용을 담고 있었다. 술라의 로마 진군 이후 이 법은 사실상 효력을 상실했다.

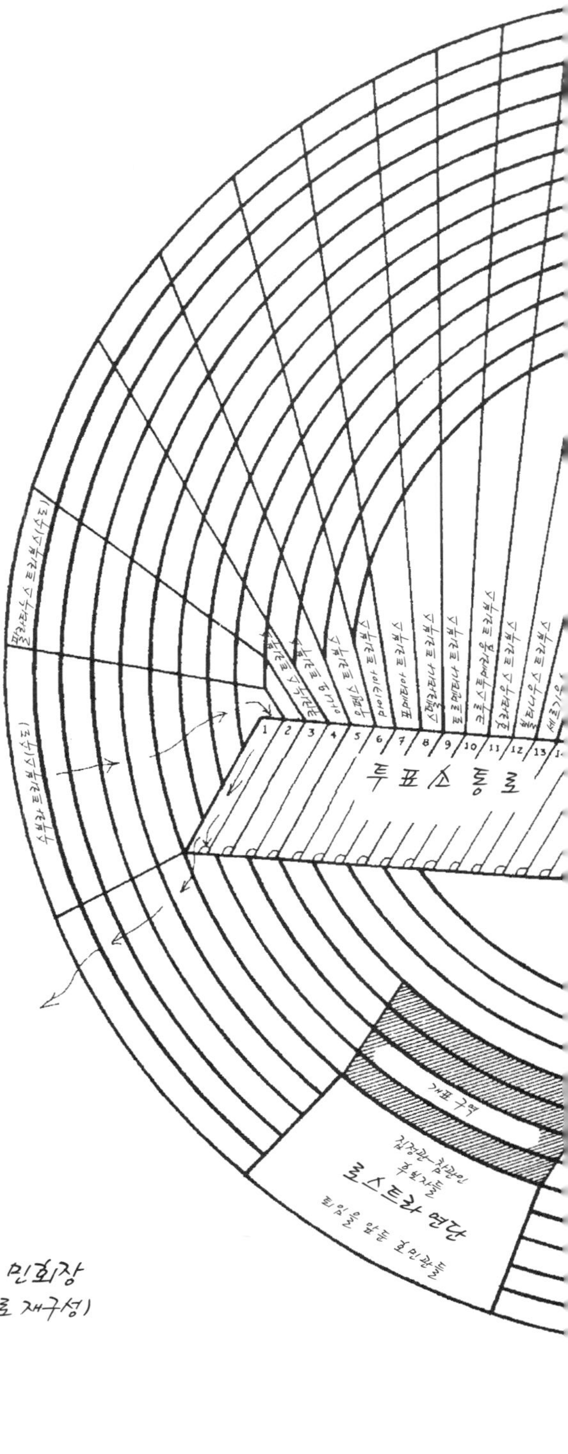

호민관 선거시의 민회장
(순수하게 가설적으로 재구성)

스캅티아 트리부스
팔레르나 트리부스
메레스 트리부스
벨리나 트리부스
51
52
53
54
55
콜리나 트리부스(수도)
에스퀼리누스 트리부스(수도)
북
(화살표(——→)는 투표자의 이동경로를,
직선은 트리부스들을 나누는 밧줄을 나타낸다.
5
9
Metres
0 3
30
Feet

신성불가침 sacrosanctity

호민관들은 신성불가침권을 보유했다. 즉 호민관 개인은 불가침의 존재로서, 직무를 수행할 때 신체적으로 방해하거나 저지할 수 없었다. 이 권한은 그들의 주인인 평민에 의해 부여되었으며, 평민은 자기들의 특별 정무관인 호민관의 신성불가침을 지지하겠다는 맹세를 했다.

아풀레이우스 곡물법 lex Appuleia frumentaria

사투르니누스의 곡물법. 이 시리즈에서는 그의 호민관 첫번째 임기가 아닌 두번째 임기에 통과시킨 것으로 설정했다. 제2차 시칠리아 노예 반란이 4년째 이어지던 당시, 곡물 부족으로 로마의 고통은 나날이 심각해지고 있었을 것이다. 또한 그가 두번째 임기에 본격적으로 하층민들의 마음을 얻으려 애쓴 점을 감안하면 이 법은 그때 만들어졌을 가능성이 더 높다.

아풀레이우스 반역법 lex Appuleia de maiestate

사투르니누스가 첫번째 호민관 임기에 통과시킨 반역법. 백인조회로부터 반역죄 재판권을 박탈하는 것을 골자로 했다. 백인조회에서는 자기가 로마를 상대로 전쟁을 일으켰다고 범인이 직접 자백하기 전까지는 사실상 유죄판결을 끌어내기가 불가능했다. 다양한 경중의 반역죄를 대상으로 삼았고, 일명 경반역죄(해당 항목 참조) 혐의에 유죄판결을 내릴 수 있도록 했다. 반역죄만을 다루는 특별위원회의 배심원과 재판장은 모두 기사계급이 맡도록 했다.

아풀레이우스 토지법 lex Appuleia agraria

루키우스 아풀레이우스 사투르니누스가 통과시킨 토지법 두 가지 중 첫번째. 외국 땅의 로마 공유지를 마리우스의 군대에서 싸운 퇴역병사들에게 나누어주는 것을 골자로 했다. 적용 대상은 그리스, 마케도니아, 시칠리아, 아프리카 땅이었다. 모두 상당히 오랜 기간 동안 로마의 소유였지만 그리 중요하게 여겨지지 않는 땅이었다.

아풀레이우스 토지법(두번째) lex Appuleia agraria (secunda)

길고 복잡한 라틴어 명칭 대신 간단하게 '두번째'라는 말을 붙여 사투르니누스의 첫번째 토지법과 구별했다. 이 법에는 충성의 맹세가 포함되어 있었고, 원로원에서는 이 법에 격렬하게 반대했다. 원로원이 그렇게 반대한 이유가 무엇인지는 아직까지 학계에서 뜨거운 쟁점이다. 저자는 그 이유가 이 법에 포함된 땅, 즉 알프스 너머 갈리아와 가까운 히스파니아가 가진 새로운 가치 때문이라고 추측했다. 당시 이 비옥한 땅을 얻고자 했던 기업이나 대규모 목축업자가 많았을 것이다. 특히, 서구에는 발견되지 않은 광맥이 많았기 때문에 당시 사람들이 거기 광물자원이 다량 매장되어 있으리라 기대했을 것을 감안하면 이 두 지역은 더더욱 많은 이들이 탐을 내는 땅이었을 것이다. 따라서 최하층민 퇴역병사들에게 그 땅이 돌아가는 것을 두고볼 수 없었을 것이다.

압솔보 ABSOLVO

배심원이 피고인에게 무죄표를 줄 때 사용한 표현. 법정 용어이며 민회에서는 이 표현이 사용되지 않았다.('리베로' 참조)

완전 제정청구법 lex rogata plus quam perfecta

민회에서 의장을 맡은 정무관이 특정 행위 또는 기존 법을 무효화하고 이에 덧붙여 해당 행위를 했거나 해당 법을 이용한 자에게 책임을 묻고 처벌하기 위해 민회에서 바로 초안을 작성해 통과시키는 법.

왕정법 lex regia

로마의 왕이 통과시킨 법. 당연히 모든 공화정법보다 앞서 생긴 법이다. 로마인이 법을 폐지하는 일은 매우 드물었으므로 대부분의 왕정법은 공화정 말기에도 여전히 효력을 띠었다.

우선권 praerogativa

프라이로가티바. 먼저 투표할 권리.

원로원 Senatus

로마인들은 로물루스가 파트리키 100명으로 자문기구를 구성하고 그들에게 파트레스('아버지들')라는 칭호를 주어 원로원을 세웠다고 믿었다. 그러나 실은 로마 왕정 후기의 왕들이 설립한 자문기구였을 가능성이 크다. 왕정이 끝나고 공화정이 시작된 후에도 원로원은 파트리키 300명 규모로 존속되었다. 몇 년 지나지 않아 평민도 원로원 의원이 되었으나, 그들이 고위 정무관 직을 차지하기까지는 좀 더 많은 시간이 걸렸다. 라투스 클라부스, 즉 넓은 자주색 세로띠가 오른쪽 어깨에 있는 튜닉은 원로원 의원들만 입을 수 있는 복장이었다. 이 외에도 그들은 앞이 막힌 흑적색 가죽신을 신고(검정색과 흰색이 섞인 의원용 신발은 제정 시대의 것이다) 반지를 꼈다(원래 쇠반지였으나 뒤에 금반지로 바뀌었다). 상복으로는 좁은 세로띠가 있는 기사계급의 튜닉을 입었다. 자주색 단을 댄 토가는 고등 정무관을 지낸 의원들만 입었고, 일반 의원들은 민무늬 흰색 토가를 입었다.

원로원은 워낙 오래된 조직이었기 때문에 그 권리와 권력, 의무에 관한 법적 정의가 거의 존재하지 않았다. 원로원은 모스 마이오룸의 중요한 구성요소였다. 원로원 의원은 종신직이었는데(부적절한 처신이나 궁핍한 경제상황으로 감찰관에 의해 제명되는 경우는 예외였다) 이 때문에 원로원은 급속히 과두제로 향해 갈 수밖에 없었다. 원로원 의원들은 행정부에서 그들의 우위를 지키려고 항상 맹렬히 싸웠다. 공화정 중기부터 재무관에 선출되면 곧이어 원로원 의원이 되는 것이 규정이었지만, 재무관 직을 통하는 길 외에는 원로원에 들어갈 수 없도록 술라가 조치하기 전까지는 원로원 의원 지명에 관한 재량권이 감찰관에게 있었다. 아티니우스법에 따라 호민관은 당선과 동시에 원로원 의원이 되었다. 원로원 의원의 자격 요건으로(연 수입 100만 세스테르티우스 이상이 있어야 했다) 자산 조사가 행해졌지만 이는 전적으로 비공식적인 관례였다.

원로원 회의는 정식으로 개관한 장소에서만 열 수 있었다. 자체 회합장소인 원로원 의사당이 있었지만 다른 곳에서 모이는 경우도 많았다. 이 경우 신성경계선 바깥에서 모여야 한다거나 하는 등 합당한 이유가 있었으리라 추측된다. 새해 첫날의 의식과 회의 및 연회는 항상 유피테르 옵티무스 막시무스 신전에서 열렸고, 전쟁을 논의하는 모임은 신성경계선 밖에 있는 벨로나 신전에서 열렸다. 회의 시간은 일출부터 일몰 사이로 한정되었으며 민회에서 회의가 열리는 날에는 원로원 회의를 열 수 없었다. 단 민회일로 정해진 날이더라도 회의를 소집한 민회가 없는 경우 원로원 회의가 허용되었다.
원로원 회의에서 발언이 허락되는 의원들 사이에는 엄격한 위계질서가 존재했다. 본래 원로원 최고참 의원과 전직 집정관들의 발언권이 관직에 당선되었으나 취임 전인 이들의 발언권보다 우선했다. 하지만 술라의 개혁 이후에는 집정관 및 법무관 당선자들이 원로원 최고참 의원과 전직 집정관들보다 먼저 발언했다. 두 체제 모두 같은 직위일 경우 파트리키 의원이 평민 의원보다 항상 발언권에서 우선했다. 발언권이 모든 의원에게 주어지지는 않았다. 페다리(해당 항목 참조)는 투표권만 있고 발언은 할 수 없었다. 연설 시간이나 내용에는 제약이 없었기 때문에 의사진행 방해(해당 항목 참조) 전술이 흔히 사용되었다. 안건이 중요하지 않거나 만장일치인 경우 구두 또는 거수 표결로 처리할 수 있었다. 반면 공식 투표는 의원들이 자기 자리에서 나와서 가부 의견에 따라 고관석 단상 양쪽에 선 뒤 각각의 인원수를 세는 방식으로 진행되었다. 입법기관이 아닌 자문기관이었던 원로원은 결의를 통해 다양한 민회에 요구사항을 전달했다(다시 말해 입법권은 민회에 있었다. 그러나 2차 삼두연합 시기에 이르면 민회는 사실상 기능을 상실하고, 트리움비르들이 말로만 민회를 앞세우면서 직접 법률을 제정했다). 중대한 안건이 상정된 경우 정족수가 차야 투표를 실시할 수 있었다. 정족수가 정확히 몇 명이었는지는 알려져 있지 않지만 재적 의원의 4분의 1 정도가 아니었을까 한다. 원로원 의원이 정기적으로 회의에 참석해야 한다는 규정은 없었으므로 대다수 회의의 출석률이 대단히 높지 않았던 것은 분명하다. 전체 의원 수는 술라 통치기에 300명에서 600명으로 증가했고 카이사르에 의해 다시 1천 명으로 늘었다.
원로원은 입법권이 없음에도 불구하고 몇몇 분야에서 권력을 장악했다. 외교와 전쟁 문제는 원로원에서 다루어졌고, 속주 총독을 임명하고 속주 관련 문제를 감독하는 일도 원로원의 결정에 맡겨졌다. 국고위원회가 원로원 관할이었으므로 국고 또한 원로원이 감독했다. 민회에서 통과된 법안이라도 원로원에서 그 내용에 반대하는 경우 법 집행에 필요한 자금을 제공하지 않았다고 전해진다.

원로원 결의 consultum

원로원 결의는 법적 강제성이 없었다. 법률이 되려면 원로원에 의해 민회에 제출되어(해당 민회의 구성원들이 법률화를 원할 경우) 표결을 거쳐야 했다. 술라의 개혁에는 어떤 민회도 원로원 결의 없이는 법률을 제정하지 못하도록 하는 조치도 포함되어 있었다. 그러나 대부분의 원로원 결의는 민회에 제출되거나 표결을 거치지 않아도 모든 로마 시민에게 법으로 받아들여졌는데, 주로 속주 총독 지명이나 선전포고 및 전쟁 수행, 외교 문제와 관련된 것들이었다. 그 특정한 원로원 결의들에 술라는 기원전 81년 정식 법적 지위를 부여했다.

원로원 최종 결의 Senatus Consultum Ultimum

기원전 121년 가이우스 그라쿠스가 자신이 발의한 법안이 폐지되는 것을 막으려 폭력을 쓰면서 촉발된 위기 상황을 맞아, 원로원이 독재관 임명을 피하고자 고안한 대안책이었다. 원로원 최종 결의는 기본적으로 모든 입법 기구 및 정무관보다 우선했으며 계엄령 선포에 준했다. 다만 민간 운동에 대한 규제는 결의 공표 규정에 명시되어 있는 경우가 많았다. 이 명칭을 처음 사용한 원조는 키케로라고 주로 알려져 있다. 그는 본래 명칭인 '공화국 수호를 위한 원로원 결의'를 매번 말하기가 지겨워졌던 것 같다.

위임법 lex data

정무관이 공포하는 법으로 원로원 결의를 수반해야 했다. 정무관이 법안을 어느 민회에 제출하든 민회에서 이것을 변경하기는 쉽지 않았다.

율리우스 · 마르키우스법 lex Julia Marcia

기원전 64년의 두 집정관 루키우스 율리우스 카이사르와 가이우스 마르키우스 피굴루스가 통과시킨 법으로 로마의 전 사회계층에서 급증하던 협회, 조합, 클럽을 몇 개만 남기고 모조리 불법화했다. 주요 표적은 정치적으로 위험해질 잠재력이 눈에 띄었던 교차로단이었다. 기원전 58년에 호민관이 된 푸블리우스 클로디우스가 교차로단을 합법화하자 이 우려가 현실화되었다.

율리우스 시민권법 lex Julia de civitate Latinis et sociis danda

루키우스 율리우스 카이사르가 기원전 90년 집정관 임기 말에 통과시킨 법. 마르시 전쟁에서 로마의 반대편에 서지 않았던 모든 이탈리아인에게 로마 시민권을 주는 것을 골자로 했다. 또한 이 법으로 이탈리아의 모든 라티움 시민권 도시에 완전한 참정권이 부여되었을 것으로 추정된다.

의사진행 방해 filibuster

적어도 로마 원로원만큼이나 오래된, 오늘날에도 쓰이는 정치행위의 명칭. 과거와 현재를 불문하고 장황하게 이야기하여 어떤 제안을 막는 방식이었다. 방해자는 자신의 어린 시절부터 장례식 계획에 이르기까지 온갖 잡다한 것에 대해 이야기하고 또 이야기하여, 정치적 위험이 지나갈 때까지 다른 사람들의 발언을 막고 표결이 진행되지 못하도록 했다.

이소노미아 isonomia

원래 이 그리스어 단어는 '평등'을 의미했다. 그러나 기원전 6세기, 그리스인들이 민주정이라고 부른 정치 형태를 진화시킨 것으로 유명한 아테네의 정치가 클레이스테네스는 민주정 개념에 '이소노미아'라는 명칭을 부여했다.

인구조사 census

감찰관들은 5년마다 로마 시민 명부를 갱신했다. 이 명부에는 모든 남성 시민의 이름과 소속 트리부스, 경제 계급, 부동산 및 자산, 가족 사항을 기입했다. 원칙적으로 여성이나 어린이는 등록되지 않았지만, 자료를 보면 여성이 독자적으로 시민권을 받은 경우들도 기록되어 있다. 로마 시의 인구조사는 마르스 평원에 특별 설치한 시설에서 시행되었다. 로마 외의 이탈리아 지역에 사는 사람들은 가까운 시 등록소의 관리에게, 외국에 사는 사람들은 속주 총독에게 보고해야 했다. 그러나 기원전 97년 인구조사에서 루키우스 발레리우스 플라쿠스와 마르쿠스 안토니우스 오라토르는 로마 외의 이탈리아 지역에 사는 시민들의 등록 방식을 변경했다는 증거가 일부 존재한다.

인 수오 안노 in suo anno

직역하면 '그의 해에'. 법과 관습이 정한 연령에 고등정무관이 된 사람에게 쓰는 표현. 그 연령에 법무관이나 집정관이 되는 것은 대단한 명예였다. 최초로 입후보하자마자 그 관직에 선출되었음을 의미했기 때문이다. 다수의 집정관들과 적지 않은 수의 법무관들은 당선되기까지 여러 번 입후보해야 했으며, 여러 상황으로 인해 최저 입후보 가능 연령에 고등 정무관 선거에 출마하지 못하는 사람들도 있었다. 편법을 통해 정해진 연령보다 더 어린 나이에 해당 관직을 얻은 사람도 '인 수오 안노'의 명예는 얻지 못했다.

인 압센티아 in absentia

이 시리즈에서 사용한 문맥에서는 공직에 출마한 후보자가 원로원(그리고 필요 시 트리부스회)의 허락을 받아 본인이 로마에 부재한 상태에서 선거를 치르는 것을 의미한다. 이런 후보자는 기원전 70년의 폼페이우스와 크라수스처럼 임페리움 때문에 신성경계선을 넘지 못하고 마르스 평원에서 대기중일 수도 있고 재무관으로 선출되었을 때의 가이우스 멤미우스처럼 속주에서 군사 작전중일 수도 있었다.

임기 연장 prorogue

정무관의 임기를 정해진 기간 이상으로 늘리는 행위. 통치권이나 군사 지휘권을 행사할 수 있는 기간이 길어지는 것이지, 정무관의 이름으로 일하는 기간이 길어지는 것은 아니었다. 임기 연장은 집정관 권한대행과 법무관 권한대행에게 해당되는 말이지만 재무관에게 적용되기도 했다. 저자가 가이드북에 이 단어를 포함시킨 이유는 현대의 소형 영어사전이(심지어 중형 사전까지도) 'prorogue'라는 단어 설명에서 이 뜻을 소개하지 않은 사실을 알게 되었기 때문이다.

임페리움 imperium

고등 정무관이나 정무관 권한대행에게 주어진 권한의 정도이다. 임페리움이 있다는 것은 그 사람이 해당 관직의 권한을 보유했으며, 자신의 임페리움과 처신을 규정하는 법에 따라 행동하는 한 그 권한을 부정할 수 없다는 의미였다. 임페리움은 쿠리아법에 의해 주어졌으며 원칙적으로 1년간 지속되었다. 임기가 연장된 총독의 임페리움 연장은 원로원 그리고/또는 트리부스회의 비준을 받아야 했다. 임페리움을 보유한 사람은 파스케스를 든 릭토르단을 거느렸는데, 릭토르와 파스케스 수가 많을수록 더 높은 임페리움의 보유자였다.

임페리움 마이우스 imperium maius

아주 강력한 임페리움으로, 임페리움 마이우스 보유자는 그 해 집정관들보다 우월한 위치를 차지했다. 드물게 부여되었으나, 공화정 마지막 몇십 년 동안에는 원로원이 상당히 많은 인물들에게 부여했다.

입양 adrogatio

양친이 정식으로 양자를 받아들이는 법률 행위. 양자의 신분에 변화가 발생하는 경우에는(파트리키에서 평민 또는 평민에서 파트리키) 입양의식을 반드시 쿠리아회에서 치러야 했다. 이 의식에서는 로마의 서른 개 쿠리아를 대표하는 서른 명의 릭토르가 증인으로서 이 의식을 지켜보고 입양에 동의하는 쿠리아법을 통과시켰다.

제정청구법 lex rogata

민회에서 의장을 맡은 정무관과 민회 구성원들이 직접적으로 협력하여 공포하는 법. 다시 말해 사전에 준비를 마쳐서 완성된 초안을 민회에 제시하는 것이 아니라, 법의 초안을 해당 민회에 앞서 열리는 집회에서 같이 작성했다.

집회(콘티오) contio

공포된 법안이나 법정 재판 등 민회의 모든 업무를 토의하는 사전 회의. 세 가지 민회 모두 집회에서 사안을 논의해야 했으며, 각 민회를 소집할 권한이 있는 정무관이 공식 소집했다. 집회에서는 표결이 진행되지 않았다.

칙령 edictum

에딕툼. 선출된 정무관이 임기 동안 자신의 임무를 수행할 방식을 개괄한 규칙. 각 정무관이 임기 초에 발행했으며, 임기 내내 준수하기로 되어 있었다. 강제로 지켜야 하는 법으로 만드는 일은 드물었다.

카이킬리우스 · 디디우스법 leges Caecilia Didia

이 시리즈에서는 첫번째 카이킬리우스 · 디디우스법이 두번째보다 훨씬 중요하게 다뤄지기 때문에 첫번째 법에 '프리마'라는 호칭을 붙였다. 프리마법은 어느 민회에서건 신규 법안이 집회에서 처음 공표된 날로부터 세번째 장날이 지나야만 해당 법안을 표결에 부칠 수 있다고 규정했다. 이러한 대기 기간이 24일이었는지 17일이었는지 논란이 있지만 이 시리즈에서는 17일로 정했다. 두번째 카이킬리우스 · 디디우스법은 상호 무관한 여러 사안을 단일 법안에 포함시키는 것을 금했다. 두 법 모두 기원전 98년 집정관들이 통과시켰다.

칼푸르니우스 시민법 lex Calpurnia de civitate sociorum

피소 프루기가 기원전 89년에 통과시킨 법. 처음에는 율리우스 시민권법에 의거해 새로 시민권자가 된 사람들은 모두 2개 신설 트리부스에 소속된다고 규정했다. 하지만 이 법이 거센 반발을 불러일으키자, 피소 프루기는 신규 시민권자들을 신설된 2개 트리부스뿐 아니라 8개 기존 트리부스에도 소속시키는 것으로 법을 개정했다.

코르넬리우스법 leges Corneliae

술라가 기원전 88년 집정관 임기중에 통과시킨 법들. 법이 통과된 시기에 따라 크게 셋으로 나눌 수 있다. 일단 집정기 초반, 술라는 불안정한 로마의 재정 실태를 바로잡기 위해 두 개의 법을 통과시켰다. 첫번째 법은 채무자가 이자를 부담할 때 채무 계약시 쌍방이 합의한 이율로 오직 원금에 대해서만 단리 계산하여 부담하도록 규정했다. 두번째 법은 공탁금(해당 항목 참조)을 마련하지 못해 법무관에게 사건 심사를 받지 못하는 경우를 방지하고자 채무 관련 소송에 한해 공탁금 예치 의무를 면제하는 것을 골자로 했다.

다음으로, 아시아 속주에서 미트리다테스의 대량 학살 사태가 있은 후 술피키우스가 새 법을 내놓기 앞서 술라가 발표한 토지법이 있다. 반란을 일으킨 폼페이, 파이술라이, 하드리아, 텔레시아, 보비아눔, 그루멘툼에서 압수한 땅을 술라의 퇴역병사들에게 나누어주는 것을 골자로 했다. 마지막으로는 술라가 로마에 진군한 뒤 발표한 법들이다.

그중 첫번째 법은 술라가 발표하는 법에 한해 카이킬리우스 · 디디우스 프리마법에 명시된 대기 기간 준수 의무를 면제한다는 내용을 담고 있었다.

두번째 법은 원로원 의원을 300명 증원하는 내용으로, 신규 의원 지명은 감찰관 심사를 거쳐 통상적인 방식으로 이루어진다고 규정했다.

세번째 법은 기원전 287년에 제정된 호르텐시우스법을 폐지시켰다. 이 법에 따라 원로원 결의 없이는 트리부스회나 평민회에서 그 무엇도 다룰 수 없게 되었다. 또한 원로원 결의의 내용을 개정할 권리도 없었다.

네번째 법은 백인조회를 세르비우스 툴리우스 왕 시절의 모습으로 되돌려놓았다. 이 법에 따라 1계급 유권자들에게 거의 50퍼센트에 달하는 투표권이 주어졌다.

다섯번째 법은 트리부스회나 평민회에서 법안 관련 토론이나 표결 행위를 금지했다. 이후부터 모든 법안은 오직 백인조회에서만 토론 · 표결할 수 있었다.

여섯번째 법은 종교 휴일로 법적 선포되었던 기간 동안 폭력을 동원해 통과된 술피키우스법은 전부 폐지한다는 내용을 담고 있었다.

일곱번째 법은 대반역죄 혐의를 받는 스무 명을 백인조회에 기소해 유죄판결을 받도록 했다. 가이우스 마리우스, 마리우스 2세, 술피키우스, 수도 담당 법무관 브루투스, 케테구스, 그라니우스 형제, 알비노바누스, 라이토리우스,

그 외 열한 명이 명단에 올랐다(여기서는 다루고 있지 않지만, 술라는 훗날 독재관에 오른 뒤 법 개혁을 한 차례 더 단행했다—옮긴이).

코에르키티오 coercitio

고등 정무관이 징벌적 수단으로 자신의 명령에 대한 복종을 요구할 수 있는 권리. 시민이 평민이고 자신을 구제해 달라고 열 개의 평민 트리부스 모두에 호소하지 않는 한, 시민은 코에르키티오를 행사하는 정무관에게 불복할 수 없다. 관습적인 징벌 수단은 벌금이나 재산몰수였으며, 태형은 극히 드물었다.

콘뎀노 CONDEMNO

배심원이 피고인에게 유죄표를 줄 때 사용한 표현.

쿠리아법 lex curiata

고등 정무관 또는 권한대행 정무관에게 임페리움을 부여하는 법. 로마의 최초 트리부스 서른 개를 대표하는 릭토르 서른 명의 표결을 거쳐야 했다. 평민이 파트리키를 입양할 때도 이 법이 필요했다.

클로디우스법 leges Clodiae

여러 개가 있지만 이 시리즈의 6부 『시월의 말』에 등장하는 클로디우스법은 기원전 58년에 푸블리우스 클로디우스가 집정관과 여타 정무관 및 민회의 종교적 활동을 규제할 목적으로 제정한 법이다.

투표 voting

로마의 투표는 재산 상황에 크게 좌우되었고 '1인 1표'가 아니었다는 점에서 금권 정치적이었다. 개인이 백인조별 투표를 하건 트리부스별 투표를 하건, 그는 소속 백인조나 트리부스의 결정에만 영향을 끼칠 수 있었다. 전체 선거 결과는 특정 방향으로 가는 백인조나 트리부스의 표수에 의해 결정되었다. 따라서 1계급 백인조의 표수는 1계급에 속한 백인조 수인 91개뿐이었고, 트리부스회와 평민회의 표수는 트리부스 수인 35개가 전부였다. 재판에서의 투표는 달랐다. 배심원단에 속한 개인은 결과에 대해 직접적 결정권을 지녔다. 배심원단이 홀수였고 만장일치가 아닌 다수결로 판결을 내렸기 때문이다. 무슨 이유에서건 배심원단이 짝수이고 찬반 동수가 나온 경우 무죄판결을 내려야 했다. 그러나 재산이 없는 사람은 배심원으로 선출될 가능성이 희박했다는 점에서 이 역시 금권 정치적이었다.

트레보니우스 집정관 속주법 lex Trebonia de provinciis consularibus

기원전 55년에 호민관 트레보니우스가 통과시킨 법. 이 법으로 폼페이우스와 크라수스는 시리아 속주 및 양 히스파니아 속주의 5년짜리 관할권을 얻었다.

파벌 faction

학자들이 공화정 로마의 정치가 추종자 집단을 지칭하는 용어. 이 집단은 어느 모로 보나 현대적 의미의 정당과는 거리가 멀다. 막대한 권위(해당 항목 참조)와 존엄(해당 항목 참조)을 지닌 개인을 중심으로 형성되던 파벌은 추종자들을 양산하고 유지하는 개인의 능력에 대한 증거일 뿐이었다. 정치 이념이나 정책 노선 같은 것은 존재하지 않았고 구성원은 매우 탄력적으로 끊임없이 변했다.

파스케스 fasces

자작나무 가지들을 의식에 따라 붉은 가죽끈을 X자로 엇갈리게 하여 묶은 것. 원래 에트루리아 왕들의 상징이었으나 신생 로마의 관습으로 전해졌고 공화정 시대부터 제정 시대까지 로마의 공적 생활에 쭉 존재했다. 릭토르(해당 항목 참조)들은 파스케스를 들고 고위 정무관(혹은 집정관 및 법무관 권한대행) 앞에서 걸으며 해당 정무관에게 임페리움이 있음을 알렸다. 신성경계선 안에서는 나뭇가지들만 묶은 파스케스를 들어 고위 정무관이 태형을 가할 권한만 갖고 있음을 알렸으며, 신성경계선 밖에서는 나뭇가지들 속에 도끼를 넣어 고위 정무관에게 사형을 내릴 권한까지 있음을 알렸다. 신성경계선 안에서 파스케스에 도끼를 넣을 수 있는 사람은 독재관뿐이었다. 파스케스 수는 임페리움의 정도를 의미했다. 독재관은 24개, 집정관과 집정관 권한대행은 12개, 법무관과 법무관 권한대행은 6개, 조영관은 2개를 보유했다. 술라는 파스케스 스물네 개를 든 릭토르 스물네 명을 앞세우고 다닌 최초의 독재관이었다. 술라 이전의 독재관은 집정관과 마찬가지로 열두 개의 파스케스를 보유했다. 무솔리니는 자기 당을 위해 이 용어를 되살렸는데, 그 결과 탄생한 것이 현대의 '파시스트(Facist)'다.

페다리 pedarii

평의원. 원로원 뒷자리에 앉아 있던 발언권이 없는 의원들('원로원' 참조).

평민 구제권 ius auxilii ferendi

호민관 직의 본디 목적은 원로원과 정무관 직을 모두 차지하고 있던 파트리키 귀족의 차별적 행위로부터 평민을 보호하는 것이었다. 평민 구제권은 정무관의 손아귀에서 구해달라고 호민관들에게 요구할 수 있는 모든 평민의 권리였다.

평민회 결의(플레비스키툼) plebiscitum

평민회에서 만든 법은 엄밀한 의미에서의 법, 즉 렉스(lex)가 아니라 플레비스키툼이라고 불렸다. 로마 공화정 초창기부터 법적인 구속력을 지니고 있었지만, 공식적으로 인정받기 시작한 계기는 기원전 287년에 제정된 호르텐시우스법이었다. 이 법이 도입된 후 플레비스키툼과 렉스의 차이는 사실상 사라졌다. 이 시리즈에서 다루는 시대에는 법을 동판이나 석판에 새겨 후대에 알리는 관리들이 렉스와 플레비스키툼을 굳이 구별하지 않았다.

폼페이우스·리키니우스 카이사르 속주법 lex Pompeia Licinia de provincia Caesaris

기원전 55년에 폼페이우스와 크라수스가 두번째로 함께 집정관을 지내며 통과시킨 법. 이 법으로 카이사르는 속주 관할권을 5년 연장 받았으며 차후에 이 속주들을 누가 이어받을지 원로원에서 논의하는 것 자체가 기원전 50년 3월까지 일체 금지되었다.

폼페이우스법 lex Pompeia

기원전 89년 집정관 폼페이우스 스트라보가 통과시킨 법. 이탈리아 갈리아에서 파두스 강 이남의 모든 라티움 시민권자에게 로마 시민권을 부여하고, 파두스 강 이북의 아퀼레이아, 파타비움, 메디올라눔에 거주하는 모든 켈트 부족에 라티움 시민권을 부여하는 내용을 골자로 했다.

폼페이우스 정무관직 절차법 lex Pompeia de iure magistratuum

기원전 52년에 폼페이우스가 단독 집정관을 지내는 동안 통과시킨 불명예스러운 법. 고등 정무관이 되고자 하는 자는 반드시 로마의 신성경계선 내에서 직접 후보 등록해야 한다는 것이 그 골자였다. 카이사르 당파가 10인 호민관법에 의거해 카이사르가 두번째로 부재중 후보로 집정관 선거에 출마할 수 있다는 사실을 상기시키자 폼페이우스는 '아차!'라고 외치며 법에 추가항목을 덧붙여 카이사르가 법 적용에서 제외되도록 했다. 하지만 이 추가항목은 동판에 새겨지지 않았으므로 법적 효력을 띠지 않았다.

폼페이우스 폭력법 lex Pompeia de vi

기원전 52년에 폼페이우스가 단독 집정관을 지내는 동안 플라우티우스 폭력법을 강화할 목적으로 통과시킨 법.

플라우티우스 재판법 lex Plautia iudiciaria

평민회에서 기원전 89년에 통과시킨 법. 이탈리아인에게 참정권을 부여하는데 찬성한 사람들을 기소했던 이른바 바리우스 특별위원회의 틀을 완전히 뒤집어, 오히려 이탈리아인에 대한 참정권 허용에 반대한 사람들을 기소하는 내용이다. 더구나 이 법은 특별위원회를 기사계급에게서 빼앗아 35개 트리부스에 포함된 모든 계급의 시민들에게 돌려주었다.

플라우티우스 · 파피리우스법 lex Plautia Papiria

기원전 89년에 통과된 법. 마르시 전쟁에 직접적으로 가담하지 않은 모든 이탈리아 동맹시에 로마 시민권을 부여하는 율리우스 시민권법을 보완하였다.

로마에 대항해 싸우지 않은 이탈리아 반도 내 거주민 중에 원래 소속된 지방 도시에 살지 않는 이탈리아인은 이 법이 통과된 후 60일 이내로 로마에 찾아가 법무관에게 신청하면 로마 시민권을 받을 수 있었다.

플라우티우스 폭력법 lex Plautia de vi
기원전 70년대에 플라우티우스가 공공 회합에서의 폭력 사태와 관련해 제정한 법.

관직(행정관)

감찰관 censor
로마 정무관 중 최고위직이지만 임페리움이 없었으므로 릭토르단의 호위를 받지 않았다. 막대한 권위(아욱토리타스)와 존엄(디그니타스)을 갖춘 전직 집정관들만 입후보할 수 있었다. 감찰관으로 선출된다는 것은 로마 최고의 권력자들 중 하나이며 정치 경력을 완벽하게 인정받는다는 의미였다. 백인 조회를 통해 두 명이 동시에 선출되었고, 루스트룸(lustrum)이라고 불린 임기는 5년이었지만 활동은 대부분 당선 후 18개월 동안만 했다. 그들의 임기는 특별한 희생제의인 수오베타우릴리아(해당 항목 참조)와 함께 시작되었다. 원로원과 기사계급의 자격을 감독하고 관리했으며 로마를 비롯하여 이탈리아 및 속주 전역의 로마 시민들에 대한 총인구조사를 수행했다. 시민의 소속 계급(해당 항목 참조)은 물론 트리부스(해당 항목 참조)까지 변경시킬 권한이 있었다. 자산 조사와 세금 징수부터 각종 공공사업에 이르는 국가 발주 계약도 감찰관의 소관이었다. 기원전 81년 술라는 일시적인 조치로 감찰관 직을 폐지했지만 집정관 폼페이우스와 크라수스가 기원전 70년에 복원시켰다. 감찰관은 무늬 없는 자주색 토가인 토가 푸르푸레아를 입었다.

곡물 담당관 curator annonae
속주들에서 로마로 공급되는 곡물 양을 규제하던 사람.

공무원 public servants

원로원과 민회는 전통적으로 공무원을 혐오했고, 공무의 상당 부분이 민간 업체나 개인을 통해 집행되었다. 이러한 민영화는 공화정 내내 진행되었으며 주로 감찰관, 법무관, 조영관, 재무관이 각 용역에 대해 가격 합의를 마친 뒤 계약을 체결했다. 그럼에도 불구하고 로마에는 서기, 필경사, 비서, 회계원, 일반 잡역부, 종교 관련 수행원, 공공 노예, 선거 관리관, 민회 관리관, 릭토르는 물론 군단병에 이르기까지의 수많은 공무원이 존재했다. 기병의 경우 용병 개념으로 고용했을 것이다. 보수나 근무조건은 썩 훌륭하지 않았지만, 공공 노예를 제외한 모든 공무원은 로마 시민이었다. 사무직 공무원의 상당 부분은 그리스 출신 해방노예였던 것으로 보인다.

관리(트리부누스) tribunus

로마 정치체계에서 특정 부분의 이익을 대변하던 관리. 원래 트리부스를 대표하는 이들을 가리키는 말이었지만, 공화정이 본격적으로 시작되면서 트리부스와 직접 관련되지 않은 다양한 기관을 대표하는 관리를 의미하게 되었다.

노마르케스 nomarch

고대 이집트의 행정구역 노모스를 관리하던 행정관.

독재관 dictator

정부에 닥친 특별한 위기에 대처하기 위해 원로원의 지시를 받아 집정관이 임명하는 로마의 비선출 정무관. 그 특별한 위기란 원래는 로마 본토가 침략당할 위기를 수반하는 전쟁이었다. 따라서 독재관의 임무는 군사적인 성격을 띠는 것이어서, 다른 직함은 마기스테르 포풀리(기병대장)였고 첫 임무로서 부관인 마기스테르 에퀴툼(기병대장)을 임명해야 했다. 공화정 초기에서 보듯, 독재관이 하는 일은 전쟁을 수행하고 최소 한 명의 집정관을 남겨 민간 정부의 업무를 보게 하는 것이었다. 독재관 임기는 6개월에 불과했는데, 즉 군사작전 기간 동안이었다. 임명은 임페리움에 관한 쿠리아법(해당 항목 참조)에 따랐다. 독재관은 신성경계선(해당 항목 참조) 안에서도 파스케스에 도끼를 끼운 스물네 명의 릭토르들을 앞세우고 걸었다.

독재관은 모든 정무관들 중 유일하게 임기 동안의 행위에 면책을 받았고 임기가 끝난 후 임기중의 행위로 재판에 회부될 수 없었다. 그러나 로마의 초기 적들이 정복되면서 시간이 흐를수록 독재관의 필요성이 줄어들었다. 여기에 독재관 직에 대한 원로원의 불신이 더해져, 개인에게 절대 권력을 맡기지 않고 원로원 최종 결의(해당 항목 참조)를 사용해 국가 위기에 대처하려는 시도들이 이어졌다.

기원전 81년 로마로 진군한 뒤 독재관으로 임명된 술라는 법에는 실재했으나 전통은 아니었던 여러 권한을 자기 것으로 만들었다. 면책 특권이 있는 그는 독재관 직을 이용해 여러 법을 제정하고 새로운 제도의 틀을 잡았으며, 빈 국고를 채우고 자신의 적들을 처형해서 없앴다. 6개월이 지나도 그가 물러나지 않자 많은 로마인들은 술라가 평생 독재관을 지낼 거라고 추측했지만 기원전 79년 술라는 모든 공직에서 물러났다. 카이사르는 (역시 로마 진군 후) 독재관이 되었을 때 술라의 전례를 기반으로 삼을 수 있음을 알았고, 술라보다 더 강력한 독재관의 여러 권한을 행사했다.

두움비리 duumviri

직역하면 '두 사람'. 일반적으로 지방 자치도시(해당 항목 참조)의 재판관으로 파견되거나 고등 정무관으로 선출된, 공적 지위가 동등한 두 사람을 가리켰다.

릭토르 lictor

고등 정무관이 공식 업무를 보러 다닐 때 격식을 갖추어 수행하던 사람들. 파스케스(해당 항목 참조)를 왼쪽 어깨에 얹고 다녔다. 고관 앞에서 일렬 또는 이열 종대로 걸으며 길을 트거나, 고관이 물리적인 제지나 매질을 필요로 할 때 동원되기도 했다. 원로원과 인민을 위해 고용된, 로마에서 드물게 진정한 의미의 공무원 직책 중 하나였다. 반드시 로마 시민이어야 했고 국가 공무원이었지만, 사회적 지위는 그리 높지 않았던 것 같고 임금이 낮아서 정무관이 주는 웃돈에 의지해야 했던 것으로 보인다. 왼쪽 어깨에 파스케스(해당 항목 참조)라고 부르는 나뭇가지 다발을 얹고 다녔다. 로마 시내에서는 민무늬 흰색 토가를 입고 장례식에서는 검은색 토가를 입었으며, 로마 밖에서는 진홍색 튜닉에 황동으로 장식된 넓은 검은색 허리띠를 착용했고 파스케스 안에 도끼머리를 꽂았다. 릭토르단(團)의 전체 구성원 수는 분명하지 않지만, 임페리움을 가진 모든 정무관들을 호위했던 것을 감안할 때 최소 300명으로 예상된다. 각 십인조마다 조장이 있었고 십인조 전체는 릭토르단 회장이 감독했다. 릭토르단 본부의 위치는 알려져 있지 않다. 저자는 본부 위치를 포룸 로마눔 동쪽, 즉 오르비우스 언덕길 모퉁이의 대형 여관에 가까운 라레스 프라이스티테스 신전 뒤편으로 설정했지만 이에 대한 사실적 근거는 없다.

법무관 praetor

로마 정무관 중 두번째로 높은 직급(감찰관 직은 특별한 경우이므로 생략). 공화정 초기에는 가장 지위가 높은 정무관 두 명을 가리켰지만, 기원전 4세기 말경 가장 높은 정무관을 지칭하는 '집정관'이라는 말이 생겼다. 이후 수십 년 동안 법무관은 매년 한 명씩 선출되었다. 이 법무관은 두 집정관이 로마 밖에서 벌어지는 전쟁을 지휘하는 동안 로마 내에서 발생하는 사건에만 관여했기 때문에 수도 담당 법무관에 가까웠다. 기원전 242년부터는 두번째 법무관, 즉 외인 담당 법무관을 뽑아 로마보다는 외국인 및 이탈리아와 관계된 업무를 맡겼다. 이후 로마가 통치해야 할 속주가 늘어나면서 법무관 임기를 마친 후 권한대행으로서가 아니라 임기중에 속주로 파견되는 법무관 직이 추가로 생겨났다. 공화정의 마지막 100년은 대체로 법무관을 한 해에 여섯 명 뽑았지만 필요에 따라 여덟 명 뽑는 해도 있었다. 술라는 독재관을 지내면서 법무관을 여덟 명으로 증원했고 그 역할을 법정 관련 업무로 제한했다. 그후로 법무관은 재판관의 역할을 했다. 백인조회에서 일 년 임기로 선출되었고 릭토르 여섯 명을 배정받았으며 1월 1일에 취임했다.

법무관 권한대행 propraetor

법무관은 아니지만 법무관의 임페리움을 가지고 국가를 위해 일하는 직위. 법무관 권한대행의 임페리움은 전현직 법무관에게 주어지며, 이것을 지닌 사람은 속주를 통치하고 필요에 따라 전쟁까지 수행할 수 있었다. 하지만 법무관 권한대행의 임페리움은 집정관 권한대행의 경우처럼 로마의 신성경계선을 넘는 순간 자동 소멸되었다. 집정관 권한대행보다 힘이 약했으며 일반적으로 평화로운 지역에만 파견되었다. 그렇기 때문에 불가피한 상황에만 전쟁을 치를 수 있었고, 먼저 전쟁을 시작할 수는 없었다.

베르고브레투스 vergobret

갈리아인들의 정무관. 각 부족은 지도자 역할을 맡을 베르고브레투스 두 명을 일 년 임기로 선출했다. 이 공직 제도는 벨가이계 부족보다 켈트계 부족 사회에서 적극적으로 채택되었다. 다만 트레베리족은 벨가이계임에도 베르고브레투스를 선출했다.

보결 집정관 consul suffectus

집정관이 재임중 사망하거나 직무를 수행하지 못하게 된 경우 원로원이 임명했다. 보결 집정관은 선거로 뽑지 않았다. 원로원은 다음 집정관 선거가 얼마 남지 않았는데도 보결 집정관을 임명하기도 했고, 어떤 때는 선거까지 한참 남았는데 임명하지 않기도 했다. 이러한 차이는 특정 시기의 원로원 내부 분위기를 반영한다. 또한 원로원에서는 보결 집정관을 임명할 때 남아 있는 현직 집정관이 참석해야 했던 것으로 보인다. 기원전 90년 집정관 카토가 죽었을 때 남은 집정관이었던 루키우스 율리우스 카이사르가 보결 집정관 선정을 위해 로마로 오지 않겠다고 하자 원로원이 난감해하던 일화에서 이를 미루어 짐작할 수 있을 것이다. 보결 집정관은 로마의 집정관 명단에 이름이 새겨졌으며, 임기 후 전직 집정관이라 자칭할 자격이 있었다.

사분왕(테트라르케스) tetrarch

영토의 4분의 1에 해당하는 구역을 다스리는 통치자. 톨리스토보기족, 트로

크미족, 볼카이 텍토사게스족 등 갈라티아의 세 부족은 각각 네 지역으로 나뉘었는데 개별 지역마다 테트라르케스가 통치했다.

섭정관 interrex

'왕과 왕 사이'라는 뜻. 로마 왕정 시대에 파트리키로 구성된 원로원은 왕의 사후 새 왕이 즉위하기 전에 왕을 대리할 원로원 의원을 한 명 지명했다. 이 관습은 공화정 시대까지 남아 사망 등의 재난으로 집정관 자리가 비었는데 선거가 아직 열리지 않을 경우에 적용되었다. 원로원 의원들은 왕정 시대부터 늘 파트리키 의원이 대표를 맡는 십인조로 나뉘었고, 공화정 시대에 집정관의 섭정관은 반드시 이 십인조 대표들 중에서 선출되었다. 섭정관은 닷새 동안만 그 자리에 있었고 다른 십인조 대표의 뒤를 이었다. 이런 식으로 집정관 선거가 실시되어 정식 집정관이 취임할 때까지 섭정관은 계속 교체되었다. 섭정관은 완전한 집정관급 임페리움과 릭토르 12명을 얻었으며 집정관의 모든 업무를 수행할 수 있었다. 일련의 섭정관 중 최초로 선출된 사람은 집정관 선거를 실시할 수 없었다.

수도 담당관 praefectus urbi

라티움 축제일에 수도 담당 법무관의 재판소에 인원을 배치하기 위해 집정관들이 임명한 직위. 사실상 집정관과 법무관 들이 없는 동안 로마를 돌보는 역할을 맡았다. 수도 담당관으로 선택되는 것은 커다란 영예였다.

수도 담당 법무관 praetor urbanus

공화정 말기 수도 담당 법무관의 역할은 거의 전적으로 소송과 관련이 있었다. 술라는 형사소송을 제외한 민사소송만을 맡을 수 있게 함으로써 그 역할을 더욱 제한했다. 수도 담당 법무관의 임페리움은 로마에서 다섯번째 마일 표석을 벗어나지 않았으며, 그는 한 번에 열흘 이상 로마를 비울 수 없었다. 집정관 두 명 모두 로마에 없을 때에는 로마 최고의 정무관으로서 원로원을 소집했고, 도시가 위험에 빠졌을 경우 방어선을 구축했다. 특정 소송을 법정으로 보낼 것인지 여부를 결정하는 역할도 했다. 또한 소송 대부분을 법정까지 보내지 않고 즉석에서 판결을 내릴 권한이 있었다.

외인 담당 법무관 praetor peregrinus

비로마 시민이 한 명 이상 포함된 사건만을 담당했다. 이 시리즈에서 다루는 시대에는 법적 분쟁 해결로 역할이 국한되었다. 이탈리아 전역을 돌아다녔으며 이따금씩 로마 내에서 비시민권자가 포함된 소송을 책임지기도 했다.

원로원 의원 patres conscripti

로마 왕들이(전통적으로는 누마 폼필리우스가) 확립시킨 원로원은 '파트레스(patres, 아버지들)' 칭호를 얻은 파트리키 100명으로 이루어졌다. 공화정 초기에 평민도 원로원에 들어가게 되자 구성원 수는 300명으로 늘어났으며, 감찰관들에게는 새로운 원로원 의원들을 지명하는 임무가 주어졌다. 이 의원들은 '선택권 없이 선택된'이라는 뜻의 콘스크립티(conscripti)로 불렸다. 시간이 흐르면서 파트리키 의원과 평민 의원을 구별하는 대신 모든 원로원 의원들을 '파트레스 콘스크립티'로 부르게 되었다.

원로원 최고참 의원 Princeps Senatus

원로원의 지도자. 감찰관들은 모스 마이오룸의 원칙에 의거해 원로원 최고참 의원을 선정했다. 파트리키 출신이자 그가 속한 십인조의 대표여야 했고 존엄과 권위를 갖춘 청렴결백하고 도덕적인 인물이어야 했다. 그는 두 집정관이 모두 부재할 때 누구보다도 우선적으로 섭정관을 맡았다. 종신직은 아니었고, 감찰관들이 새로 취임할 때마다 직무평가를 받았다. 감찰관들은 무능한 최고참 의원을 해임하고 다른 사람을 그 자리에 앉힐 수 있었다. 술라는 최고참 의원의 기존 권위를 상당 부분 박탈했지만, 그럼에도 불구하고 이는 명망 높은 직위였다.

유덱스 iudex

재판관.

재무관 quaestor

'관직의 사다리'에서 가장 낮은 단계. 선출직이었다. 마리우스 시대에는 재무관으로 뽑힌다고 해서 자동으로 원로원 의원이 되지는 않았지만, 감찰관들이 재무관을 원로원 의원으로 받아들이는 것이 관례였다. 독재관 술라가 원로원 의원이 되려면 반드시 재무관 직을 거쳐야 한다는 법을 만들기 전까지는 재무관을 지내지 않은 사람도 원로원 의원이 될 수 있었다. 술라는 재무관의 정원을 12명에서 20명으로 증원했고, 30세 전에는 재무관 후보로 출마할 수 없다고 명시했다. 이는 원로원 의원이 되기에 적당한 나이이기도 했다.

주요 임무는 재정 업무였다. 추첨을 통해 로마 내에서 국고를 관리하거나 이탈리아에서 관세, 항구세, 임대료를 수금하거나 속주 총독의 재산을 관리하는 업무 등을 맡았다. 속주 총독으로 파견되는 사람은 자신이 데려갈 재무관을 지명할 수 있었다. 일반적으로 임기는 1년이었으나, 지명받은 경우 모시는 총독의 임기가 끝날 때까지 속주에 남아 임무를 수행했다. 취임일은 12월의 다섯째 날이었다.

재무관 권한대행 proquaestor

현재 재무관은 아니지만 재무관 자격으로 국가를 위해 일하는 직위. 이 관직에는 임페리움이 주어지지 않았지만, 재무관으로 선출된 사람은 자신의 담당 속주에서 일 년 넘게 머무르게 된 총독이 개인적으로 요청할 경우 상관인 총독이 임기를 마치고 돌아갈 때까지 재무관 권한대행으로 그 속주에 남는 것이 보통이었다.

전직 집정관 consular

집정관을 지냈던 사람에게 주어지는 직함. 평범한 원로원 의원들로부터 특별히 존경받았으며, 술라가 독재관이 되기 전까지는 원로원 의사당에서 법무관이나 신임 집정관보다 늘 먼저 발언 요청을 받았다. 술라는 이 관행을 바꿔 현직과 신임 선출직 정무관들을 우대했다. 원로원이 요청할 경우 언제든 속주 총독으로 파견될 수 있었으며, 곡물 공급량 관리 등의 임무를 맡아달라고 요청받기도 했다.

정무관 magistrates

투표로 선출되어 행정부를 구성하는 로마 원로원과 인민의 대표자들. 독재관 술라의 시대부터는 군무관을 제외한 모든 정무관이 자동으로 원로원 의원 자격을 얻었다. 223쪽의 그림을 통해 각 정무관의 특성, 서열, 선출 및 임명 주체, 임페리움 소유 여부 등을 확인할 수 있다. 재무관에서 법무관을 거쳐 집정관으로 이어지는 직선은 '관직의 사다리'를 나타낸다. 감찰관, 두 가지 조영관(평민 조영관, 고등 조영관), 호민관은 관직의 사다리에 직접적 으로 속하지 않고 보조 역할을 하는 직책이었다. 감찰관을 제외한 모든 정무관의 임기는 1년이었다. 독재관은 특별한 경우에 해당한다. 민간 또는 군사적 국가 위기상황을 타개하기 위해 선거가 아닌 원로원 지명을 통해 자리에 올랐다. 자신을 호위할 기병대장을 임명했고 독재관으로서 취한 조치에 관련해 법적 책임을 일체 면제받았다.

정무관 권한대행 promagistrate

현재 정무관은 아니지만 정무관의 자격으로 국가를 위해 일하는 직위. 관직의 사다리에 공식적으로 포함되는 세 개의 정무관 직—재무관, 법무관, 집정관—에만 해당되는 내용이었다. 접두사 'pro'는 정무관의 직무를 수행하는 사람이 실제로 그 직위에 있는 정무관이 아님을 시사한다. 일반적으로 정무관 권한대행은 이미 정무관으로서 임기를 보내고 나서 그해 집정관이나 법무관, 재무관 대신 파견되어 특정 임무(주로 속주 관련)를 수행했다. 임기는 원칙적으로 일 년으로 제한되었다. 집정관 권한대행이나 법무관 권한대행인 경우 속주를 맡아 통치하는 경우가 많았지만 전장에서 어느 장군의 선임 보좌관으로 복무하는 경우도 있었다. 현직 정무관들과 같은 수준의 임페리움을 보유했으며 신성경계선을 넘어 로마로 들어가는 순간 임페리움을 상실했다.

조영관 aedile

평민 조영관 2인과 고등 조영관 2인의 총 4인이었으며 업무 영역은 로마 시내로 한정되었다. 이 직책이 신설된 애초 목적은 기본적으로 호민관 지원, 좀더 구체적으로는 포룸 보아리움에 자리한 평민 본부 케레스 신전에 대한 평민의 권리를 보호하는 데 있었다. 기원전 494년에 먼저 생겨난 평민 조영관은 평민회에서 선출했는데, 로마 시내의 건물을 총괄 관리하고 평민회에서 통과된 법안(평민회 결의) 및 그 법안의 처리를 명하는 원로원 결의를 공문서로 보존하는 업무를 맡았다. 한편 기원전 367년에 트리부스회에서 선출하는 고등 조영관이 신설되어 공공건물 관리 및 공문서 보존 권한을 파트리키 귀족도 나누어 갖게 되었지만, 얼마 지나지 않아 제도가 바뀌어 파트리키가 아닌 평민도 고등 조영관 직을 맡을 수 있게 되었다. 기원전 3세기부터는 조영관 4인이 역할 구분 없이 로마 시가지, 상하수도, 교통, 공공건물, 기념물이나 편의시설, 시장, 도량형(표준 도량형기가 카스토르·폴룩스 신전 지하에 보관되어 있었다), 경기대회, 공공 곡물 공급을 관리했다. 조영관은 관련 규정을 위반한 자에게 시민권자이든 비시민권자이든 상관없이 벌금을 부과할 권한이 있었고, 그 돈은 금고에 보관해두었다가 경기대회 자금으로 썼다. 조영관 직은 '관직의 사다리'에 포함되지는 않았지만, 경기대회 자금을 관리한다는 점에서 법무관 선거 출마를 앞둔 이들에게 유용한 정무직으로 꼽혔다. 평민 조영관은 평민회에서 선출된다는 점에 근거해 나는 이들이 임페리움을 보유하지 않았으며 고관석에 앉거나 릭토르를 거느릴 자격 또한 부여받지 않았다고 보았다.

집정관 consul

임페리움을 지닌 로마의 최고위 행정관. 관직의 사다리 최정상으로 여겨졌다. 매년 백인조회에서 임기 1년인 집정관 두 명을 선출했다. 둘 중 먼저 백인조들의 표를 필요 수만큼 얻은 수석 집정관은 1월에, 차석 집정관은 2월에 하는 식으로 교대로 파스케스(해당 항목 참조)를 보유했다. 집정관 취임일은 새해 첫날인 1월 1일이었다. 두 집정관 모두 릭토르 열두 명의 호위를 받았지만, 각 달에 파스케스를 보유한 집정관의 릭토르들만 파스케스를 어깨에 지고 집정관이 가는 곳마다 따라다녔다. 공화정 말기에는 파트리키와 평민 모두 집정관이 될 수 있었지만 두 집정관 모두가 파트리키여서는 안 되었다. 집정관이 되는 적정 연령은 원로원 의원이 되는 30세보다 열두 살 많은 42세였지만, 기원전 81년 술라가 파트리키 의원들에게 평민보다 2년 먼저(즉

40세에) 집정관 선거에 출마할 수 있는 특권을 줬다는 유력한 증거가 존재한다. 집정관의 제약 없는 임페리움은 로마는 물론 이탈리아 전역과 모든 속주에서 유효했으며 속주 총독의 임페리움보다 우선했다. 집정관은 모든 군대를 지휘할 수 있었다.

집정관 권한대행 proconsul

현재 집정관은 아니지만 집정관의 임페리움을 가지고 국가를 위해 일하는 직위. 집정관 권한대행의 임페리움은 이제 막 집정관 임기를 마친 사람에게 주어지는데, 이를 통해 집정관급 지위를 유지하며 로마 원로원과 인민을 대신해 속주를 통치하거나 군대를 이끌 수 있었다. 임기는 보통 1년이었지만 적들이 진압되지 않은 상황이면 일반적으로 연장되었다. 수년씩 연장되는 경우도 있었는데, 가령 메텔루스 피우스는 기원전 79년부터 71년까지 먼 히스파니아에서 집정관 권한대행을 지냈다. 법무관급이 아닌 집정관급 총독을 필요로 할 정도로 문제가 많은 속주에 따로 파견할 집정관이나 집정관 권한대행이 부족하다면 그해에 뽑힌 법무관 중 한 명에게 집정관 권한대행의 임페리움을 부여하고 그 속주의 통치를 맡겼다. 집정관 권한대행의 임페리움은 그가 맡은 속주와 관련된 임무로 한정되었고, 로마의 신성경계선을 넘는 순간 그 임페리움은 소멸되었다.

집행관 bailiff

로마 공화정 시대에 어울리는 단어는 아니지만 릭토르 외에 법질서 유지를 위해 일했던 사람들, 또는 대부업자들에게 고용되어 채무자를 괴롭히거나 그들이 도망치지 못하게 감시하던 사람들을 지칭하는 용어로 사용했다.

총독 governor

로마 원로원과 인민의 이름으로 속주를 통치한 집정관이나 법무관, 집정관 권한대행, 법무관 권한대행을 지칭하는 유용한 표현. 속주의 방위, 행정, 세금 및 십분의일세 징수 및 그와 관련된 모든 문제들을 관장했다. 임기는 1년으로 정해져 있었지만 대부분 임기를 연장받았으며, 때로는 먼 히스파니아로 간 메텔루스 피우스처럼 아주 오랫동안 복무하는 경우도 있었다. 임페리움과 직권은 각각 상이했지만, 그와 관계없이 모든 총독은 자기 속주에서 사실상 왕과 다름없는 권력을 행사했다. 다스리기 어렵기로 악명 높은 속주들은 대개 집정관이 맡았고 평화로운 벽지들은 법무관이 맡았다.

쿠스토스 custos

민회 선거 감독을 위해 파견되는 정무관.

태수(사트라페스) satrap

페르시아 왕이 속주나 지방의 총독에게 내린 직함. 알렉산드로스 대왕은 이 명칭을 가져다 사용했고, 후에 파르티아 아르사케스 왕조와 아르메니아의 왕들도 마찬가지였다. 사트라페스가 통치하는 지역은 태수령(사트라페이아)이라고 불렀다.

행정장관 ethnarch

에트나르케스. 도시나 읍의 정무관을 뜻하는 그리스어 단어. 이외에도 더 구체적인 다른 명칭들도 사용되었으나 필자는 여러 용어를 사용하여 혼란을 가중시킬 필요가 없다고 판단했다.

형무관 viri capitales

로마의 감옥과 범죄자 피난처 관리 임무를 맡은, 원로원 의원 자격연령에 미달되는 청년 세 명. 로마에서는 투옥이 임시로만 이루어졌으므로 이들의 일은 크게 힘들지 않았다. 그러나 집회나 원로원 회의가 없고 법무관의 법정이 열리지 않는 날에도 도움이나 보호가 필요한 시민을 위해 포룸 로마눔 낮은 구역에 대기하는 권위 있는 공인 역할을 수행했던 것으로 보인다. 이는 키케로가 「클루엔티우스를 위한 변론(pro Cluentio)」에서 밝힌 내용이다.

호민관 tribune of the plebs

공화정이 수립되고 오래지 않아 평민과 파트리키 귀족의 갈등이 극에 달했을 때 생긴 관직. 평민들로 구성된 트리부스 기구인 평민회에서 선출된 호민관은 평민계급 구성원들의 생명과 재산을 수호하고 정무관(당시에는 파트리키)의 손아귀로부터 그들을 구하겠다는 선서를 했다. 호민관은 (평민뿐 아니라 파트리키까지 포함하는) 트리부스회에서 선출되지 않았기 때문에 로마의 불문헌법 하에서 실질적 권한이 없었으며 군무관이나 재무관, 고등 조영관, 법무관, 집정관, 감찰관과 같은 종류의 정무관이 아니었다. 호민관은 평민들의 정무관이었고, 이들의 직무 권한은 자신들이 선출한 관리의 신성불가침성을 지켜주겠다는 평민계급의 서약에서 비롯되었다. 호민관에게는 임페리움이 없었고 부여된 직권은 로마 시 밖의 첫번째 마일 표석 내에서만 행사할 수 있었다. 기원전 450년경에는 호민관이 총 열 명 있었다. 공화정 중기까지 호민관은 원로원 의원이 아니었으나, 기원전 149년에 아티니우스법이 제정되면서 호민관에 당선되면 감찰관의 승인 없이도 자동으로 원로원에 입성하게 되었다. 이때부터 감찰관이 축출한 원로원 의원이 다시 원로원에 들어가기 위해 호민관 선거에 나가는 경우가 많아졌다. 호민관은 한 번만 역임하는 것이 관례였지만 가이우스 그라쿠스가 기원전 122년 호민관 선거에 재차 당선되면서 이를 깨버렸다. 그래도 한 번 이상 입후보하는 일은 여전히 드물었다.
호민관의 진정한 권력은 국가의 거의 모든 조치에 거부권을 행사할 수 있는 권리에서 나왔다. 호민관은 동료 호민관 아홉 명이나 집정관과 감찰관을 포함해 다른 모든 정무관이 취한 조치나 법안을 거부할 수 있었다(마르쿠스 아이밀리우스 스카우루스는 자신의 감찰관 직위를 해제하려는 시도에 줄곧 저항하다가 호민관 마밀리우스가 거부권을 행사하자 바로 고집을 꺾는다). 선거 실시나 법안 통과는 물론이고 전쟁 및 대외 문제와 관련된 원로원 결의에 대해서까지 거부권을 행사할 수 있었다. 그러나 독재관(그리고 아마도 섭정관)에게만은 거부권을 행사할 수 없었다. 호민관 직의 진정한 권력이 거부권('인테르케시오'라 불렸다)이라는 부정적인 조치로 부여되었기 때문에 정부에서 호민관의 역할은 새로운 제도의 도입보다 의사진행 방해로 나타나는 경우가 많았다. 이 관직은 선동 정치가적 성향의 인물들에게 강력한 매력이 있었으며 야심 많은 평민 정치가에게는 집정관 직으로 가는 편리한 디딤

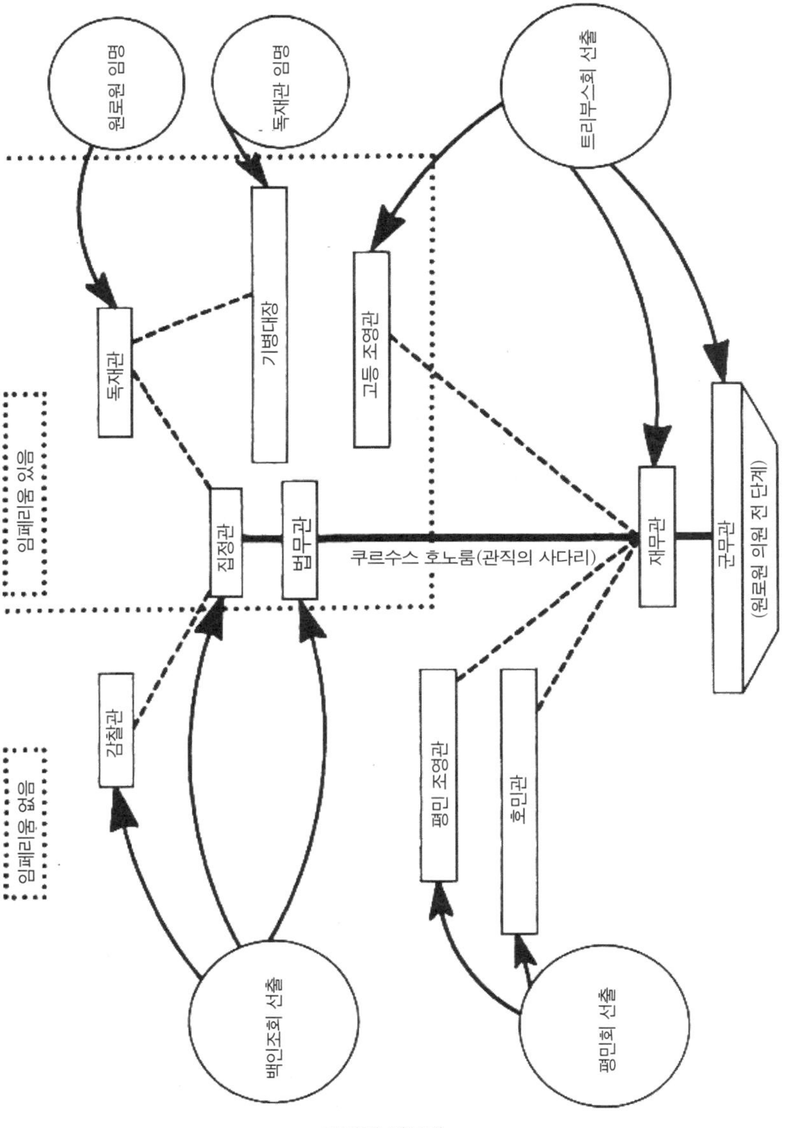
원로원 임명
독재관 임명
트리부스회 선출
독재관
기병대장
고등 조영관
임페리움 있음
집정관
법무관
쿠르수스 호노룸(관직의 사다리)
재무관
군무관
(원로원 의원 전 단계)
임페리움 없음
감찰관
평민 조영관
호민관
백인조회 선출
평민회 선출

로마의 정무관

돌이 되어주기도 했다. 공화정 말기에 호민관들은 파트리키만이 아니라 원로원에 있어서도 눈엣가시 같은 존재였다. 원로원의 보수파들은 자기편으로 매수된 경우가 아닌 이상 호민관을 끔찍이 싫어했다. 호민관 가운데 진정한 사회 공학자는 극소수에 불과했다. 티베리우스 셈프로니우스 그라쿠스와 가이우스 셈프로니우스 그라쿠스, 가이우스 마리우스, 루키우스 아풀레이우스 사투르니누스, 푸블리우스 술피키우스 루푸스, 아울루스 가비니우스, 티투스 라비에누스, 푸블리우스 클로디우스, 푸블리우스 바티니우스, 가이우스 트레보니우스, 가이우스 스크리보니우스 쿠리오, 마르쿠스 안토니우스 모두 원로원에 도전했다. 몇몇은 그 대의를 위해 죽기도 했다. 한편 평민회 내에서 호민관은 자신의 직무 수행 권한이 저지될 경우 사형까지도 선고할 수 있었다.

호민관단은 매년 12월 10일에 취임했으며 포르키우스 회당에 본부가 있었다. 기원전 81년 독재관 술라는 평민 구제권을 제외한 호민관의 모든 권한을 없애버렸으나, 기원전 70년에 집정관이었던 폼페이우스와 크라수스가 원래대로 복구시켰다. 호민관의 권력은 없어서는 안 될 정도로 중요했기 때문이다.

군사

1단 노선 monoreme

노가 1단 배치된 선박.

2단 노선 bireme

고대의 해상 전투용 갤리선. 주로 돛보다 노를 이용해 움직였고, 전투가 예상될 때는 돛을 연안에 떼어두었다. 전체 또는 부분적으로 갑판이 깔린 경우도 있었으나 대부분 갑판이 없는 개방형이었다. 노잡이들은 둘로 나뉘어 앉았다. 상단 노잡이들은 현외 장치에 앉아 노를 저었고, 하단 노잡이들은 배 안쪽에 앉아 현창 바깥으로 뻗어 있는 노를 저었다. 전나무를 비롯한 가벼운 소나뭇과 목재로 건조했기 때문에 주로 날씨가 좋은 날에 띄웠고, 전투에서도 바다가 잔잔한 날에만 사용되었다. 선체 길이는 30미터 정도였으며 길이와 폭의 비율이 7대 1 정도로 전체적으로 길쭉한 형태였을 것으로 짐작된다. 노잡이는 100명까지도 태울 수 있었다. 뱃머리에 해수면 바로 위 높이로 달린 충각(전투함 앞 끝에 고정시켜 적의 군함과 충돌하여 파괴하도록 설계된 장치)은 적선을 들이받아 침몰시키는 데 쓰였는데 소재는 주로 떡갈나무였고 끝부분은 청동으로 보강했다. 2단 노선은 해병을 실어나르거나 다른 배와 싸울 목적으로는 건조되지 않았다. 고대 그리스, 로마 공화정 및 제정 시대에 걸쳐 항상 노예가 아닌 전문 노잡이들이 노를 저었다. 노예를 노잡이로 쓰는 관행은 기독교 시대에 이르러서야 생겼다.

헤미올리아(hemiolia)라는 매우 빠르고 작고 가벼운 2단 노선도 있었는데, 해적들이 선단을 조직하여 배와 해안 거주지를 집단적으로 습격하게 되기 전에 애용하던 배였다. 갑판이 없고 돛대와 고물이 있어서 배 앞부분 위쪽 노의 개수가 줄어들었다.

3단 노선 trireme

고대의 해상 전투 갤리선 중에 2단 노선과 더불어 가장 선호된 형태. 기원전 600년경 출현하였으며 말 그대로 노가 3단으로 배치되었다. 이와 함께 뱃전 위로 튀어나온 상자형 현외 장치도 발명되었다(이후에 나온 갤리선은 2단 노선이라도 현외 장치가 설치되는 경우가 많았다). 노 길이는 비교적 짧은 5미터 정도로 맞춰졌고 노 하나당 노잡이 한 명만 배정되었다. 선체 길이는 약 40미터, 폭은 (현외 장치를 제외하고) 4미터를 넘지 않았다. 다시 말해 선체 길이와 폭이 10대 1이었다. 맨 아랫단 노잡이를 그리스인들은 탈라미오스(thalamios)라고 불렀다. 탈라미오스는 선체의 현창(뱃전에 낸 창문)을 통해 노를 저었는데, 창이 흘수선과 워낙 가깝게 있어 바닷물이 들어오는 것을 막기 위해 가죽을 꼭 맞게 대어놓았다. 한쪽 뱃전에 탈라미오스 약 27명이 앉았으므로 맨 아랫단에 배치된 노는 총 54개였다. 지기오스(zygios)라고 불린 가운데 단 노잡이는 거널뱃전(선측외판과 갑판이 만나는 부분) 바로 아래의 현창을 통해 노를 저었다. 가운데 단과 맨 아랫단의 노잡이 수는 동일했다. 현외 장치에 배치된 노잡이 트라니테스(thranites)는 지기오스보다 높이, 선체 바깥쪽에 설치된 현외 장치 내의 특별한 벤치에 자리잡았다. 트라니테스의 노는 뱃전에서 60센티미터 정도 떨어진 현외 장치 밑바닥에 난 구멍을 통해 밖으로 나와 있었다. 선체가 고물 쪽으로 좁아져도 현외 장치는 돌출된 폭을 유지할 수 있었으므로, 한쪽 뱃전에 앉은 탈라미오스와 지기오스가 27명인 데 반해 트라니테스는 31명이었다. 따라서 3단 노선에는 모두 약 170개의 노가 동력을 제공했다. 노잡이들 중에서도 트라니테스가 가장 힘을 많이 써야 했는데, 이들이 젓는 노가 해수면에 닿는 각도가 가장 가팔랐기 때문이다.

3단 노선은 충각 전술에 안성맞춤인 선박이었다. 이 시기의 충각은 두 갈래로 나뉜 모양에 더 크고 육중해지고 방호력이 향상되었다. 기원전 100년경 전투 함대의 진정한 전함은 속도와 힘, 기동성을 모두 갖춘 3단 노선으로, 대개 갑판이 깔려 있었고 최대 50명가량의 해병을 태울 수 있었다. 소나무를 주재료로 해서 중량이 크지 않아 야간에 물 밖으로 끌어낼 수 있었으며, 육상에서도 선원들이 굴림대를 써서 상당히 먼 거리를 운반할 수 있었다. 침수로 중량이 늘어나는 것을 막기 위해 밤엔 주기적으로 해변에 끌어올려졌다. 잘 관리했을 경우 전함의 전투 수명은 최소 20년이었다. 로도스 섬처럼 상비 해군을 갖춘 도시나 자치체는 군함들을 물 밖에 보관할 수 있는 격납고를 항상 마련해두었다. 고고학자들이 이러한 격납고를 조사한 결과 일반적인 전투용 갤리선은 노가 아무리 많아도 선체 길이 55미터, 폭 6미터를 크게 벗어나는 경우가 없었음이 확인되었다.

4단 노선 quadrireme → '5단 노선'

5단 노선 quinquereme

아주 흔하고 인기 있던 고대의 해상 전투용 갤리선. 2단 노선, 3단 노선, 4단 노선과 마찬가지로 선체 길이가 폭에 비해서 훨씬 길었고 해상 전투를 치르기 위한 목적으로 설계되었다. 한때는 노가 4단 혹은 5단 배치된 배가 각각 4단 노선과 5단 노선으로 알려졌지만, 지금은 노가 3단 이상 배치된 갤리선이 없었다는 것이 일반적인 견해다. 그것조차 대부분 3단이 아니라 2단에 그

쳤을 것이다. '4단'이나 '5단'이라는 말이 붙은 까닭은 한 개의 노를, 혹은 2단으로 배치된 노를 각각 네 명이나 다섯 명이 저었기 때문일 것이다. 다섯 명이 노 하나를 젓는 경우 제일 끝에 선 사람의 기술이 가장 중요했다. 나머지 네 사람은 단순히 근육의 힘만 제공하는 반면, 제일 끝의 노잡이는 가장 힘들게 일하는 동시에 노의 방향을 잡는 역할까지 맡았다. 네 명 혹은 다섯 명이 노 하나를 젓는 경우, 일어서 있다가 노를 힘껏 당기면서 자리에 앉는 방식으로 갤리선을 움직였다. 노가 3단 배치된 5단 노선의 경우, 위와 가운데 노에는 각각 두 명이 붙었고 아래쪽 노에는 한 명이 붙었으며, 모두 자리에 앉은 채 노를 저었다. 5단 노선의 실제 형태는 각 지역과 국가의 선호도에 따라 각각 1단, 2단, 3단으로 다양했다. 5단 노선에는 갑판이 있었고, 위쪽 노들은 갑판 옆으로 툭 튀어나온 현외 장치에 달려 있었다. 돛과 돛대를 부착할 수 있었지만 전투가 예상될 시에는 뭍에 남겨두었다. 5단 노선에는 노잡이 270여 명, 선원 30여 명, 제독이 적선을 들이받는 데 그치지 않고 적선 위로 병사들을 보낼 계획인 경우 해병 120여 명이 탑승했다. 전투용 탑과 투석기도 실었다. 기원전의 여느 전투용 갤리선과 마찬가지로, 4단 노선과 5단 노선은 노예가 아닌 전문 노잡이가 노를 저었다.

16단 노선 sixteener

16단 노선과 함께 고대의 노급함(弩級艦), 즉 초대형 갤리선의 세계가 열렸다. 노를 3단 이상 배치한다는 것은 현대에는 불가능하게 여겨진다. 가능성 있는 배치는 두 가지다. 첫째는 노를 2단 배치하고 노 하나당 여덟 명을 배정한 2단 노선이고, 둘째는 노를 3단 배치하고 위쪽 두 단에는 노 하나당 여섯 명, 맨 아랫단에는 노 하나당 네 명을 배정한 3단 노선이다. 4단 배치와 마찬가지로 1단 배치도 불가능하다. 노 젓는 움직임과 각도를 고려할 때 여덟 명 이상의 인원이 노 하나를 조작할 수는 없기 때문이다. 노 하나를 여덟 명이 젓도록 설계했다면 노 길이가 대략 17미터였을 것이고, 여섯 명이 젓도록 했다면 14미터에 달했을 것이다. 선체 길이가 60미터에 육박하고 폭은 7.5~8.5미터 정도였을 것이며 따라서 대규모 해병 및 포(砲)와 누대(樓臺) 서너 대씩을 갑판에 실을 수 있었다. 자료를 보면 상대적으로 작은 갤리선에 비해 노가 적었던 것으로 나타나는데, 노가 적은 만큼 개별 노의 동력이 컸다. 노잡이 수는 5백 명에서 8백 명 사이로 추정되고 해병 4백 명을 수용할 수 있었을 것으로 짐작된다. 이 초대형 갤리선은 실제 해전에는 쓸모가 없었다. 충각이 있긴 했지만, 선체가 너무 크고 항해에 적합하지 않아서 적의 배열에 대거나 포탄을 쏘는 데만 유용했다. 『풀잎관』에 언급했듯이 미트리다테스 6세는 16단 노선을 대단히 좋아했다.

갈리아식 성벽 murus Gallicus

아주 길고 큰 나무 들보를 돌 사이사이에 배치해 쌓은 벽. 돌로 만들었기 때문에 매우 두꺼워 공성망치 공격에 상대적으로 강했고, 나무 들보 덕분에 일반 석벽에 비교해 인장강도가 높았다. 갈리아인들이 최초로 고안했다.

개선식 triumph

전쟁에서 승리한 로마 장군이 얻은 최고의 영예. 마리우스와 술라 시대에 승전 장군이 개선식을 하려면 먼저 휘하 병사들에게 임페라토르로 인정받아야 했으며, 그후 원로원에 개선식을 승인해달라고 청원해야 했다. 개선식을 승인할 권한은 원로원에만 있었으며 드물긴 했지만 부당하게 거부당하는 경우도 있었다. 악사와 무용수, 전리품을 실은 마차, 전투 장면들로 꾸민 장식 수레, 원로원 의원 행렬, 포로와 해방된 로마인들, 참전군대로 이루어진 대단히 웅장한 가두행진은 엄격하게 정해진 경로를 따랐다. 마르스 평원의 빌라 푸블리카에서 출발하여 세르비우스 성벽에 난 특별한 문인 트리움팔리스 성문을 통과해 벨라브룸, 포룸 보아리움, 대경기장으로 들어간 후 트리움팔리스 가도를 따라 포룸 로마눔의 사크라 가도로 방향을 틀었다. 종착지는 카피톨리누스 언덕의 유피테르 옵티무스 막시무스 신전 계단 밑이었다. 개선장군과 릭토르단은 신전으로 들어가 유피테르에게 월계관을 바쳤고, 그후에 개선 연회가 열렸다.

공병대장 praefectus fabrum

'생산을 감독하는 사람'. 로마 군대에서 가장 중요한 직위 중 하나였으나 엄밀히 말해 군인이 아니라 장군이 고용한 민간인이었다(주로 은행가가 많았다). 군대의 동물이나 병사 들을 먹이는 일을 포함해서 모든 무기와 장비의 공급을 책임졌다. 업자들을 찾아다니며 군용 무기와 보급품 계약을 맺었기 때문에 큰 권력을 지니고 있었다. 또한 청렴결백한 사람이 아니라면 자기 배를 불리기에 좋은 직위이기도 했다. 그러나 예산 한도를 지키고 공급물자의 질만 좋다면 이런 행위가 부적절하다고 여겨지진 않았다. 카이사르의 첫번째 공병대장이었던 가데스 태생의 은행가 루키우스 코르넬리우스 발부스처럼 힘있고 중요한 인물들이 그 자리를 선뜻 받아들였다는 사실에서 공병대장이 얼마나 수익성 좋은 직위였는지 짐작해볼 수 있다. 또한 발부스는 그의 후임인 마무라와 마찬가지로 카이사르의 군대에 질 낮은 장비와 물품을 떠안기지 않았던 것으로 보인다.

관(코로나) corona

매우 용맹한 군인에게 수여하는 훈장이라는 제한적인 의미로 사용되는 경우가 많았다. 중요도 순으로 나열하면 다음과 같다.

—풀잎관(코로나 그라미네아) Corona Graminea(obsidionalis)

로마 최고의 군사 훈장. 전장의 풀로 만들어(전투가 곡식밭에서 일어날 경우 곡식으로 만드는 경우도 있었다) '현장에서' 주어지는 이 관을 받은 사람은 불후의 명성을 얻게 되었다. 공화정 시대에 풀잎관을 받은 사람은 극히 적었기 때문이다. 개인의 노력으로 군단이나 군대 전체를 구한 사람에게 주어졌다. 퀸투스 세르토리우스와 술라 모두 풀잎관을 받았다.

—시민관(코로나 키비카) Corona Civica

로마의 군사 훈장 중 두번째로 귀한 것. 떡갈나무 잎으로 만든 시민관은 전투 내내 전우들을 구하고 물러서지 않은 사람에게 주어졌는데, 그가 구해준 군인들이 장군 앞에서 그런 일이 있었다고 정식으로 맹세해야만 받을 수 있었다. L. R. 테일러의 주장에 따르면 술라의 개혁 중에는 중요한 관을 받은 사람들과 관련된 것도 있었다. 마르쿠스 파비우스 부테오의 전통을 따라 술라는 그런 사람들의 원로원 가입을 추진했다는 것이다. 이 사실은 이론이 분분한 독재관 카이사르의 원로원 의원 직(유피테르 대제관인 카이사르가 토가 비릴리스를 입은 때부터 원로원 의원이었다는 사실이 이를 더 복잡하게 했다) 문제에 해답을 제공한다.

—황금관(코로나 아우레아) Corona Aurea
부차적인 관들 중에는 으뜸이었다. 금으로 만들었으며, 일대일 결투에서 적을 죽이고 전투 내내 물러서지 않은 사람에게 주었다. 흥미롭게도 최고의 관 두 가지보다 재료가 더 비싼 관인데, 이는 코로나 아우레아가 훨씬 이후에 생겼음을 의미한다.

—성벽관(코로나 무랄리스) Corona Muralis
가장자리가 총안이 있는 흉벽 모양인 금관으로, 적의 도시를 공격할 때 그곳의 성벽을 최초로 넘은 사람에게 주어졌다.

—해전관(코로나 나발리스) Corona Navalis
뱃머리장식이 달린 금관. 해전에서 용맹하게 싸운 사람에게 주었다.

—요새관(코로나 발라리스) Corona Vallaris
적의 진지 방벽을 최초로 넘은 사람에게 수여한 금관. 특이하게도, 덜한 무공에 대해 금관이 수여되었고 큰 무공에 대해서는 식물로 만든 관이 주어졌다.

군단 legio
독자적으로 전쟁을 수행할 수 있는 로마 군대의 최소 단위. 실제로 1개 군단만이 전쟁을 수행하는 경우는 거의 없었지만, 각 군단은 전쟁에 필요한 인력, 장비, 시설을 완전히 갖추고 있었다. 대부분 2개에서 6개 군단이 하나의 군대를 구성했으며, 그보다 많은 군단이 한번에 파견되는 경우는 드물었다. 1개 군단은 사병 4천280명과 백인대장 60명과 비전투원 노예 1천600명 그리고 포병 300여명과 숙련된 공병 100명으로 구성되었다. 내부 조직을 보면 각 군단에 10개 보병대대가 있고, 각 대대마다 6개 백인대가 있었다. 카이사르의 시대에 이르러서 기병대는 군단에 소속되지 않고 별개 병력을 구성했다. 카이사르 이전 시대에는 군단당 포를 30문을 보유했던 것 같고 발리스타보다 카타풀타가 많았던 것으로 보인다. 카이사르는 포를 적극 활용해 적군의 힘을 약화시키는 기술을 선보이면서 군단당 포 보유 개수를 50문으로 늘렸다. 현직 집정관이 이끄는 군대일 경우 각 군단은 선출직 군무관의 지휘를 받았는데 군무관은 최대 6명까지 배치되어 교대로 지휘를 맡았다. 지휘관이 현직 집정관이 아닐 경우 각 군단은 보좌관의 지휘를 받았으며 때에 따라 지휘관이 직접 지휘하기도 했다. 한 군단에 소속된 병사들은 같이 야영했지만 한 무리로 모여 지내지 않고 여덟 명씩 소단위로 나뉘어 생활했다. 미국 남북전쟁의 참상에 관한 문헌을 읽다보면 과거 로마 군단이 새삼 놀랍다. 로마 군인들은 직접 밀을 갈아 빵을 굽고 죽을 끓이고 여타 주식을 만들어 먹었으며, 염장 또는 훈제 베이컨이나 돼지고기를 배급받고 말린 과일도 먹었다. 진지 내에 위생시설을 잘 구비해 장티푸스에 걸리거나 오염된 식수를 마실 위험성을 방지했다. 군대가 행군하려면 당연히 속이 든든하고 병에 걸리지 않아야 한다. 로마 장군들은 군량 조달의 어려움 때문에 좀처럼 6개 군단 이상을 지휘하지 않으려 했다. 카이사르의 『갈리아 전기』와 『내전기』를 읽어보면 그가 보통 9개 내지 11개 군단을 이끌며 군량 조달을 얼마나 중시했는지 이해할 수 있다.

군무관 tribune of the soldiers

매년 트리부스회는 25~29세 청년 스물네 명을 군무관으로 선출했다. 군무관은 트리부스회에서 선출되었기 때문에 진정한 의미의 정무관이었다. 집정관의 네 개 군단에 여섯 명씩 배치되어 전반적인 지휘관 역할을 했다. 전장에서 집정관의 군단이 네 개 이상일 경우에는 준비된 군단이 아무리 많더라도 모든 군단에 군무관이 고루 배치되었다. 언제든 적어도 한 명은 지휘관 직무를 수행하는 식으로 지휘책임을 나누어 맡았지만, 여섯 명 중 한 사람은 (아마도 제비뽑기나 투표로) 나머지 군무관들보다 상급자가 되었던 것 같다.

군화(칼리가이) caligae

바람이 통하면서도 샌들보다 발을 안정적으로 감싸주는 군단병용 신발. 매우 두꺼운 가죽 밑창에 금속 구두징들이 박혀 있어, 행군시 모래나 자갈이 들어오지 않도록 발이 지면에서 높이 떠 있도록 했으며, 통기성이 좋은 구조라 발 건강을 지켜줬다. 얼음이 얼거나 눈이 오는 날씨에는 군단병들은 토끼 가죽이나 비슷한 재질의 두꺼운 양말을 신고 이 신발을 신었다.

글라디우스 gladius

로마식 검. 날이 60센티미터 정도로 짧고 양쪽이 다 날카로웠다. 끝부분은 한 점으로 모였다. 사병용은 손잡이를 나무로 만들었으며, 경제적 여유가 있는 높은 지위의 군인들은 독수리 모양으로 조각한 상아 손잡이를 선호했다.

글란스, 글란데스 glans, glandes

도토리. 투석구로 쏘는 도토리 모양의 납 탄환을 가리킬 때도 쓰였기에 탄환을 의미하기도 했다.

기병대 cavalry

말을 탄 군인들. 공화정 말기에 로마군에 편입된 기병대는 모두 보조군의 성격을 띠었다. 즉 그 구성원들이 로마 시민이 아니었다는 뜻이다. 기마 민족인 게르만족, 갈리아인, 트라키아인, 갈라티아인, 누미디아인들이 일반적으로 로마의 기병대를 구성했다. 대개는 기병대를 채울 지원자들의 수가 충분했으며 갈리아인과 누미디아인 들이 가장 많았던 것으로 보인다. 기병대는 기병 500명씩으로 구성된 연대들로 편성되었으며 각 연대는 50명의 기병들로 구성된 대대로 나뉘었다. 각 대대는 같은 국적의 군관들이 이끌었지만 기병대 전체의 지휘관은 반드시 로마인이었다.

기병대장 Magister equitum

독재관의 부사령관에 해당하는 직함.

'다섯' "five"

5단 노선을 가리키는 은어('5단 노선' 참조).

대대 cohort

마리우스의 개혁 이후 로마 군단의 전술 단위가 되었다. 1개 대대는 6개 백인대로 구성되며, 통상 10개 대대가 하나의 군단을 이루었다. 장군이 병력의 움직임을 이야기할 때 군단이 아닌 대대 단위로 이야기하는 것이 관행이었는데, 따라서 아마도 최소한 독재관 카이사르 시대까지는 장군이 군단이 아닌 대대 단위로 배치나 철수를 명령했을 것이다. 카이사르는 대대보다는 군단 단위로 지휘하기를 선호한 것처럼 보이는 반면, 파르살로스에서 폼페이우스는 군단으로 조직되지 않은 18개 대대를 이끌었다.

돌라브라 dolabra

복수형은 돌라브라이(dolabrae). 군단병의 땅 파는 도구. 한쪽 끝은 송곳처럼, 반대쪽 끝은 곡괭이처럼 생긴 물건이었다. 다른 도구를 휴대하라는 명령을 받지 않는 한 모든 군인이 짐 속에 하나씩 갖고 다녔다.

리부르니족 전함 Liburnian

리부르니아 해적들이 사용했다는 이유로 붙여진 이름. 정확한 크기는 추정하기 힘들지만 아그리파가 해상전에서 사용한 것들은 대략 3단 노선으로 갑판이 있고 상당수의 해병을 실을 수 있었을 것으로 짐작된다. 속도가 빠르고 조종이 용이했다.

멍에 yoke

황소나 기타 동물 두 마리의 목에 얹어 짐을 끌도록 한 나무 막대. 인간 사회에서는 타인의 지배에 굴복하는 노예 상태를 뜻하는 말이 되었다. 로마 시내 카리나이 지구 근방에는 젊은 남녀가 밑을 지나야 하는 멍에가 있었다. 티길룸이라고 불린 이 멍에는 성인으로서 삶의 무게에 순종한다는 의미를 담고 있었던 것 같다. 그러나 멍에가 은유로서 가장 중요한 의미를 가진 장소는 전쟁터였다. 건국 초기의 로마(혹은 에트루리아) 군대는 싸움에서 패한 적으로 하여금 멍에 밑을 통과하게 했다. 땅에 창 두 개를 수직으로 박은 다음 세번째 창을 가로대처럼 위에 얹어서 멍에를 만들었는데, 높이가 낮았으므로 그 밑으로 통과하려면 선 채로는 불가능하고 몸을 굽혀야 했다. 불행히도 로마군이 만들어낸 이 방식을 적들도 받아들여, 로마군이 멍에 밑을 통과해야 하는 경우도 이따금 있었다. 삼니움족이 승리를 거둔 카우디움 전투가 한 예다. 로마군에게 멍에 아래를 지나는 일은 참을 수 없는 치욕으로 여겨졌다. 그래서 원로원과 인민은 로마군이 적에게 항복하고 멍에 밑을 통과하여 로마의 명예와 존엄을 희생시키기보다는 차라리 마지막 한 사람까지 싸우다 죽는 쪽을 선호했다. 적어도 그것은 명예로운 패배였기 때문이다.

목책 palisade

방벽 안쪽의 전투대(臺)보다 높이 만들어놓은 보강 구역. 대개 위로 공격을 감행하는 흉벽과 뒤로 몸을 피하는 높은 장벽으로 나뉘었다.

무관 Vir militaris

오늘날의 직업군인. 군대를 중심으로 모든 경력을 쌓은 사람으로, 의무 출전 횟수를 채운 뒤에도 계속 군복무를 했다. 유권자들에게 군에서의 경력을 어필함으로써 정계에 입문했지만, 정치에 무관심한 무관도 많았다. 하지만 군대 전체를 통솔하려는 야심을 지닌 무관은 먼저 군사 지휘권이 허락된 가장 낮은 직급의 정무관인 법무관이 되어야 했다. 마리우스, 퀸투스 세르토리우스, 티투스 디디우스, 가이우스 폼프티누스, 푸블리우스 벤티디우스가 대표적 무관이다. 하지만 로마군 역사상 가장 위대한 업적을 남긴 독재관 카이사르는 엄밀한 의미에서 무관이 아니었다.

미오파로 myoparo

소형 전투용 갤리선. 해적들이 훨씬 더 큰 선박으로 체계가 잡힌 선단을 구성해 전문 해군을 물리칠 만큼 강해지기 이전에 흔히 이용했던 선박이다. 크기와 형태는 수수께끼로 남아 있지만 헤미올리아('2단 노선' 참조)를 개량한 형태로 짐작된다. 일반적으로 헤미올리아보다는 미오파로가 선호되었다. 현존하는 미오파로의 그림 자료는 하나뿐이다. 이 그림을 통해 아주 많은 정보를 얻을 수는 없지만, 1단 노선 형태로 노는 선박 벽면을 뚫고 나온 것이 아니라 뱃전 위에 부착되었으며 돛대와 돛이 달려 있음을 확인할 수 있다.

발리스타 ballista

로마 공화정 시대에 사용된 투석용 포. 탄환을 얹은 숟가락 모양의 지렛대에 팽팽하게 감은 밧줄 스프링을 이용해 극심한 장력을 가했다가 일시에 힘을 풀면, 지렛대가 공중으로 들어올려졌다가 두터운 패드에 부딪히고 탄환이(탄환이나 기계의 크기에 따라 각기 다르지만) 상당히 먼 거리를 날아갔다. 숙련된 포병이 전문적으로 쏘면 정확성이 높았다.

방벽 두르기 circumvallation

적을 포위 벽으로 완전히 둘러싸는 전술.

방탄벽 mantlet

가죽으로 만든 지붕과 벽이 있는 대피소. 로마 병사들은 이 뒤에 숨어 적의 포탄으로부터 몸을 피했다.

백인대 → '백인조'

백인대장 centurion

로마 시민 군단과 보조군 모두에 있던 정규 직업군관. 현대의 하사관과 같이 생각해서는 안 된다. 이들은 오늘날 우리의 사회적 구별을 적용받지 않는 지위를 누린 완벽한 전문가였다. 패전한 로마의 장군은 군무관들을 잃었다면 눈도 꿈쩍하지 않았을 것이나, 백인대장들을 잃었다면 머리카락을 쥐어뜯으며 괴로워했을 것이다. 공화정 시대에는 사병이 진급을 통해 백인대장이 되었다. 백인대장 사이에도 계급이 존재했다. 가장 낮은 계급의 백인대장은 군단병 80명과 비전투원 20명으로 이루어진 백인대를 통솔했지만, 그가 복잡한 계급 체계에서 어떤 방식으로 진급했는지는 알려져 있지 않다. 마리우스가 재편한 공화정 로마군의 보병대대는 백인대 6개로 구성되었는데, 백인대장(켄투리오, centurio) 가운데 가장 높은 선임 백인대장(필루스 프리오르, pilus prior)은 대대 전체를 통솔하는 동시에 소속 보병대대의 선임 백인대를 이끌었다. 하나의 군단을 구성하는 10개 보병대대를 통솔하는 선임 백인대장들 10명 사이에도 계급이 존재했다. 군단의 최고참 백인대장(프리무스 필루스primus pilus, 나중에 프리미필루스primipilus로 축약됨)은 소속 군단의 사령관(선출직 군무관이나 총사령관의 보좌관들 중 한 명)의 명령에만 따랐다. 백인대장은 쉽게 알아볼 수 있었다. 그들은 정강이받이를 착용했고 쇠사슬 갑옷 대신 쇠미늘 갑옷을 입었으며 투구의 깃털 장식은 앞뒤가 아닌 양옆으로 튀어나와 있었다. 또한 튼튼한 포도나무 곤봉을 들고 다녔고 훈장도 많이 달고 있었다.

벡실룸 vexillum

군단의 깃발.

보루 redoubt

주요 방어벽 바깥쪽에 설치된 작은 요새. 보통 사각형이었고 그보다 더 복잡한 다각형인 경우도 있었다.

보조군 auxiliary

로마군에 편입된 비로마 시민 군단. 보병대와 기병대 모두에 이 표현이 사용되었다. 마리우스와 술라 시대에 보조 보병은 대부분 이탈리아 태생이었지만 보조 기병은 갈리아, 누미디아, 트라키아 등 로마나 이탈리아보다 일상적으로 말을 많이 타는 지역 출신이 대부분이었다. 독재관 술라의 시대를 지나며 보조 보병은 많이 사라진 반면 보조 기병은 아직 흔히 찾아볼 수 있었다.

보좌관 legatus

로마 지휘관의 참모 중 최고 서열. 보좌관이 되려면 반드시 원로원 의원이어야 했다. 오로지 지휘관의 명령만을 따랐으며 임페리움을 보유한 경우가 많았고 그 어떤 참모군관보다 서열이 앞섰다. 보좌관이라고 무조건 젊었던 것은 아니다. 전직 집정관이지만 한동안 군대에서 생활하기를 원해서, 또는 지휘관의 친구라는 이유로 보좌관 직을 자원하는 경우도 간혹 있었다.

부속선 pinnace

갑판이 없는 빠른 배로, 약 여덟 명이 노를 저었다.

비전투원 noncombatants

1개 군단 내에는 1천600명의 비전투원이 있었다. 노예가 아니라 대부분 로마 시민권을 가진 자유인이었고 시골 출신이었다. 병사로 싸우기엔 장비가 부족한 사람의 경우, 비전투원으로 복무하면 로마 시민권자로서의 병역 의무를 면제해줬던 것으로 보인다. 비전투원은 병사들과 함께 진군하고 때에 따라 칼과 방패를 들고 싸우기도 했으므로 몸이 건강해야 했다.

성채 citadel

가파른 언덕 위에 있는 요새. 로마의 야니쿨룸 요새처럼, 자체적인 벽으로 둘러싸인 더 크고 개방적인 요새 내부에 있는 경우도 있다.

수송선 transport

이 시리즈에서는 군부대를 수송하는 배라는 뜻으로 사용되었다. 이 선박은 그러한 목적에 맞게 설계되었으며 전투 갤리선에 비해 선폭이 훨씬 넓고 전체적으로 매우 컸다. 노는 1단이나 2단으로 배치되었다. 전문 노잡이들이 노를 저었는지 부대 병사들을 노 젓기에 투입했는지에 대해서는 알려진 바가 없지만, 만약 실제로 병사들이 노를 저었다면 바로 그 점이 그들이 항해를 싫어했던 또하나의 이유였을 것이다. 로마인들의 실용적인 성향을 고려하면 단지 노 젓기에 투입하기 위해 다수의 추가 병력을 태우려 하지는 않았을 게 분명하다. 다만 수송선이 추가 병사들을 기다리지 않고 빈 상태로 항구에 복귀하려는 경우에는 최소한도로 필요한 노잡이 인력을 데려갔으리라 추측된다. 임박한 전투가 없을 경우 로마군 병사들은 군사 외적 작업에 투입되었다.

수습군관 contubernalis

일반적으로 좋은 가문 출신의 군관 후보생. 로마 군관 위계에서 최하위였지만 백인대장이 되기 위해 훈련받는 것이 아니었다. 수습군관이 백인대장이 되는 일은 전혀 없었다. 백인대장은 사병 중에 지휘 능력을 타고난 경험 많은 사람이 되는 것이었다. 비교적 고귀한 태생인 수습군관들은 보좌관단 소속이었고 본인이 원하지 않는 한 실제 전투에는 자주 나가지 않아도 되었다. 군 경력이 아닌 앞으로의 공직 경력의 일부로써 의무적으로 일 년간 복무하는 것이었다.

스트라테고스 strategos

군사령관 또는 장군을 뜻하는 그리스어.

십인대 → '십인조'

아라우시오 전투 Battle of Arausio

15년에 걸쳐 로마로 이주를 시도해오던 세 게르만 부족(킴브리족, 테우토네스족, 티구리니족 · 마르코만니족 · 케루스키족 연합)은 기원전 105년 10월 6일 로다누스 강 유역의 아라우시오 마을 외곽에서 로마군과 전투를 치렀다. 파견된 두 명의 로마 사령관 나이우스 말리우스 막시무스와 퀸투스 세르빌리우스 카이피오가 서로 전혀 협조하지 않아서, 병력이 전략적으로 형편없는 위치에 나뉘어 배치되었다. 결과는 로마 공화정 역사상 최악의 패전이었다. 이 전투로 로마군 8만 명이 죽었다.

오피둠 oppidum

갈리아의 요새. 사람이 거주할 목적으로 건설된 경우는 아주 드물었으므로 요새 도시는 아니었다. 오피둠 안에는 부족의 보물과 곡식을 보관하는 곡물 저장소와 창고, 회의장이 있었다. 왕이나 대영주가 거주하는 오피둠도 있었고, 아바리쿰 같은 일부 오피둠은 실제로 도시 역할을 했다.

은 독수리 기수(아퀼리페르) aquilifer

마리우스는 자신의 군단마다 은 독수리 기를 지급했는데 그가 직접 창안한 관례로 추정된다. 군단에서 가장 뛰어난 자로 뽑힌 병사가 해당 군단의 은 독수리 기를 적으로부터 지키는 역할을 맡았다. 다른 병사와 구분되도록 늑대 가죽이나 사자 가죽을 걸쳤고 용맹함을 과시하는 다양한 장식품을 달고 다녔다.

이두전차 biga

라틴어로 비가. 말 두 필이 끄는 이륜전차.

임페라토르 imperator

'최고 사령관' 혹은 '장군'. 그러나 세월이 흐르면서 큰 승리를 거둔 장군에게만 주어지는 호칭이 되었다. 원로원에서 개선식 개최를 허락받고자 하는 장군은, 전투가 끝난 뒤 그의 군대가 전장에서 자신을 임페라토르로 외쳐 불렀다는 사실을 증명해야 했다. 이 단어는 '황제(emperor)'의 어원이다.

전승기념물 trophy

노획물 중 외관이 화려하거나 명성이 자자한 적군의 군장. 초기 그리스인들은 전장에서 창으로 뼈대를 만들어 땅에 고정시키고 적장의 갑옷을 올린 후 승리를 거두는 데 도움을 준 신들에게 바쳤다. 로마인들은 이 관행을 변형하여, 전장에 기념비를 세워놓고 모든 전승기념물을 로마로 가지고 갔다. 로마에서 개선장군의 가두행진에 이 기념물들을 전시한 후 선택된 신에게 봉헌하고 그 신전에 영구 보관했다. 메텔루스 마케도니쿠스는 로마 최초로 유피테르 스타토르 신에게 바치는 대리석 신전을 지어 전승기념물을 보관했고, 마리우스는 명예와 미덕을 기리는 신전을 건립하여 자신의 전승기념물을 보관했다.

정강이받이 greaves

금속 재질의 보호대를 끈으로 무릎과 발목 뒤에서 묶은 것이며, 로마군에서는 백인대장만 착용했다. 백인대장의 정강이받이는 계급장 역할을 했기 때문이다.

중대 maniple

로마 군단에서 전술 작전을 위해 과거에 이용하던 소규모 부대. 백인대 두 개로만 구성되었고, 마리우스 시대에는 로마의 적들을 상대하기에 너무 규모가 작은 부대로 드러났다. 마리우스가 대대를 주요 전술 단위로 만들었고, 이후 중대는 보기 좋은 행진 단위로 위상이 강등되었다.

참모군관 tribunus militum

사령관의 참모진 중 선출직 군무관이 아니면서 계급이 보좌관보다 낮고 수습군관보다 높은 이들. 사령관이 집정관일 때는 그를 위한 참모 업무를 맡아 했고, 집정관이 아닐 경우 직접 군단을 지휘할 수도 있었다. 기병대의 지휘관 역할도 수행했다.

철갑 기병 cataphract

머리부터 발끝까지 쇠사슬 갑옷으로 무장한 기병. 말도 쇠사슬 갑옷으로 덮었다. 철갑 기병은 중세 기사의 조상 격이지만, 이 시기에는 아르메니아와 파르티아 왕국 특유의 존재였다. 군장의 무게 때문에 메디아에서 사육하는 덩치가 매우 큰 말을 썼다.

최고참 백인대장 primus pilus

로마 군단에서 제1대대, 그 안에서도 제1백인대를 지휘하던 백인대장. 다시 말하자면 한 군단의 최고 백인대장이었다. 승진을 여러 차례 거쳐야 오를 수 있었으며, 최고 군단 내에서 가장 실력 있는 군인으로 인정받았다. 마리우스와 술라 시대에 최고의 백인대는 일반 백인대와 같은 규모였던 것으로 보인다.

충각 beak

라틴어로 로스트룸. 떡갈나무나 청동으로 만들었다. 군함의 뱃머리 앞쪽 해수면 바로 아래 지점에 돌출되어 있었다. 적선에 구멍을 내거나 부수는 데 사용했는데 이러한 행위를 '래밍'(ramming, 들이받기)이라고 한다.

카수스 벨리 casus belli

전쟁의 이유.

카타풀타 catapulta

공화정 시기에 큰 화살(아주 큰 화살 같은 나무 소재의 던지는 무기)을 쏘기 위해 제작된 무기. 원리는 석궁과 비슷했다. 카이사르의 『갈리아 전기』에 따르면 정확하고 치명적이었다고 한다. 소형 카타풀타는 스코르피오라고 불렀다.

콰드리가 quadriga

말 네 필이 나란히 연결된 사두 이륜전차.

톨로사의 황금 Gold of Tolosa

기원전 278년으로부터 여러 해가 지난 어느 날, 한 무리의 볼카이 텍토사게스족은 마케도니아에서 아퀴타니아의 톨로사(오늘날 프랑스의 툴루즈) 인근의 고향으로 돌아왔을 것이다. 그들은 여러 신전을 약탈하여 전리품을 가지고 왔는데, 약탈품을 녹여서 톨로사의 여러 신전의 경내 곳곳에 있던 인공 호수에 보관했다. 금은 그대로 물 밑에 놔두었고, 은으로는 거대한 맷돌을 만들어 연못 밑에 두었다가 정기적으로 끌어올려 밀을 갈았다. 기원전 106년 로마의 집정관 퀸투스 세르빌리우스 카이피오는 당시 톨로사 근처에서 머물던, 이주중인 게르만족과 전쟁을 하라는 명령을 받았다. 카이피오가 그곳에 도착했을 때 게르만족은 자신들을 받아주었던 볼카이 텍토사게스족과 다툼 끝에 떠나버린 뒤였다. 집정관 카이피오는 전투는 하지 못했지만 톨로사의 신성한 호수들 속에 있던 엄청난 양의 금과 은을 발견했다. 은은 맷돌을 포함하여 1만 탈렌툼(250 영국 톤), 금은 1만 5천 탈렌툼(370 영국 톤)에 달했다. 은은 나르보 항으로 이송 후 배편으로 로마로 보냈다. 은을 이송하는데 쓴 짐마차들은 톨로사로 되돌아가서 금을 실었고, 이 짐마차 수송대는

520여 명으로 구성된 로마군의 호위를 받았다. 카르카소 요새 부근에서 수송대는 강도의 습격을 받았다. 호위 군인들은 전멸했고 짐마차들과 황금은 사라져버린 후 다시는 발견되지 않았다.
사건 당시 집정관 카이피오는 의심을 받지 않았지만, 1년 후 아라우시오 전투에서의 행위 때문에 비난을 받은 후부터 집정관 카이피오가 그 짐마차 수송대를 습격한 배후이고 톨로사의 황금을 자기 명의로 스미르나에 보관하고 있다는 소문이 돌기 시작했다. 집정관 카이피오는 그 강도 사건으로 재판을 받지는 않았지만 군대를 잃은 일로 재판을 받아 유죄판결을 받고 추방당했다. 그는 추방지로 스미르나를 선택했고 그곳에서 기원전 100년에 죽었다. 톨로사의 황금 이야기는 고대의 자료들에 나오지만 집정관 카이피오가 그것을 훔쳤다고 단언하는 자료는 없다. 그러나 그가 훔쳤다고 보는 것이 타당해 보인다. 그의 뒤를 이은 세르빌리우스 카이피오 집안사람들은 마지막 후손인 브루투스까지 엄청나게 부유했기 때문이다. 또한 대부분의 로마인이 집정관 카이피오가 로마 국고에 있던 황금보다도 많은 톨로사의 황금 실종의 배후라고 생각했다는 것 역시 거의 분명하다.

트리움파토르 triumphator

개선장군에게 부여된 이름.

파비우스식 지연전술 Fabian tactics

17년 동안 회전(會戰) 없이 이탈리아 전역에서 한니발의 군대의 뒤를 밟은 파비우스 막시무스 쿵타토르의 이름을 땄다. 지금도 전투를 피한다는 의미로 쓰인다.

포 artillery

화약이 사용되기 전에는 탄성력을 이용해 탄알(바위, 돌덩이, 자갈, 산탄, 포도탄, 크고 작은 화살)을 발사하는 포가 주요 병기였다. 로마에는 발리스타, 카타풀타, 오나게르 등 다양한 포가 있었다.

포룸 카스트룸 forum castrum

로마군 야영지 내부의 회합 장소. 총사령관의 사령부 막사 옆에 있었다.

프라이토리아 가도 via praetoria

로마군 진지 내에 있던 넓은 길로 진지의 정문과 후문을 연결했다.

프링키팔리스 가도 via principalis

로마군 진지 내에 있던 넓은 길로, 프라이토리아 가도와 수직으로 교차되었으며 양쪽 옆문을 연결했다. 이 주요 가도 두 개가 교차하는 지점에 총사령관 막사가 있었다.

필룸 pilum

로마 보병이 이용하던 창으로 마리우스가 개량했다. 쇠로 만든 머리에는 아주 작고 정교한 미늘이 달려 있었고, 창날이 1미터 정도 이어졌다. 이 창날은 손으로 잡기 편한 나무 손잡이와 연결되었다. 마리우스가 창날과 나무 손잡이의 연결 부위를 약하게 개량한 필룸창은 던졌을 때 방패, 적군의 몸, 땅에 맞고 쉽게 분리되었기 때문에 적군이 재사용할 수 없었다. 반면 로마군 병기공들은 분리된 필룸창을 손쉽게 수리할 수 있었다.

하스타 hasta

창끝이 나뭇잎 모양인 전통적인 로마 보병의 창. 마리우스가 필룸으로 개량하면서부터 사용되지 않았다.

종교 및 신화

고르곤 gorgon

신화 속의 여성 괴물. 산 뱀들을 머리카락으로 달고 있었고 눈길로 사람을 돌로 만들었다. 자매인 세 고르곤이 있었지만 그중 메두사의 시선만 사람을 돌로 변하게 했다.

네메톤 nemeton

드루이드교도들이 신성시했던 떡갈나무 숲.

네파스 nefas

신성모독.

넥타르 nectar

신의 음료. 꿀을 이용해 만든 것으로 보인다.

누멘 numen

'신성(神性)' 혹은 '고개를 끄덕임'. 형태가 없는 이탈리아와 로마 신들을 설명하기 위해 로마인이 아니라 현대 학자들이 만들어낸 단어다. 신이라기보다 초자연적 힘에 가깝다. 이 오래된 신들은 비와 바람, 출입구의 기능, 경계석의 정확한 위치, 혹은 우리가 행운이라 부르는 요소 등에 영향을 끼치는 다양한 힘을 의미한다. 그들에게는 얼굴이나 성별이 없고 관련 신화도 존재하지 않는다. 영어 단어 'numinous(신령스러운)'의 어원이기도 하다. 로마는 공화정 설립 이후 시간이 흐르면서 그리스 문화를 많이 수용하였고, 신령스러운 존재였던 이 신들에게는 이름과 성별, 심지어 얼굴도 생겼다. 하지만 로마의 종교는 그리스 문화를 조악하게 뒤섞어놓은 것에 불과하다는 주장은 로마를 지나치게 얕잡아 보는 평가다. 그리스와 달리 로마의 종교는 모든 면에서 정부와 밀접한 관계를 맺고 있어 종교와 정부가 결코 분리될 수 없었다. 이러한 역사는 모든 신들이 신령스러운 존재였던 왕정 시대 이전으로 거슬러올라가며, 황제가 기독교를 국교로 도입하면서 기존의 로마 종교가 힘을 잃을 때까지 계속되었다. 이 시리즈에서 다루는 시대는 국교가 영향력을 상실하기 한참 전이며 당시엔 가장 똑똑하고 인습 타파적인 로마인들, 이를테면 마리우스나 독재관 카이사르조차도 종교를 아주 중요시했다.

다그다 Dagda

드루이드교의 주신. 기본 성질은 물이며, 위대한 여신 다누의 남편이다.

다누 Dann

드루이드교의 주 여신. 기본 성질은 흙이며 다그다의 아내이지만, 다그다보다 지위가 낮은 것처럼 보이지는 않을 것이다. 에포나와 술리스, 바드브를 비롯한 많은 여신들을 거느렸다.

대신관 pontifex

많은 라틴어 어원 연구자들에 따르면 로마 초창기의 대신관은 교량을 건설하는 사람이었을 것이라고 한다(라틴어 '폰스(pons)'는 교량이라는 뜻). 교량 건설은 사람이 신에게 다가갈 수 있는 신비로운 행위로 간주되었기 때문이다. 유래야 어찌되었든 공화정 시대에 와서 대신관은 특별한 신관을 의미하게 되었다. 대신관들이 모여 대신관단을 구성했고, 정무관과 민회를 위해 종교 관련 자문 역할을 했다. 그들은 직접 정무관 자리에 오르기도 했는데, 대신관에 뽑혔다는 건 거의 무슨 공직이든 차지할 수 있음을 의미했다. 처음에는 파트리키 출신만이 대신관이 될 수 있었으나 기원전 300년에 오굴니우스법이 통과하면서 대신관단의 절반은 평민으로 채워지게 되었다. 신규 대신관과 조점관은 기존 구성원들의 동의로 선임되었다. 그러나 기원전 104년 나이우스 도미티우스 아헤노바르부스가 도입한 새로운 법에 따라 35개 중 추첨으로 뽑힌 17개 트리부스로 구성된 민회에서 대신관과 조점관 전원을 선출하게 되었다. 술라가 이전의 자체 선임 제도를 부활시키려 했으나 기원전 63년에 다시 선거 방식으로 돌아갔다. 내부에서 선임하든 선거로 뽑히든 신입 신관들의 나이는 원로원 의원이 되기 위한 최소 연령을 훨씬 밑도는 경우가 많았다. 따라서 카이사르가 스물일곱 살에 대신관으로 임명된 것은 그다지 특별하거나 놀랄 만한 일이 아니었다. 대신관은 종신직이었으며 빨간색과 자주색이 들어간 줄무늬 토가를 입었다.

드루이드 Druid

드루이드교의 사제. 켈트족과 벨가이족을 막론하고 갈리아인들의 정신적(그리고 종종 세속적) 사고를 지배했다. 노래부터 의식과 법 들까지 필요한 모든 것을 암기해야 하는 드루이드가 되기 위한 수련 기간은 20년이었다. 기록으로 전승하는 것은 아무것도 없었다. 일단 드루이드로 축성되면 평생 동안 직위를 유지했다. 결혼할 수 있었다. 정신적 지도자로서 드루이드는 세금도 십분의일세도 내지 않았으며 군역의 의무도 없었고 집과 음식도 부족이 제공했다. 드루이드는 사제이자 법률가, 의사로서 기능했다.

드루이드교 Druidism

장발의 갈리아와 브리타니아에서 켈트족의 주요 종교. 특히 카르누테스족이 거주하던 장발의 갈리아가 본거지였다. 제관은 드루이드(Druid)라고 불렸다. 신비주의적 · 자연주의적 이교로 지중해 연안의 주민들에게는 전혀 설득력이 없었고 기이하게만 여겨졌다.

디오니소스 Dionysus

로마 신이 아니라 그리스 신. 디오니소스 숭배는 트라키아에서 유래한 것처럼 보이는데, 아주 흥청망청한 술잔치로 숭배하는 곳이었다. 후대에는 포도주를 마시며 더 점잖게 숭배했다.

라레스 Lares

라르(Lar)의 복수형. 모든 신들 중에서 가장 로마적인 신들. 형태, 모양, 성(性)이나 수(數)의 구분, 신화가 없다. 엄밀히 말해서 신이라기보다는 누멘, 즉 정령이었다. 교차로나 경계 등 특정 장소의 수호신, 사회적 집단의 수호신, 항해의 수호신, 국가의 수호신 등 다양한 라레스가 있었다. 공화정 말기에는 개 한 마리를 데리고 있는 두 청년으로 형상화해 조각하기도 했다. 하지만 로마인들이 라레스가 실제로 그런 모습이라고 믿었던 것 같지는 않다. 그보다는 점점 더 복잡해지는 삶에서 확고한 형태의 신이 필요했던 까닭일 것이다.

라레스 페르마리니 Lares Permarini

항해자를 보호하는 라레스.

라레스 프라이스티테스 Lares Praestites

국가를 보살피는 라레스. 공공의 라레스라고도 한다.

라미아 lamia

상반신은 인간이고 하반신은 뱀인 신화 속 괴물.

렉티스테르니움 lectisternium

큰 위기가 닥쳤을 때 신의 노여움을 달래려고 행하던 종교행사. 중요한 신의 형상을 남녀 한 쌍의 형태로 긴 의자에 올려놓은 뒤 음식을 바치며 경의를 표했다.

로마의 비밀 이름 secret name of Rome

짐작건대 여신 로마로 의인화된 로마에는 비밀 이름이 있었다. 이 비밀 이름은 특별한 여신 앙게로나가 수호했는데, 볼루피아 성소의 제단에 세워진 이 여신상은 입에 붕대가 감겨 있었다. 이 이름을 말하는 비밀스러운 의식이 열리기도 했지만, 비밀 이름을 발설하는 행위는 철저히 금기시되었고 교양 높은 사람들조차 그 이름이 발설되면 위험이 닥친다고 믿었다. 그 비밀 이름은 로마(Roma)를 거꾸로 한 아모르(Amor)라는 것이 대다수 사람들의 생각이었다. 아모르는 '사랑'을 뜻한다.

리베르 파테르 Liber Pater

본래 이탈리아에서 남성의 정자와 작물의 발아를 관장하는 번식의 신이었다. 나중에는 바쿠스(그리스의 디오니소스)처럼 포도주와 주흥의 신과 동일하게 취급되지만, 그렇다고 사람들에게 가볍게 여겨지지는 않았던 것으로 보인다. 이탈리아 동맹시들은 로마에 대항해 전쟁을 일으킬 때 수호신으로 리베르 파테르를 채택했다.

리투우스 lituus

조점관이 지니고 다녔던 지팡이. 길이가 대략 1미터였을 것으로 짐작되며 끝부분이 소용돌이 모양으로 굽어 있었다.

마그나 마테르 Magna Mater

'위대한 어머니'. 이 대지모신은 쿠바바 키벨레라는 이름으로 고대 도시 카르케미시에서 프리기아로 전해졌고, 그녀를 위한 가장 큰 성소가 프리기아 왕국의 도시 페시노스에 세워졌다. 제2차 포에니 전쟁이 끝나가던 기원전 204년 무렵 페시노스에 있던 마그나 마테르의 배꼽돌이 로마로 옮겨졌다. 이후 대지모신 숭배가 그 어느 때보다 중요한 종교활동으로 자리잡았다. 마그나 마테르 신전은 대경기장이 내려다보이는 팔라티누스 언덕 위에 있었다. 그녀를 모시는 신관들은 거세된 남자들이었고, 의식에는 채찍질이 포함되어 있었다.

마르스 신관단(살리) salii

군신 마르스의 경배를 맡은 신관단. 단어 자체는 '껑충 뛰는 무용수들'이라는 뜻이다. 각각 열두 명씩 두 무리로 총 스물네 명이었다. 파트리키 출신만 들어갈 수 있었다.

모르몰리케 Mormolyce

아이들이 무서워하던 괴물로 '모르모'라고도 했다. 식인을 일삼는 거인족의 여왕으로 자기 아이들을 잃어버린 후 인간 아이들을 잡아먹게 되었다. 역사 혹은 미신에서 유래한 것으로 보인다.

바쿠스 Bacchus

그리스의 디오니소스. 포도주의 수호신으로, 의미를 확대하면 주흥의 신이기도 하다. 로마 공화정 초중반에 과도한 주흥은 바람직하지 못한 일로 여겨졌고 심지어 이를 금지하는 법이 제정되기도 했다. 그러나 독재관 술라의 시대에 이르러서는 사회 전반에 이를 어느 정도 용인하는 분위기가 생기기 시작했다.

버려진 자(사케르) sacer

'신에게 바쳐진'이라는 의미가 더 일반적이지만 이 시리즈에서는 신의 계율을 모독함으로써 신체와 재산을 신에게 박탈당한 사람이라는 뜻으로 사용되었다. 술라가 공권박탈자 명단을 발표할 때 이 표현을 사용한 것은 로마가 여신이기 때문이다.

베누스 리비티나 Venus Libitina

생명력을 관장하는 베누스 여신은 여러 면모를 지녔는데, 베누스 리비티나는 생명력의 소멸에 관여했다. 로마에서 대단히 중요했던 이 지하세계 신의 신전은 세르비우스 성벽 바깥쪽에 자리했는데, 정확한 위치는 알려져 있지 않지만 대략 에스퀼리누스 평원의 대규모 공동묘지 한가운데였다. 저자로서는 어떻게든 위치를 정해야 했으므로 라비쿰 가도가 주요 외곽 순환도로 두 개와 만나는 교차로에 위치시켰다. 경내는 로마 신전치고 큰 편이었고 안에 숲이 있었는데 (죽음과 연관된) 사이프러스나무였을 것으로 추측된다. 경내에 장의사와 장례 책임자 본부가 있었으며 짐작건대 가판대나 가건물에서 영업했을 것이다. 또한 시민 사망등록소도 있었는데, 사망등록에 지불해야 했던 주화가 쌓여 이 신전이 부유해졌다. 로마에 집정관이 부재한 경우 집정관들의 파스케스는 이 신전 안에 특별히 마련된 긴 의자에 보관되었다. 집정관이 로마를 벗어나는 경우에만 파스케스에 끼우던 도끼머리 역시 이곳에 보관되었다. 로마에 많던 상조단체들은 어떤 식으로든 이 여신과 연관되었으리라 짐작된다.

베누스 에루키나 Venus Erucina

도덕관념에 얽매이지 않는 사랑의 행위를 주관한 베누스. 이 여신의 축일에는 매춘부들이 제물을 바쳤고, 콜리나 성문 바깥에 있던 베누스 에루키나의 신전은 잘나가는 매춘부들이 보내온 희사금을 받는 데 익숙했다.

베디오비스 Vediovis

신화가 없고 신비에 싸인 로마 고유의 신. 젊은 유피테르 신의 현시였을 것이라 추측된다. 키케로조차도 베디오비스에 대해서는 모호하게 표현했다! 행운을 상징하는 신은 분명 아니었고, 아마도 지하세계와 연관되었으며 실망의 수호신이었던 것으로 보인다. 로마에는 카피톨리누스 언덕과 티베리스 섬에 신전이 있었다. 우리가 아는 한 로마 외의 지역에서는 보빌라이를 제외하고 이 신을 숭배한 곳이 없었다. 보빌라이에서는 기원전 100년에 어느 율리우스 가문 사람이 씨족 전체를 대표해 제단을 세웠다.

베스타 Vesta

신화나 형상이 없이 매우 신비한 속성을 지닌 로마의 오래된 여신. 화로의 여신으로 가정생활의 중심이 되었다. 페나테스, 라르 파밀리아리스와 더불어 모든 가정에서 숭배되었다. 베스타 여신에 대한 국가적 숭배의식도 마찬가지로 중요했으며 최고신관이 직접 주관했다. 또한 여신의 중요성이 워낙 컸기에 신녀 여섯 명으로 이루어진 자체 신관단이 있었다. 포룸 로마눔에 위치한 신전은 작고 매우 오래된 원형 건물로 레기아, 유투르나 샘, 최고신관의 관저인 도무스 푸블리쿠스와 이웃해 있었다. 유투르나 샘은 베스타 신녀들의 물 공급원이었고 신녀들이 매일 샘에서 직접 물을 길어 와야 했으나, 공화정 말기가 되면 이는 종교의식으로만 행해졌다. 베스타 신전에는 공공화로가 끊임없이 타오르고 있었는데 이 불은 베스타 신녀들이 관리했으며 절대 꺼져서는 안 되었다.

베스타 신녀 Vestal Virgins

베스타 여신을 모시던 여인 여섯 명의 특별한 신관 집단. 7~8세에 선발되어 순결 서약을 하고 30년간 재직했다. 그 기간이 지나면 서약에서 풀려나 다시 일반 사회로 돌아왔으며, 원하면 결혼할 수도 있었지만 그들의 결혼은 불길하다는 인식이 있어 실제로 결혼하는 경우는 드물었다. 베스타 신녀의 순결은 로마의 운, 다시 말해 국운과 직결된 것이었다. 베스타 신녀가 순결의 맹세를 저버렸다고 여겨질 경우 그 자리에서 바로 처벌하지 않고 특별 소집된 법정에서 공식 재판을 실시했다. 해당 신녀와 정을 통한 협의자도 다른 법정에서 재판을 받았다. 유죄가 선고된 신녀는 이러한 목적으로 파놓은 지하실에 갇혀 사람과의 접촉이 완전히 차단된 채 그대로 생매장되었다. 신녀의 상대 남성이 유죄를 선고받으면 채찍을 맞은 뒤 불길한 나무에서 십자가형에 처해졌다. 순결 상실과 결부된 크나큰 두려움에도 불구하고 베스타 신녀들이 완전한 은둔 생활을 한 것은 아니었다. 수석 신녀가—일부 경우에는 최고신관도—상황을 알고 허락한다면 신녀는 사적인 만찬 자리에도 참석할 수 있었다. 베스타 신녀단은 남성 신관단들과 대등한 자격으로 모든 종교 연회에 참석했다. 공화정 시대에 베스타 신녀들은 최고신관과 같은 관저의 격리된 공간에서 생활했다.

벨로나 Bellona

로마의 전쟁의 여신. 신성경계선 바깥 마르스 평원에 신전이 있었고, 기원전 296년에 위대한 아피우스 클라우디우스 카이쿠스가 이 신전을 신에게 봉헌했다. 이 여신에게 바치는 의식을 거행하는 신관단이 따로 있었고, 신전 앞에는 '적의 영역'이라는 넓은 공터가 있었다.

사령(死靈) lemures

지하세계에서 온 존재들. 유령.

살루스 Salus

로마의 건강의 신.

세라피스 Serapis

마케도니아와 이집트 문화가 독특하게 뒤섞인 습합신. 프톨레마이오스 1세와 그 당시 프타 신의 대사제였던 마네톤이 구상했다고 전해진다. 세라피스는 제우스와 오시리스의 통합체이자 아피스 황소의 수호신이며, 그리스 문화권에 속했기에 이집트의 전통적인 '짐승신들'을 싫어하던 알렉산드리아와 나일 삼각주 지역 주민들의 흥미를 끌 수 있게 고안되었다. 세라피스의 조각상들은 그리스 양식으로 제작되었으며 바구니 모양의 커다란 왕관을 쓴 수염 난 남자의 모습이었다. 알렉산드리아 시에서 가장 열악한 라코티스 지구에 신전이 있었다는 점에서 세라피스는 하층 계급의 신이었음을 미루어 짐작할 수 있다.

세이렌 siren

신화에 등장하는 대단히 매력적인 여인으로 위험한 암초와 암석 사이에 살았다. 아름다운 노랫소리로 뱃사람들을 홀려 배를 좌초하게 만들었다.

솔 인디게스 Sol Indiges

고대 이탈리아의 가장 오래된 신들 중 하나로 땅의 여신 텔루스의 남편인 태양신. 이 신에 대한 제례의식은 알려진 바가 거의 없지만, 대단한 숭배 대상이었던 것으로 보인다. 그의 이름을 걸고 맹세하는 것은 매우 중대한 일이었다.

솔 인디게스, 텔루스, 리베르 파테르 Sol Indiges, Tellus and Liber Pater

서약과 맹세를 관장한 신비한 세 로마신. 이 신들의 이름이 언급되면 누구보다 냉소적인 로마인일지라도 기필코 자신의 맹세를 지켰다('솔 인디게스', '텔루스', '리베르 파테르' 참조).

수오베타우릴리아 suovetaurilia

돼지(수), 양(오베), 소(타우르)를 바치는 특별한 희생제. 이 제물들은 대단히 중요한 경우에 특정한 신들에게만 바쳐졌다. 유피테르 옵티무스 막시무스와 마르스 신이 그에 해당한다. 이 희생제가 있는 의식에서는 제물로 쓰일 짐승을 죽이기 전에 엄숙한 행렬을 지어 끌고 가는 절차가 따랐다. 이외에도 정기적으로 수오베타우릴리아를 치르는 경우가 두 가지 있었다. 첫째는 5월 말에 아르발레스 형제단이라 불리던 하급 신관 열두 명이 치르는 토지 정화제였다. 둘째는 5년마다 감찰관들이 마르스 평원에 가건물을 세우고 로마 시민 전원에 대한 인구조사 전에 치르는 제식이었다.

스킬라와 카리브디스 Scylla and Charybdis

카리브디스는 이탈리아와 시킬리아 섬 사이의 해협이나 '헤라클레스의 기둥' 근처 및 여러 장소들에 존재했던 신비로운 소용돌이이며, 스킬라는 카리브디스 바로 옆에 살던 짖어대는 개들을 허리띠처럼 두른 괴물이다. 선원들은 둘 중 하나를 피하더라도 다른 하나의 수중에 떨어질 수밖에 없었기에, 고대에 '스킬라와 카리브디스 사이에 끼다'라는 말은 오늘날의 '진퇴양난에 빠지다'나 '이러지도 저러지도 못하다'와 동일한 의미였다.

스페스 Spes

로마의 희망의 신.

시빌라 Sibylla

신탁을 전하는 무녀로, 무아경의 광란상태에서 예언을 전했다. 가장 유명한 시빌라는 캄파니아 해안에 위치한 쿠마이의 동굴에 살았다. 로마는 그리스어 예언 모음인 시빌라의 예언서를 보유하고 있었다. 전설에 의하면 쿠마이의 시빌라가 이 예언서들을 로마의 타르퀴니우스 프리스쿠스 왕에게 팔겠다고 제안했다가 거절당하자 종려나무 잎에 쓰여 있던 예언서 한 권을 불태웠고, 왕이 재차 거절하자 한 권을 더 불태웠다. 결국 왕은 남은 책들을 사들였고 하급 신관들로 구성된 특별 신관단이 그 관리를 맡게 되었다. 로마에서는 이 예언서를 대단히 숭상했으며, 국가의 중대한 위기를 앞두고 원로원이나 트리부스회의 지시가 있을 때만 이를 참고했다. 술라는 예언서 관리를 맡은 신관단 수를 열 명에서 열다섯 명으로 늘렸다. 그러나 이 예언서는 기원전 83년 7월 6일 유피테르 신전 화재로 소실되었다. 술라는 전 세계의 시빌라들을 찾고 예언서를 다시 모으라는 명령을 내렸다.

아이데스 aedes

축성시 조점식을 치르지 않은 성소. 예를 들어 여자들의 신을 모시는 베스타 신전은 완전한 신전이라기보다 아이데스 사크라(aedes sacra)에 속했다. 베스타 신전은 포룸 로마눔에 위치해 있던 둥근 건물이다.

아이테르 aether

신적인 힘이 스민 대기 상층부 또는 신 주변의 공기. 때에 따라 하늘, 특히 한낮의 창공을 지칭하는 말로 쓰였다.

아트로포스 Atropos

세 운명의 여신 중 하나. 클로토는 실을 잣고, 라케시스는 그 실로 무늬가 그려진 천을 지었으며, 아트로포스는 가위로 그 실을 끊음으로써 각각 삶의 시작과 과정과 끝을 관장했다.

안나 페렌나 Anna Perenna

로마의 토속신 중 하나. 그리스에는 해당하는 신이 없다('누멘' 참조). 얼굴이나 신화가 없고 여성으로 간주된다. 구(舊) 로마력 기준으로 새해 첫날인 3월 1일이 지나고 첫 보름달이 뜨는 날에 열리는 안나 페렌나 축제는 로마인 모두에게 무척 기쁜 행사였다.

에수스 Esus

드루이드교에서 전쟁의 신. 기본적인 성질은 공기였다.

엘리시온 Elysium

공화정 시대 로마인들은 사람이 죽은 뒤 살았을 때의 모습으로 환생한다고 믿지는 않았지만, 의식과 개성이 없는 망자의 형상인 '사령' 및 저승의 존재를 믿었다. 그러나 그리스인과 로마인 모두, 신들이 보기에 영광으로 가득한 삶을 산 사람은 죽은 뒤에 엘리시온 혹은 엘리시온 들판이라는 곳에서 계속 존재할 수 있다고 생각했다. 그러나 이 특혜 받은 사령 역시 유령이었고 피를 먹어야만 인간의 감정과 욕구를 다시 느낄 수 있었다. 엘리시온에 사는 존재와 대화하고 싶은 인간은 그 경계에 구덩이를 파고 동물을 희생시켜 구덩이를 피로 채워야 했다. 그 피를 마시면 사령이 말을 할 수 있었다. 평범한 사령이나 영혼은 생각이 없고 아무렇게나 지껄이며 휙휙 날아다니는 음울하고 단조로운 저승의 주민이라고 여긴 반면, 몇몇 사람의 사령은 다르게 취급되었다. 타르타로스는 하데스(저승)의 일부로, 익시온이나 시시포스 같은 아주 악한 인간들이 끝없이 망쳐지거나 미완성 되는 일을 말 그대로 영원히 반복하는 형벌을 받는 곳이었다. 엘리시온 들판 또는 엘리시온 역시 하데스의 일부로, 천국이나 극락이라고 할 수 있는 곳에 가까웠다. 흥미로운 것은 타르타로스도 엘리시온도 어떤 식으로든 신들과 관련이 있는 사람들을 위한 곳이었다는 점이다. 타르타로스로 간 저주받은 인간들은 인간이 아니라 신을 화나게 한 자들이었고, 엘리시온 들판으로 가는 인간들은 신의 아들이거나 신과 결혼했거나 신의 인간 자식과 결혼한 자들이었다. 어쩌면 이 때문에 일부 사람들이 생전에 신으로서 숭배받거나 사후에 신이 되길 간절히 바랐는지 모른다. 알렉산드로스 대왕은 신으로 천명되기를 원했다. 카이사르 역시 그랬다고 주장하는 사람들도 있다.

유노 모네타 Juno Moneta

경고하거나 무언가를 알려주는 유노 여신. 유노는 로마 최고의 여신이었고 다양한 모습으로 변신이 가능했는데, 유노 모네타는 그중 하나였다. 기원전 390년 마르쿠스 만리우스는 이 신의 성스러운 거위가 시끄럽게 울어준 덕분에 제때 잠에서 깨어 카피톨리누스 절벽을 기어오르던 갈리아인들을 막아낼 수 있었다. 로마의 조폐국이 카피톨리누스 언덕의 아륵스의 유노 모네타 신전 기단 내부에 있었던 까닭에, 이 말은 영어 단어 'money(돈)'의 어원이 되었다.

유투르나 Juturna

로마의 토속신 중 하나로, 그리스 신들과 달리 이미지나 신화가 없는 신령스러운 존재다(훗날 베르길리우스가 유투르나에 관한 신화를 지어냈다). 물의 정령이며, 팔라티누스 언덕으로 올라가는 베스타 계단 근처에 유투르나의 샘과 성소가 있었다. 이 샘물에는 치유력이 있다고 알려져 많은 순례자들이 방문했다.

유피테르 대제관 flamen Dialis

유피테르 신을 섬기는 특별한 신관으로, 제관 15명 중 가장 지위가 높다. 그의 삶은 녹록지 않았다. 그는 파트리키여야 하고 파트리키 신부와 콘파레아티오 결혼식을 올려야 했다. 임명될 당시 양친 모두 살아 있어야 했고, 임명된 후엔 평생 이 직무를 수행해야 했다. 그의 생활은 금기와 시볼레스(특정 계급 및 집단의 특수한 언행과 복장—옮긴이)로 점철되어 있었다. 그는 시체를 보거나 만지면 안 되고 쇠를 만져도 안 되며 옷이나 머리에 매듭을 지어도 안 되었다. 금속으로 머리카락이나 수염을 자르면 안 되고 가죽을 얻기 위해 죽인 동물의 가죽을 걸칠 수 없었으며, 말〔馬〕을 만지면 안 되고 콩이나 발효된 빵을 먹어도 안 되었다. 아내인 플라미니카 디알리스 역시 거의 동일한 제약을 받았다.

유피테르 스타토르 Jupiter Stator

'머무는 자 유피테르'. 전장에서 도망치는 군인들을 저지하는 한편 뒤로 물러서지 않고 적과 맞설 용기를 주는 유피테르. 군 지휘관들이 특히 숭배했다. 유피테르 스타토르를 모시는 신전은 두 군데가 있었다. 주요 신전은 벨리아 고지의 모퉁이에서 사크라 가도가 케롤리아이 늪지 쪽으로 수직으로 꺾이는 지점에 있던 건물로(기원전 88년 마리우스가 술라와의 시가전에서 패한 뒤 은신한 장소) 종종 원로원 회의장으로 사용될 정도로 내부가 넓었다. 다른 하나는 마르스 평원의 메텔루스 주랑건물 인근에 위치해 있었으며 로마 최초의 전면 대리석 건물로 알려져 있다.

유피테르 옵티무스 막시무스 Jupiter Optimus Maximus

'가장 위대한 지고의 신 유피테르'. 로마에 존재하는 모든 신들의 왕이자 로마의 '위대한 신'이었다. 카피톨리누스 언덕에 그를 모시는 장엄한 신전이 있었고, 유피테르 대제관이라는 신관이 특별히 따로 있었다.

이시스 Isis

이집트의 여신. 그러나 헬레니즘화한 신이기도 하다. 로마에서는 주로 그리스 해방노예들이 숭배했다. 로마에는 그리스 해방노예들이 아주 많이 살고 있었다. 이시스 숭배의식은 채찍질을 수반했기에, 대다수의 로마인들은 이

시스와 이시스 숭배를 몹시 거북스러워했다.

이코르 ichor

신들의 혈관 속을 흐르고 있는 액체. 신들의 피라고 할 수 있다.

제관 flamen

최소한 왕정 시대까지 거슬러올라가는 로마의 가장 오래된 신관 집단. 총 15명으로 그중 3명은 대제관이었다. 대제관들은 각각 유피테르(플라멘 디알리스), 마르스(플라멘 마르티알리스), 퀴리누스(플라멘 퀴리날리스) 신을 섬겼다. 이중 유피테르 대제관이 가장 지켜야 할 금기가 많아서 힘든 자리였다. 대제관 세 명은 국가의 녹을 받고 국가에서 제공하는 집에서 살았으며 원로원 의원이 되었다. 종신직이었으며, 판초 같은 둥근 망토와 라이나를 입고, 꼭대기에 원반형 양모를 꽂은 뿔이 달린 꼭 맞는 헬멧인 상아 아펙스를 착용했다. 제관의 아내는 여제관(flaminica, 플라미니카)이었다. 대제관은 파트리키여야 했다.

제사장(렉스 사크로룸) Rex Sacrorum

왕정 시대에는 가장 지위가 높은 사제 겸 왕을 일컫는 말이었다. 공화정이 들어서면서 공화정 지도자들은 렉스 사크로룸보다 더 지위가 높은 최고신관직을 만들었다. 이것은 로마인다운 해결책이었다. 왕정 시대의 잔재인 제사장은 반드시 파트리키 출신이어야 했고, 유피테르 대제관과 마찬가지로 수많은 금기에 얽매여 있었다.

조점관 augur

점술과 관련된 일을 보던 신관. 조점관단은 파트리키 6인, 평민 6인을 합쳐 총 12인으로 구성되었으나, 기원전 81년 독재관 술라가 정원을 15인으로 늘리고 평민이 파트리키보다 적어도 1인 이상 많도록 법을 개정했다. 원래 현임 조점관이 신임 조점관을 직접 선정했으나, 기원전 104년 나이우스 도미티우스 아헤노바르부스가 도미티우스 신관선출법을 통과시킨 후 투표로 공개 선출했다. 조점관은 점괘를 자의적으로 해석하거나 미래를 예언하는 자가 아니었다. 그보다는 집회, 전쟁, 신규 법안, 선거와 같은 국가 행사와 시국적 사안에 대한 신의 승인 여부를 확인하기 위해 특정한 사물이나 징조를 면밀하게 관찰해야 했다. 조점관은 표준 지침서가 있었고 '책에 나온 대로' 점괘를 해석했으며, 토가 트라베아(해당 항목 참조)를 입었고 리투우스라는 굽은 지팡이를 들고 다녔다.

진설관 epulones
유피테르 옵티무스 막시무스 축제 후의 원로원 연회 및 경기대회와 몇몇 축일의 공공 연회를 준비하는 임무를 맡은 하급 신관들.

최고신관 Pontifex Maximus
국가 종교의 수장으로, 신관 중에 가장 지위가 높다. 로마 초기에 처음 만들어진 지위로 보이며, 타인의 감정을 자극하지 않으면서 장애물을 피해 가는 데 능숙했던 로마인의 특징을 잘 보여준다. 애초에는 로마의 왕에게 주어지는 직위인 제사장이 가장 높은 신관 역할을 맡고 있었다. 원로원을 통해 로마를 통치하게 된 새로운 지배자들은 제사장을 폐지하여 민심을 건드리는 대신 더 높은 신관 직을 만들어냈는데 그것이 바로 최고신관이었다. 최고신관은 다른 구성원들의 동의가 아니라 선거로 선출되었다는 점에서 정치인과 비슷했다. 다만, 카이사르가 선출되기 전에 최고신관이었던 퀸투스 카이킬리우스 메텔루스 피우스는 선거로 뽑히지 않았다고 볼 만한 충분한 근거가 있다. 플리니우스의 저서에 그가 말을 더듬었다는 구절이 있는데, 이는 말을 완벽하게 구사해야 했던 최고신관 자리에 어울리지 않는 결점이기 때문이다. 만약 저자의 추측대로 이전에 최고신관 직도 선거에서 배제되었던 게 맞다면, 대신관과 조점관의 선거를 부활시킨 기원전 63년의 라비에누스법은 카이사르에게 대단히 요긴하게 쓰였다. 카이사르는 라비에누스법이 시행된 직후 선거에 출마해서 당선되었으니 말이다.
최고신관은 종신직이었다. 초기에는 파트리키만 최고신관이 될 수 있었으나 공화정 중기에 이르러서는 평민에게도 허락되었다. 대신관, 조점관, 페티알레스 신관, 베스타 신녀를 비롯한 모든 신관들을 관리하고 감독했다. 최고신관은 가장 훌륭한 관저를 제공받았으며 그곳을 베스타 신녀들과 반반씩 나눠서 이용했다. 최고신관의 공식 집무실은 신전으로 분류되었는데, 포룸 로마눔 내 최고신관의 관저 바로 맞은편에 위치한 작고 오래된 레기아였다. 그러나 이 작고 오래된 건물에는 사무실로 쓸 공간이 없었기 때문에 실제로는 옆 건물에서 업무를 보았다.

카스토르와 폴룩스 Castor and Pollux

쌍둥이 신(디오스쿠로이). 틴다레오스의 아내 레다가 낳은 네쌍둥이 중에 둘은 틴다레오스의 아이였으나 둘은 백조로 변신해 레다를 유혹한 제우스의 아이였다. 폴룩스와 헬레네의 아버지는 제우스였고, 카스토르와 클리템네스트라의 아버지는 틴다레오스였다. 포룸 로마눔에 있는 그들의 신전은 이목을 끌만큼 크고 매우 오래되어, 로마에서 두 신들에 대한 숭배가 적어도 왕정 시대부터 시작되었음을 암시한다(하지만 로마인들은 그곳을 언제나 카스토르 신전이라고 불렀다). 따라서 이들은 아폴로 신처럼 그리스에서 들어왔다고 단정할 수 없다. 이들이 로마에서 특별히 중요한(그리고 훗날 라레스와 연관된 것으로 보이는) 이유는, 로마의 창시자 로물루스가 쌍둥이였기 때문인 것 같다.

케레스 Ceres

이탈리아 및 로마의 아주 오래된 대지의 여신. 식용 작물(특히 곡물)을 주로 관장했다. 포룸 보아리움의 아벤티누스 언덕 쪽(즉 신성경계선 바깥)에 있었던 케레스 신전은 파트리키 귀족이 지배하는 로마에서 위협을 느낀 평민들이 종종 로마를 떠나 다른 곳에 정착하던 시절에 평민들의 숭배 대상을 모시기 위해 지어졌다. 이러한 평민들의 집단 탈주는 기원전 494년에 최초로 발생했는데, 그들이 향한 곳은 로마에서 가까운 아벤티누스 언덕이었지만 그것만으로도 파트리키의 양보를 얻어내기에 충분했다. 마리우스 시대에 케레스 신전은 평민 계층의 본부로 여겨졌으며, 평민 조영관들의 사무실과 기록물도 그곳에 있었다.

퀴리누스 Quirinus

라티움 문화의 영향을 가장 많이 받은 신으로, 개념과 생각을 신이라는 형태로 구현하는 존재였다. 초창기에 사비니족의 정착촌이 있었던 퀴리날리스 언덕에 살았다. 훗날 퀴리날리스 언덕은 로물루스가 세운 라티움 도시의 일부가 되었으며 퀴리누스 신은 로물루스 신과 융합되었다. 퀴리누스의 정체에 대해서는 알려진 바가 없지만 로마 시민권의 상징, 로마인으로 구성된 의회의 신으로 여겨졌다. 그를 모시는 사람은 세 대제관 중 하나인 퀴리누스 대제관이었으며 퀴리누스만을 위한 축제 '퀴리날리아'도 있었다. 그의 신전 앞에는 도금양나무 두 그루가 자랐는데 각각 파트리키와 평민을 의미했다.

타라니스 Taranis

드루이드교의 천둥과 번개의 신. 자연의 요소 중 불에 해당했다.

타르타로스 Tartarus

고대 세계에서 큰 죄를 지은 자들을 벌하기 위해 지하에 마련된 구역. 하데스와는 다른 개념이다. 시시포스는 큰 돌을 영원히 언덕 위로 밀어올려야 하는 벌을 받았고, 익시온은 수레바퀴에 묶인 채 굴러다녀야 했으며, 탄탈로스는 아무리 손을 뻗어도 음식과 물을 붙잡을 수 없었다. 이들은 이런저런 이유로 신들로부터 불멸을 얻은 인간들이었으므로, 죽음이라는 보통의 방식으로는 벌을 줄 수 없었던 것이다. 피타고라스나 플라톤, 아리스토텔레스 같은 철학자들의 심도 깊은 논의에도 불구하고 그리스인과 로마인에게는 불멸의 영혼에 대한 명확한 개념이 없었다. 그들에게 죽음은 생명력의 소멸을 뜻했으며 죽음 후에 남는 존재는 정신과 실체가 없는 죽은 자의 복제품, 즉 사령을 의미했다. 위대한 철학자들은 그 영혼을 여성형의 나비와 같은 생명체로 간주했다.

텔루스 Tellus

이탈리아에서 유래한 로마의 땅의 여신. 기원전 205년 페시노스에서 마그나 마테르 여신의 배꼽돌이 도입된 뒤 로마 시 안에서는 텔루스 숭배가 등한시되었지만 이탈리아인들 사이에서는 결코 인기가 떨어지지 않았다. 카리나이 지구에 대규모 신전이 있었고, 초기에는 웅장했으나 기원전 1세기 무렵에는 방치되어 황폐해졌다. 퀸투스 키케로가 그 신전을 복구했다고 전해진다.

투아타 Tuatha

드루이드교에서 믿는 신들의 총체.

판테온 pantheon

오늘날에는 다신교의 다양한 신들을 통합적으로 지칭하는 말로 쓰인다.

페나테스 Penates

창고의 수호신들. 로마의 신들 중에서 가장 오래되고 신령스러운 존재에 해당했다. 화로의 정령 베스타, 가족을 대표하는 라르 파밀리아리스와 함께 모든 로마 가정에서 숭배 대상이었다. 라레스와 마찬가지로 시간이 지남에 따라 형태와 성별을 얻게 되었는데, 젊은이로 묘사되었고 주로 작은 청동상으로 제작되었다.

페나테스 푸블리키 Penates Publici

원래 로마의 왕에게 소속된 왕실의 페나테스였지만 공화정을 거치면서 국고의 수호신, 다시 말해 국가의 안녕과 지급 능력을 수호하는 신으로 추앙받게 되었다.

페티알레스 신관단 fetiales

전쟁의 여신 벨로나를 모시는 특별한 신관단. 이 신관단의 일원이 되는 것은 명예였지만, 공화정 말기에 벨로나 여신과 관련하여 전쟁이나 화평 선포식을 거행하는 것은 대부분 도외시되었다. 독재관 카이사르의 생질손 아우구스투스는 페티알레스 신관단이 이러한 의식들을 예전처럼 정식으로 거행하도록 했다.

평사제 mete-en-sa
이집트 평사제. 황금장식이 허락되지 않았다.

포르투나 Fortuna
운명의 여신으로, 가장 열렬히 숭배되던 로마의 신들 중 하나. 일반적으로 여성이라고 간주된 포르투나에게는 여러 가지 다른 모습들이 있었다(로마의 신들은 보통 매우 구체적이었다). 포르투나 프리미게니아는 유피테르 신의 맏이였고, 포르스 포르투나는 하층민들에게 특히 중요했으며, 포르투나 비릴리스는 여자들이 신체적 결점을 남자들에게 숨길 수 있도록 도와주었다. 포르투나 에퀘스트리스는 기사들을 돌봐주었으며, 포르투나 휘우스케 디에이('오늘의 포르투나')는 장군들과 군 출신 유명 정치인들에게 특별한 숭배 대상이었다. 로마인들은 은밀하게 운을 믿었지만 운에 대해 우리와는 다른 생각을 갖고 있었다. 사람은 스스로 자신의 운을 개척하는 것이었지만, 한편으로 술라나 카이사르처럼 매우 지적인 사람들조차 미신을 신봉하는 것은 물론 포르투나의 노여움을 사지 않으려고 아주 조심했다. 누군가 포르투나의 총애를 받는다는 것은 그 사람이 옹호하는 것들이 정당하다는 뜻으로 간주되었다.

프리아포스 Priapus
원래 그리스의 중요한 다산의 신이었으나 로마에서는 행운의 상징이었던 것으로 보인다. 기괴하고 추한 남자의 형상으로 묘사되었으며 그를 나타내는 상징은 항상 거대하게 발기되어 있는 남근이었다. 심지어 프리아포스 자체보다도 남근이 더 크게 그려진 경우도 많을 정도다. 싸구려 도자기 램프의 태다수가 프리아포스의 형태에 음경의 귀두에서 불꽃이 나오도록 만들어졌다. 저자는 프리아포스에 대한 로마인들의 태도를 숭배보다도 애정에 가깝다고 해석한다.

하데스 Hades
지하세계의 지배자의 이름이자 그의 영역을 가리키는 명칭. 기독교의 지옥 개념과 혼동해서는 안 된다.

하르피이아 harpy

그리스 신화 속 괴물. 베르길리우스에 따르면 로마인들은 하르피이아가 여자의 머리를 한 새라고 생각했지만, 그리스인들은 날개와 갈고리발톱을 한 여자라고 여겼다. 하르피이아들은 사람들을 납치하고 음식을 훔쳐갔으며, 모욕으로써 배설물을 남겼다.

헤라클레스 Herakles

제우스의 아들임에도 필멸의 인간이었던 그는 힘, 역경 앞에서의 불굴의 의지, 인내심 덕택에 불멸의 존재가 되었다. 독이 묻은 웃옷을 입어 죽은 아들을 제우스가 불멸의 존재로 만들었다고 한다. 그러나 헤라클레스가 지중해 세계 전역에서 열렬한 애정과 숭배의 대상이 된 것은 분명 그의 인간적인 특징 때문이었다. 헤라클레스는 전통적인 남성의 미덕의 화신으로 간주되었으므로 숭배자들은 대부분 남성이었다. 헤라클레스의 동상은 개선장군 복장을 하고 있었다. 로마에서는 상업의 신이기도 했는데, 특히 올리브 상인들이 그를 숭배했다. 미트리다테스와 로마의 안토니우스 가문 등은 헤라클레스의 후손이라고 자처하였다.

생활

의식주 및 생활도구

가룸 garum

생선으로 만든 조미용 진액. 현대인들은 상상만 해도 메슥거릴 과정을 거쳐 만들어졌다. 고도로 농축된 가룸은 냄새가 지독했지만, 그럼에도 고대 로마인들은 가룸을 무척 좋아했다. 지중해와 흑해 연안 여러 곳에서 생산되었지만 먼 히스파니아의 어항들에서 들어온 가룸을 최고로 쳤다.

가마 litter

지붕이 덮인 작은 방 형태의 탈것. 땅에 내려놓았을 때 바닥에 닿는 부분에 다리 네 개가 달려 있었다. 앞뒤 쪽 모서리 바닥에 수평으로 튀어나온 봉을 4~8명의 사내들이 손으로 잡고 들어 옮겼다. 이동 속도는 느렸지만 마차에는 충격 완화 장치가 없었으므로 고대에 단연코 가장 편안한 교통수단이었다. 부자들이 탔던 가마는 하인까지 데리고 두 명이 탈 수 있을 정도로 넓었다.

가슴받이 pectoral

청동이나 강철로 된 작은 금속판. 대체로 정사각형이지만 원형도 있었으며, 갑옷의 일부로 가슴을 보호하기 위해 착용했다.

강철 steel

'철기 시대'라는 용어는 다소 어폐가 있다. 철(iron) 자체는 사용 가능한 금속이 아니기 때문이다. 철은 고대의 대장장이들이 그것을 강철로 만드는 방법을 발견한 후에야 청동을 대신했다. 그때부터 강철은 연장과 무기를 비롯해 견고함과 내구력, 날카로운 날이나 뾰족한 끝부분을 모두 요하는 각종 장비에 최우선으로 사용하는 금속이 되었다. 기원전 4세기 그리스에 살았던 아리스토텔레스와 테오프라스토스는 둘 다 '철'이 아니라 '강철'에 대해 언급했다. 그러나 당시 철을 가공해서 사용 가능한 금속으로 만드는 모든 과정은 그 기저를 이루는 화학작용과 야금술을 전혀 모르는 상태에서 발전되었다. 철 추출에 주로 사용된 광석은 적철광이었다. 황철광은 부산물인 유황의 독성이 높아 거의 사용되지 않았다. 스트라본과 플리니우스는 화로 형태의 용광로에서 광석을 가열하는 방법(산화법)을 거론하였지만, 고로(高爐)를 쓰는 방법(환원법)이 더 효율적이고 광석을 대량으로 제련할 수 있어 널리 사용되었다. 대다수 제련소는 화로와 고로를 모두 사용하여 슬래그가 섞인 '강철편', 즉 주괴를 생산했다. 이 주괴를 다시 녹는점 이상으로 가열한 후 망치질로 목탄으로부터 탄소를 더 흡수하게 했다(단조). 이 과정에서 슬래그도 상당량 제거되었지만, 고대에는 슬래그가 전혀 없는 강철은 만들지 못했다. 로마의 대장장이들은 풀림, 담금질, 불림, 침탄(이 과정에서 더 많은 탄소를 철 내부로 확산시켰다) 등의 처리방법에 정통했다. 이들 공정은 면도칼, 검날, 단도, 도끼, 톱, 목공용 끌, 금속용 정, 못, 대못 등 다양한 목적에 맞는 철강을 생산할 수 있도록 각기 다른 방식으로 탄소강의 성질을 변화시켰다. 칼날 생산에 적합한 철강은 값이 대단히 비쌌으므로, 얇은 강철 조각을 저렴한 금속에 용접(로마인들이 알던 용접법은 가압 용접과 용융 용접 두 가지였다)하는 방법을 사용했다. 반면 로마의 검은 강철만으로 만들어 대단히 날카로웠다. 이러한 날은 선철을 약 280도에서 단련하여 생산했다. 집게, 모루, 망치, 풀무, 도가니, 내화벽돌 등 대장장이 도구들은 잘 알려져 있었고 널리 사용되었다. 고대의 이론에는 틀린 부분이 많았다. 예를 들어 그들은 담금질에 사용하는 액체가 담금질 상태에 영향을 끼친다고 생각했으며 종종 소변을 그 용도로 사용했다. 노리쿰에서 채광한 철을 썼을 때 최고품 강철이 만들어진 이유가 그곳의 철에 인이나 비소, 황 불순물이 없는 망간이 소량 함유되었기 때문이었다는 것도 알려지지 않았었다.

네메스 nemes

이집트의 파라오가 착용하는 천 소재의 머리 장식. 이마를 가로질러 목 뒤에서 하나로 모이고 양쪽 귀 옆으로는 날개처럼 펼쳐져 있다.

도리스 양식 Doric

그리스의 세 가지 건축적 질서 중 하나. (세로 홈이 있거나 없는) 도리스식 기둥의 주두는 가장 수수했고 조금은 받침 접시의 밑부분처럼 보였다.

도무스 domus

도시민이 거주하는, 아파트가 아닌 주택. 집과 가정을 아우르는 의미의 말이기도 했다.

디아데마 diadem

폭 2.5cm 정도의 두꺼운 흰색 띠. 끝부분에 수를 놓았으며, 술 장식으로 마감한 것이 많았다. 이마나 헤어라인 뒤쪽으로 둘러 뒤통수 밑에 매듭으로 묶었으며, 끝은 양어깨로 흘러내리게 했다. 원래 페르시아 왕족의 상징이었으나 알렉산드로스 대왕이 페르시아 왕들의 착용을 금지한 후 헬레니즘 군주의 상징이 되었으며, 왕관이나 티아라보다 더 적절한 그리스식의 절제된 표현이었다. 왕 그리고(또는) 여왕만 착용할 수 있었다.

땅꾼 숭어 dug-mullets

강어귀 근처의 모래나 진흙 바닥에 살던 어류. 저자는 도다리로 상상한다.

때밀이 주걱 strigilis

스트리길리스. 영어식으로 'strigil'이라 쓰기도 한다. 뭉툭한 단도 같은 형태에 굽은 날이 달린 도구로 더운물 목욕중에 땀과 때를 긁어내는 데 사용되었다.

라세르피키움 laserpicium

북아프리카에서 자라는 실피움이라는 관목에서 추출한 물질로 과식했을 때 소화제로 사용했다.

라이나 laena

멕시코 의상 판초와 비슷한 형태의 망토. 둥근 천 중앙에 구멍을 뚫고 그곳으로 머리를 내어 입었다. 유분기가 많은 리구리아산 양모로 만들었기 때문에 방수기능이 탁월했다. 이 형태의 망토가 군단에 배급되었다(하지만 이 망토의 명칭은 사굼이었다). 라이나는 두 배 두께에 다채로운 색을 가미한 것으로 유피테르 대제관이 입었다('제관' 참조).

라투스 클라부스 latus clavus

원로원 의원의 튜닉 오른쪽 어깨의 넓은 자주색 세로띠 장식. 원로원 의원에게만 허용되었다. 기사들은 좁은 세로띠(앙구스투스 클라부스)를 달았고 그 아래 신분은 세로띠를 아예 달지 않았다.

렉투스 이무스, 렉투스 메디우스, 로쿠스 콘술라리스 lectus imus, lectus medius, locus consularis

렉투스는 대개 식탁 뒤에 놓는 긴 의자를 말한다(렉투스 푸네브리스는 장례식에서 사용되었던 관대다). 식당(트리클리니움)에는 보통 긴 의자 세 개를 U자 형태로 놓았다. 식당 문 앞에 서서 보았을 때 오른쪽에 놓인 긴 의자가 렉투스 이무스, U자의 바닥을 이루는 가운데 긴 의자가 렉투스 메디우스, 왼쪽 긴 의자가 렉투스 숨무스였다. 사회적으로 가장 상석에 해당하는 자리는 렉투스 메디우스였다. 긴 의자에서의 위치 역시 사회적 등급이 있어서 렉투스 메디우스의 왼쪽 끝이 가장의 자리였다. 주빈을 위한 자리인 로쿠스 콘술라리스는 렉투스 메디우스의 오른쪽 끝이었다. 긴 의자보다 약간 낮은 높이의 탁자가 U자 형태로 죽 이어져 긴 의자들 앞에 놓였다. 공화정 시대에는 남자들만 긴 의자에 앉았고, 여자들은 U자의 안쪽 그러니까 탁자 반대쪽에 접의자를 놓고 앉았다.

렉투스 푸네브리스 lectus funebris

다리가 달린 화려한 긴 의자. 제대로 장례식을 치를 정도로 부유한 가문에서는 식이 끝나고 장례사가 시신에 수의를 입혀 보기 좋게 손본 뒤 이 위에 시신을 눕혀놓는 관례가 있었다. 검정색으로 칠하거나 흑단으로 만들어 금박 장식을 입혔고 검정색 누빔 천과 방석을 덮었다.

리커피시 licker-fish

티베리스 강에 서식했던 농엇과 민물고기. 수블리키우스 목교와 아이밀리우스 교 사이에서만 발견되었으며, 주로 큼직한 하수도 배출구 근처에 숨어 살면서 하수에 뒤섞여 있는 찌끼를 먹었다. 강에 먹이가 많았기 때문인지, 좀체 잡기 힘든 물고기로 악명이 높았다. 어쩌면 그래서 별미로 통했는지도 모른다.

몰라 살사 mola salsa

스펠트 밀(에머밀을 빻은 곱고 하얀 가루)에 소금과 물을 섞고 효모 없이 구운 신성한 빵. 몰라 살사를 굽는 것은 베스타 신녀들의 의무였다. 에머밀을 직접 기르고 추수했고 소금도 직접 만들었으며 물도 유투르나 샘에서 손수 길었다.

미님 minim

진사(수은 황화물)에서 얻은 선명한 붉은색 염료로, 개선장군의 얼굴에 발랐다. 이것을 얼굴에 바르면 카피톨리누스 언덕의 유피테르 옵티무스 막시무스 신전에 있는 유피테르의 테라코타 입상처럼 보였다.

뱃밥 oakum

조잡하게 모아놓은 섬유 덩어리. 고대에는 털이 있는 씨앗, 거친 아마 섬유로 만들었다. 틈을 메우는 데 쓰이기도 했으나 등잔 심지로 더 널리 이용되었다.

붙임기둥 pilaster

벽 안에 들어 있는 형태의 기둥. 일부만이 벽 밖으로 보인다.

빌라 villa

완전히 독립된 형태의 시골 주택. 원래 농사를 목적으로 지어진 건물이었다. 주랑정원이나 안뜰을 중심으로 지었으며 안뜰 앞쪽에는 외양간이나 농장건물을, 뒤쪽에는 본채를 배치했다. 공화정 후기의 부유한 로마인들이 빌라를 농장이 아닌 휴가용 별장으로 지음에 따라 건축양식과 외관이 크게 변했다. 휴가용 빌라는 대부분 해변에 있었다. 예전 미국 캘리포니아 주 말리부의 게티 박물관은 율리우스 카이사르의 장인인 피소의 헤르쿨라네움 빌라를 멋지게 복원한 건물로 진정 경이로운 세계의 불가사의였다. 그곳이 문을 닫아 심히 개탄스럽다. 유럽 어디에도 폐허가 된 유적지의 모습이 아닌 빌라는 남아 있지 않기 때문이다. 우리가 사는 이 시대는 부족한 것들로 더 빈곤한 시대다.

뿔고둥 murex

자주색 염료의 원재료로 쓰인 조개류 동물.

사굼 sagum

병사들의 악천후용 망토. 방수 기능을 최대화하기 위해 기름을 바른 양모를 사용했다. 천을 둥글게 잘라 가운데에 머리가 들어갈 구멍을 냈으며, 몸을 최대한 보호할 수 있도록 아래로 길게 내려오게 만들었다. 병사가 등에 맨 장비까지 덮을 만큼 크기가 넉넉했다. 리구리아산의 품질이 최고였는데, 이곳에서 생산된 양모가 사굼에 적합했기 때문이다.

산다락나무 citrus wood

로마의 최고급 가구용 목재. 암몬의 오아시스에서 키레나이카를 거쳐 멀리 마우레타니아를 아우르는 북아프리카 고원에서 자라던 칼리트리스속 사이프러스 파인의 큰 옹두리에서 잘라냈다. 대체로 탁자 상판을 만들어 금과 상아 받침대 위에 얹었지만 그릇을 만들기도 했다. 지금까지 남아 있는 탁자

상판은 없지만, 그릇은 상당수 남아서 산다락나무가 역사상 가장 아름다운 목재임을 증명하고 있다. 나뭇결의 무늬가 다양하여 무늬에 따라 명칭도 달랐다. 예를 들어 '호랑이'는 길고 물결치는 나뭇결, '흑표범'은 소용돌이 같은 나뭇결, '공작'은 공작의 꼬리에 있는 것 같은 옹이 무늬가, '파슬리'는 주름 같은 나뭇결이 있었다.

삼발이 tripod

다리가 세 개인 기구의 총칭. 신탁을 전하는 노파들이 삼발이 의자에 앉았다. 제물을 바치거나 조점관이 점을 칠 때 피우는 불은 삼발이가 달린 화로에 담았다. 탁자에도 삼발이가 달린 경우가 많았다.

서재(타블리눔) tablinum

가장의 전용 공간으로 마련된 방. 가장의 침실과, 옷장이나 물품 보관실로 사용되는 더 작은 방이 연결된 경우가 많았다. 너무 가난해서 방이 한두 개밖에 없는 경우가 아니면 가장은 으레 이 공간을 두었다.

수대 baldric

한쪽 어깨에서 다른 쪽 팔 아래로 걸치거나 허리에 두르던 띠. 여기에 검을 찰 수 있었다. 허리에 두르는 수대는 글라디우스라는 로마의 단검을 차는 데 이용되었고, 어깨 위로 두르는 수대는 게르만족이 많이 쓰던 장검을 찼다.

스마라그도스 smaragdus

고대인들이 이 이름으로 불렀던 원석이 현재의 에메랄드인지는 이론의 여지가 있지만, 스키타이에서 생산된 원석은 그럴 가능성이 있다. 반면 홍해의 여러 섬과 이집트 프톨레마이오스 왕조 통치자들의 소유지에서 채굴된 원석들은 녹주석(beryl)이다.

스티비움 stibium

안티몬을 기본 성분으로 한 검은 가용성 분말. 눈썹과 속눈썹을 칠하거나 염색하고 아이라인을 그리는 데 사용되었다. 이집트에서 더없이 비천한 소농들마저 스티비움으로 아이라인을 그렸다는 사실에서 스티비움이 파리가 와 앉는 것을 막아주는 효과가 있었음을 짐작할 수 있다.

스펠트 밀가루 spelt

매우 곱고 부드러운 백색의 밀가루. 빵을 만들기에는 적합하지 않지만 케이크용 밀가루로는 더없이 훌륭하다. 오늘날 스펠트(트리티쿰 스펠타)로 알려진 밀 품종을 갈아서 만들었다.

식당(트리클리니움) triclinium

일반 가정의 식당(정사각형이 선호되었다)에는 긴 의자 세 개를 U자로 배치했다. 입구에서 U자의 가운데 빈 부분을 바라봤을 때 왼쪽 의자는 렉투스 숨무스, U자의 바닥 부분에 해당하는 가운데 의자는 렉투스 메디우스, 오른쪽 의자는 렉투스 이무스라고 불렀다. 모두 폭이 1.25m 이상으로 상당히 넓었고 길이는 최소한 그 두 배에 이르렀다. 의자 한쪽은 팔걸이를 높게 만들어 머리 부분을 형성했고 다른 쪽에는 팔걸이가 없었다. 각 의자 앞에는 그보다 조금 낮고 좁은 탁자가 의자 길이에 맞춰 놓여 있었다. 식사하는 남자들은 베개에 왼쪽 팔꿈치를 괴고 비스듬히 기대어 누웠다. 신발은 신지 않았고, 노예를 불러 발을 씻게 하기도 했다. 집주인은 렉투스 메디우스의 아랫머리에 해당하는 왼쪽 끝자리에 기대어 누웠다. 같은 의자의 머리맡인 오른쪽 끝자리는 주빈의 자리로 로쿠스 콘술라리스라고 불렀다. 이 시리즈의 배경이 되는 시대에는 문란한 여성이 아니고서는 식사하는 남자들과 나란히 기대어 눕는 일이 극히 드물었다. 여자들은 U자의 가운데 빈 공간에 놓인 수직 등받이 의자에 앉았으며, 첫번째 요리가 나올 때 들어와서 마지막 요리가 치워지는 동시에 자리를 떴다. 포도주를 마시는 여자는 방종하다고 여겨졌으므로 여자는 물만 마시는 것이 보통이었다(277쪽 그림 참조).

실피움 silphium

제대로 확인된 바 없는 북아프리카의 작은 관목. 키레나이카와 아프리카 속주 사이의 드넓은 연안지대에서 자란 거의 유일한 식물이었다. 소화제로 이름난 라세르피키움이라는 물질을 만드는 원료로 쓰였다.

아다마스 adamas

다이아몬드. 다이아몬드가 가장 단단한 물질임을 알았던 고대인은 이를 다른 물질을 자르는 도구로 이용했다. 당시 사용된 다이아몬드는 대부분 스키타이와 인도 일대에서 생산되었다.

아르밀라 armilla

금이나 은으로 만든 넓적한 팔찌. 로마 군단의 사병, 백인대장, 낮은 계급의 참모군관이나 수습군관 중 용맹함이 두드러지는 자에게 상으로 하사했다.

아미그달라 amygdala

아몬드 모양의 물건이나 장소.

아트리움 atrium

고대 로마의 개인 주택 도무스에서 손님을 맞이하던 공간. 천장에 사각형 구멍(콤플루비움)이 뚫려 있었고 그 아래 수조(임플루비움)가 있었다. 수조는 원래 집에서 사용할 물을 받아두는 곳이었지만, 공화정 후기에는 순전히 장식적인 목적으로 설치되었다.

아티케식 투구 Attic helmet

로마 군관들이 쓰던 장식용 투구. 백인대장 이상의 계급이 착용했다. 할리우드 로마 사극의 등장인물들이 쓰는 투구지만, 저자는 공화정 시대에 아티케식 투구를 정말 타조깃털로 장식했을지 심히 의문스럽다!

아펙스 apex

머리에 꼭 끼는 상아 재질의 사제 모자. 머리카락을 전부 덮고 귀만 밖으로 나오게 썼다. 맨 위에 모직 원판이 꽂힌 길고 뾰족한 목각 뿔이 달려 있었다.

암포라 amphora

흙으로 빚은 항아리. 전체적으로 불룩한 모양에 목이 길고 양쪽으로 손잡이 두 개가 목 위쪽에서 어깨 부분까지 연결되어 있다. 밑바닥은 원뿔형이어서 평평한 바닥에 세워둘 수 없었다. 포도주나 밀, 기름 등 부을 수 있는 짐을 대량으로 운반할 때, 특히 해상 운송에 쓰였다. 바닥이 뾰족하여 톱밥이 깔린 배 짐칸이나 수레에 꽂아두면 반듯하게 세운 채 운반이 가능했고 톱밥이 완충재 역할을 해주었다. 또한 평평한 곳에서 손잡이를 잡아끌고 다니거나 싣고 부리기도 편했다. 보통 용량이 25리터 정도여서 어깨에 지기에는 무겁고 불편했다. 선적된 화물의 양은 항상 암포라 단위로 표기했다.

양피지 parchment

이집트 왕 프톨레마이오스 5세 에피파네스가 기원전 190년경 파피루스 수출을 금지하면서 종이 부족이 심각해지자, 페르가몬에서는 이를 대체할 종이로 양피지를 신속히 개발했다. 양피지는 새끼 양이나 염소 등 아주 어린 동물의 가죽을 깨끗이 씻어 조심스럽게 털을 제거하고 부석과 석회로 표면 처리한 것이다. 하지만 곧 파피루스 공급이 재개되었고, 페르가몬의 양피지 산업은 파피루스의 경쟁력을 따라잡기에 역부족이었다. 파피루스보다 생산 단가가 높고 제작이 오래 걸리기 때문이었다. 결국 양피지는 '영원히 보존되어야 할' 중요한 문서에만 이용되었다.

오리칼쿰 orichalcum

황동.

오푸스 인케르툼 opus incertum

로마인들이 벽체를 구축하는 다양한 방법 중 가장 오래된 방법. 불규칙한 크기로 자른 돌들을 콘크리트로 붙여 속이 빈 외장을 만든다. 외장 속은 화산회, 석회, 자갈과 조약돌을 섞어 만든 콘크리트로 채웠다. 기원전 200년 이전부터 쓰인 것으로 보인다. 마리우스 시대는 아직 새로운 두 가지 시공법이 오푸스 인케르툼을 대체하기 전이었고, 술라 시대에도 오푸스 인케르툼은 여전히 가장 인기 있는 벽체 시공법이었다. 단가도 벽돌보다 저렴했던 것으로 추측된다.

외알 안경 quizzing-glass

막대에 달린 확대 렌즈. 고대에는 과시적인 물건이었다. 하지만 진정한 안경이 발명되기 이전 노안에 시달리는 사람에게 유용한 물건이기도 했다. 외알 안경에는 확대 기능을 염두에 두고 깎은 렌즈 대신에 렌즈 역할을 하는 자연석을 이용했는데, 이러한 자연석은 대단히 귀했다. 네로 황제는 에메랄드 외알 안경을 이용했다. 소아시아에서 쏟아지는 방대한 양의 에메랄드 덕에 폰토스 국왕들은 마음껏 에메랄드를 취할 수 있었다.

요약본 epitome

긴 저작의 문체나 문학성보다는 최소한의 길이로 최대한의 정보를 담는 데 주력한 것. 요약본의 존재 목적은 저작 전체를 힘들게 읽지 않고 백과사전식의 지식을 습득하는 것이었다. 브루투스는 매우 유명한 요약본 작성가였다.

이륜마차 cisia

한 마리에서 네 마리까지의 노새가 끌었다. 고대의 탈것이라는 한계를 감안하면(당시에는 스프링과 충격흡수 장치가 없었다) 매우 가볍고 유연했다. 속도가 빨라서 급히 이동하는 경우에 사용했지만 지붕이 없어 비바람에 노출된다는 단점이 있었다. 더 무겁고 느린 유개 이륜마차는 '카르펜툼(carpentum)'이라고 불렸다.

이마고 imago

정제 밀랍으로 만들어 가발을 씌우고 아름답게 채색한 가면으로, 놀랄 만치 실물과 흡사했다. 로마 귀족이 어느 수준의 공직에 이르면 자기 모습을 본딴 이마고를 만들 권리인 유스 이마기니스(ius imaginis)가 생겼다. 오늘날 연구자들은 이마고 제작권이 고등 정무관, 즉 조영관이 되자마자 주어진다고 한다. 다른 이들은 법무관을, 또다른 이들은 집정관을 조건으로 본다. 저자는 집정관, 풀잎관이나 시민관을 받은 사람, 대제관, 최고신관이 되면 이마고 제작권을 획득한다고 본다. 한 집안의 이마고는 모두 아트리움에 비치된 공들여 제작한 신전 모양 장식장에 보관되었으며, 정기적으로 산 제물이 바쳐졌다. 이마고 제작권이 있는 집안의 중요인물이 사망하면 이마고를 꺼내 키와 체격이 사망자를 닮은 배우들에게 쓰게 했다. 여성에게는 이마고 제작권이 부여되지 않았지만, 수석 베스타 신녀는 예외였다.

이오니아식 Ionic

그리스의 세 가지 건축양식 중 하나. 이오니아식 기둥(단순하거나 세로 홈이 새겨져 있을 수 있다)의 주두는 말지 않은 두 개의 두루마리처럼 생겼다(이를 소용돌이꼴 장식이라고 한다).

인술라 insula

'섬'이라는 뜻. 로마의 아파트 건물은 대부분 모든 면이 거리나 골목, 샛길로 둘러싸여 있었기 때문에 이렇게 불리게 되었다. 대부분 내부에 채광정이 있을 정도로 컸고 채광정이 한 개 이상인 인술라도 많았다. 지금처럼 고대에도 로마는 아파트 거주자들의 도시였다. 이는 그 자체로 '로마에는 얼마나 많은 사람들이 살았는가?'라는 어려운 질문에 관한 강력한 단서이다. 세르비우스 성벽 안 로마 시내 면적은 가로 1킬로미터 이상, 세로 2킬로미터 이상이었다. 따라서 마리우스와 술라 시대에 로마 인구는 적어도 100만은 되었을 것이다. 노예를 포함하여 200만 명이 살았다고 보는 편이 타당할 것 같다. 그렇지 않다면 인술라들의 절반은 빈집이고 도시는 공터로 덮여 있었어야 한다. 오늘날 오스티아에 남아 있는 인술라들은 로마에 있던 인술라들의 높이를 제대로 보여주지 못한다. 아우구스투스는 로마 시내 인술라들의 높이를 30미터로 제한하고자 했으나 실패했다고 알려져 있다.

인테르칼라리스 intercalaris

로마의 일 년은 355일밖에 되지 않았기에, 2년마다 2월 끝에 20일 가량을 추가로 끼워 넣었다—혹은, 끼워넣어야 했다. 하지만 그러지 않는 경우가 무척 많아서, 달력이 계절보다 앞서서 질주하는 결과를 낳았다. 기원전 46년 카이사르가 달력을 손봤을 때쯤에는, 그간 윤일을 둔 적이 너무 없어서, 계절이 달력보다 100일 늦게 오고 있었다. 윤달을 넣는 건 대신관단과 조점관들의 의무였다. 기원전 63년부터 최고신관이던 카이사르가 로마에 있는 동안에는 윤일을 두었지만, 기원전 58년 그가 갈리아로 떠나자 한두 번의 예외를 제외하면 그런 관행이 중단되었다.

제왕절개 수술 Caesarean section

산모가 산도로 아이를 낳는 것이 불가능한 경우 적용하는 시술로, 복부 절개 뒤 창자를 젖히고 자궁벽을 절개하여 태아를 꺼낸다. 독재관 가이우스 율리우스 카이사르가 이렇게 태어났다고 전해져 오늘날에도 그의 코그노멘이 본 시술의 명칭에 포함되어 있으나 필자는 이러한 이야기를 무시하기로 했다. 카이사르의 모친 아우렐리아가 70세까지 건강하게 살았다는 분명한 사실 때문이다. 고대의 제왕절개 수술은 무시무시한 것이어서, 가끔 이 시술에 의지하는 경우가 있기는 했지만 그 과정에서 대부분의 태아와 산모가 사망했다. 정식으로 기록된 최초의 성공사례는 1876년 4월 이탈리아의 파비아에서 실시된 제왕절개 수술로, 당시 에도아르도 포로 박사는 줄리 코발리니라는 산모의 아기를 (자궁과 함께) 꺼냈는데, 아기와 산모 모두 무사했다.

조준기 groma

그로마. 복수형은 그로마이(gromae). 측량 기구.

조합 guild

전문가나 상인, 또는 노예 들이 모여 만든 조직체. 조합을 만드는 목적은 조합원들의 사업적 이익을 도모하고 일터에서 정당한 대우를 받도록 하기 위해서였다. 또 한 가지 흥미로운 목적은 훗날 세상을 떠날 때 제대로 장례식을 할 경비를 확보하는 것이었다.

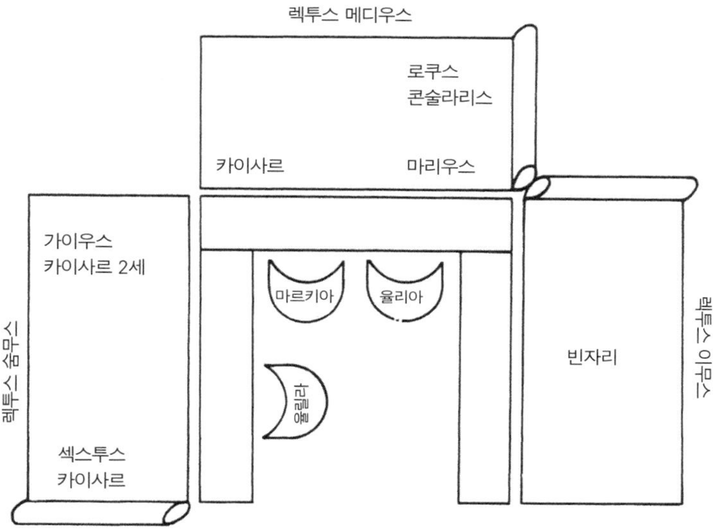

카이사르가 마리우스를 처음 만찬에 초대한 날 카이사르 저택의 식당 배치

주랑 colonnade

건물에 베란다처럼 딸려 있을 경우에는 바깥쪽 옆면 하나가, 독립된 경우에는(이런 경우가 많았다) 양옆이 늘어선 기둥들로 이루어진 지붕 덮인 통로.

주랑건물(포르티쿠스) porticus

주랑에 지붕을 얹어놓은 건축물로, 기다란 아케이드 형태가 아니면 가운데에 주랑정원이 있는 직사각형 형태다. 공적인 용도와 상업적인 용도로 모두 이용되는 사업장이었다. 포룸 로마눔 꼭대기에 있는 마르가리타리아 주랑건물은 그곳의 가게나 노점에서 물건을 팔던 진주 상인들의 이름을 딴 건물이었다. 마르스 평원의 유피테르 스타토르 신전 근처에 위치한 메텔루스 주랑건물에는 감찰관의 사무실을 포함해서 다양한 영업소들이 있었다. 플라미니우스 경기장의 미누키우스 주랑건물에는 조영관의 곡물 공급 사무실을 비롯한 영업소들이 있었다. 로마 항 부두에 위치한 아이밀리우스 주랑건물은 진정한 상업의 중심으로, 상품 수출입에 관여하는 사람들의 사무실이 있었다.

주랑정원(페리스틸리움) peristyle

주랑으로 둘러싸인 폐쇄된 정원이나 안뜰. 주택과 연결된 야외 공간이었다. 도시나 시골을 막론하고 로마 최고의 부유층 주택들은 건물 안쪽 중앙에 주랑정원을 두었다. 크기는 매우 다양했으며 주로 연못과 분수가 딸려 있었다.

주랑현관(포르티코) portico

건물이나 신전 입구에 위치한, 천장이 덮인 커다란 현관을 지칭한다.

주철(돼지 철) sow

제련한 금속 덩어리. 철, 구리, 은, 금을 비롯한 일부 금속들은 다양한 무게의 주철로 보관되었다. 금은은 귀금속이고 꽤나 무른 성질이기 때문에 금과 은 주철은 상대적으로 더 매끄럽고 모양이 일정했다. 비(卑)금속 주철은 아마도 아래쪽은 둥글고 위쪽은 젖꼭지처럼 튀어나온 돼지 모양이었을 것이다.

카르붕쿨루스 carbunculus

루비. 매우 붉은 석류석을 가르키기도 했다.

켄퉁쿨루스 centunculus

광대가 입는, 다양한 색상이 들어간 화려한 쪽매붙임 외투나 퀼트.

코덱스 codex

기본적으로 두루마리라기보다는 책. 증거에 따르면 카이사르 시대의 코덱스는 목판 낱장의 왼쪽에 구멍을 뚫어 가죽끈으로 묶은 어설픈 물건이었다. 그러나 카이사르의 원로원 공문들의 길이만 봐도 나무 낱장을 사용했을 리가 없다. 필자는 카이사르의 코덱스가 종이들을 왼쪽에서 묶은 것이라고 믿는다. 이렇게 추측하는 주된 이유는 그의 코덱스 페이지가 읽기 쉽도록 3단으로 나뉘어 있다고 묘사되었기 때문이다. 읽기 편안한 크기의 목판 코덱스에서는 그렇게 하는 것이 불가능하다.

클라미스 chlamys

그리스 남자들이 입던 망토 같은 외투.

토가 toga

완전한 로마 시민권 보유자만 입을 수 있었던 의복. 어린아이들은 남녀 구분 없이 자주색 단을 댄 토가를 입었으며, 성년이 되면 여성은 입지 않고 남성은 무늬 없는 흰색 토가를 입었다. 직업 매춘부들은 밝은 주황색 토가를 입었다. 가벼운 모직으로 만들어졌으며 매우 특이한 형태였다(할리우드 영화에서 제대로 된 로마인의 토가 복장을 볼 수 없는 것도 이 때문이다. 적어도 고대 로마에 관해서는 할리우드 관계자들의 자료조사가 부실한 듯하다). 릴리언 윌슨 박사는 철저하고 놀라운 실험 끝에 완벽한 착용 모습을 만들어낼 수 있는 토가의 치수와 형태를 알아냈다. 신장 175cm에 허리둘레가 36인치인 남성에게 맞는 토가는 너비 4.6m, 길이 2.25m 정도인 것으로 나타났다. 길이에 해당하는 쪽은 착용자의 키에 맞춰 주름을 잡고, 그보다 훨씬 긴 너비에 해당하는 쪽으로 몸을 둘러싼다. 그러나 토가의 천은 단순한 직사각형이 아니라 아래와 같은 모양이었다.

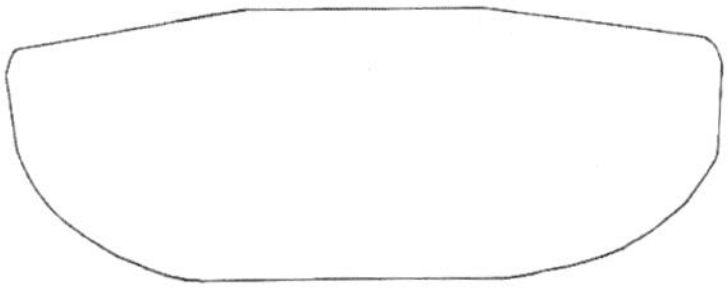

옷감을 그림처럼 재단하지 않으면, 고대 조각상에서처럼 토가의 주름이 잡히지 않는다. 기원전 1세기 공화정 시대의 토가는 매우 컸다(건국 초기 7왕 시대부터 기원후 500년까지 1천 년간 토가 크기는 다양하게 변했다). 토가에 대해 덧붙일 정보는 저자가 직접 실험을 통해 알아낸 것인데, 공화정 시대에 토가를 입은 로마인은 속바지나 샅바를 착용할 수 없었으리라는 점이다. 토가를 입으면 왼손과 왼팔을 사타구니 높이에서 움직일 수 없었다. 왼

팔에 걸린 여러 겹의 주름이 풀어지면 아예 토가를 새로 입어야 했기 때문이다. 그러나 토가를 올바로 걸치면 오른손은 아주 수월하게 움직일 수 있고, 토가 아래 입은 튜닉도 추켜올릴 수 있어 선 채 소변을 볼 수 있다. 하지만 속바지나 샅바를 입으면 불가능하다! 이 흥미로운 사실을 굳이 언급하는 이유는, 현대의 일부 책에서 로마 남성이 속옷 하의를 입었다고 서술했기 때문이다. 하지만 토가를 입었다면 그런 속옷은 입을 수 없었다. 공화정 시대 로마인들의 도덕 관념상, 노예를 불러 그처럼 사적인 행위를 돕도록 시켰을 리도 만무하다.

토가 비릴리스 toga virilis

성인 남성이 입는 무늬 없는 흰색 토가. 순백색보다는 크림색이나 담갈색에 가까웠을 것이다. 토가 알바, 토가 푸라라고도 불렸다.

토가 칸디다 toga candida

수일간 햇빛에 표백시킨 뒤 곱게 간 백악가루를 꼼꼼히 발라서 특별히 희게 만든 토가. 공직 후보자로 등록하는 사람이 입었으며(영어 단어 'candidate〔입후보자〕'의 어원이다) 후보자가 로마 시내에 유세를 다닐 때나 선거 당일 투표장에 갈 때도 입었다.

토가 트라베아 toga trabea

키케로의 '색동 토가'. 줄무늬 토가로, 조점관이 입었으며 대신관도 입었을 가능성이 높다. 토가 프라이텍스타와 마찬가지로 전체에 자주색 단을 둘렀지만, 추가로 아랫부분까지 굵은 빨간색과 자주색 줄무늬가 교대로 있었다.

토가 풀라 toga pulla

상복 토가. 최대한 검은색에 가까운 모직으로 만들었다.

토가 프라이텍스타 toga praetexta

자주색 단을 댄 고등 정무관용 토가. 전현직 고등 정무관과 남녀 어린이가 입었다.

토가 픽타 toga picta

개선장군이 입던 전체가 자주색인 토가. 여러 인물과 사건을 담은 그림을 (아마도 금실로) 수놓아 화려하게 장식했다. 로마 초기 왕들도 입었으며, 카피톨리누스 언덕에 자리한 유피테르 옵티무스 막시무스 신전의 유피테르 신상에도 이 토가가 입혀져 있었다.

토르퀘스 torque

주로 순금으로 만든 두껍고 둥근 목걸이. 원형이 아니라 2.5cm가량 틈이 있으며 이 부분이 앞 중심에 오게 착용했다. 벌어진 부분을 이용해 목에 건 뒤 안으로 구부려넣은 것으로 보이며, 착용한 뒤에는 벗지 않았던 것 같다. 갈리아인이나 켈트족의 특징적인 장신구였으나 일부 게르만족도 착용했다. 갈라진 양끝은 동그란 혹이나 나선, 소용돌이 모양으로 만들거나 동물의 머리를 다는 등 장식을 많이 넣어 마무리했다. 더 작은 형태는 로마군에서 훈장으로 수여했으며 상의나 판갑 어깨에 착용했다.

투니카(튜닉) tunica

그리스와 로마를 포함해 고대 지중해 연안지역의 기본 의복. 바지는 야만인들이나 입는 옷으로 여겨 경시되었다. 로마인의 튜닉은 몸통이 직사각형이었고 허리선을 살려주는 다트가 없어 헐렁하고 맵시가 없었으며(그리스인들은 다트를 넣어 허리선을 살렸다), 어깨와 팔죽지에서 무릎까지 덮는 형태였다. 목 부분은 어깨와 이어지는 직선으로 두지 않고 편안함을 더하기 위해 곡선 재단했던 것 같다. 양쪽 소매는 어깨에서 직사각형 모양으로 뻗어 나오도록 짜 만들거나 이어붙였으며 때로 긴 소매도 있었다(고대인들도 바느질과 마름질 및 몸에 편하게 옷을 만드는 법을 알았던 것으로 보인다). 조각상들을 살펴보면, 중요 인물이 입은 튜닉은 단순히 천 두 조각의 위쪽에 팔 구멍을 남기고 옆 솔기를 꿰매어 붙인 것으로 보이지 않는다. 특히 군인 조각상의 튜닉 소매는 제대로 된 반팔로 보인다. 튜닉은 허리에 가죽띠를 두르거나 끈으로 졸라맸으며, 항상 앞쪽을 길게 입어서 뒤판이 7.5cm 정도 짧았다. 상류층 남성들은 외출할 때 토가를 입었지만 하층 계급은 경기나 선거 등 특별한 날에만 입었다. 춥거나 궂은 날에는 토가보다 사굼을 비롯한 망토류가 선호되었다. 기사의 튜닉은 오른쪽 어깨에 좁은 자주색 띠가 있었고 원로원 의원의 튜닉은 넓은 자주색 띠가 있었다. 자산평가액이 30만 세스테르티우스 미만인 사람은 자주색 띠를 넣은 튜닉을 입을 수 없었다. 옷감으로는 모직이 주로 사용되었으며 색상은 오트밀색이 통상적이었다. 하지만 예외 없이 사치금지법의 표적이 되었던 자주색을 제외하고는 필시 무슨 색이든 자유롭게 선택할 수 있었을 것이다. 고대인들은 아름답고도 다양한 색으로 옷감을 염색했으니 말이다.

투니카 팔마타 tunica palmata
개선장군이 입은 튜닉. 자주색이었는지는 확실하지 않지만 옷 전체에 종려나무 잎 무늬가 수놓아져 있었던 것은 분명하다.

티로스 자주 Tyrian purple
자주색은 고대 사회에서 가장 귀한 색이었고 자주색의 여러 색조 중에서도 티로스 자주가 가장 비쌌다. 자주색에는 왕족의 상징이 내포되어 있었기 때문에 로마인들은 이를 못마땅해했다. 티로스 자주는 페니키아 도시 티로스에서만 생산되었으며 뿔고둥 안의 작은 관에서 추출했다. 그 색은 거의 검정색으로 보일 정도로 짙었지만 언뜻언뜻 진홍색이 풍부하게 내비쳤다.

파피루스 papyrus
이집트 습지에 서식하는 식물. 아주 힘들고도 기발한 방법을 통해 종이로 가공되었다. 이집트산이 아닌 파피루스로는 종이 제작이 불가능했다. 파피루스 종이의 발명 시기는 분명하지 않지만, 프톨레마이오스 1세가 살았던 기원전 322년 이전으로 추측된다. 이후로 종이가 널리 보급되면서 고대의 식자율이 높아졌다는 데는 이견이 없다. 기원전 150년경 판니우스라는 로마인('판니우스 종이' 참조)이 종이 질을 향상시키는 기술을 개발하면서 종이가 더 널리 보급되었고 가격도 떨어졌다.

판갑 cuirass

상체를 감싸는 군장. 대개 청동이나 강철로, 때로는 경화 가죽으로 만든 평판 두 개였다. 하나는 흉부와 복부를, 하나는 어깨부터 요추까지의 등을 보호했다. 어깨와 양 옆구리에서 두 판을 띠나 끈으로 연결시켰다. 착용자의 몸통 윤곽에 세심하게 맞춘 판갑도 있었고, 평균 체격의 불특정 다수를 위한 판갑도 있었다. 계급이 높은 사람, 특히 장군의 판갑은 양각으로 아름다운 무늬를 넣었고 대부분 은을(드물게는 금을) 입힌 강철이나 청동으로 만들어졌는데 임페리움을 나타내는 것으로 추정된다. 장군과 보좌관은 가슴과 허리 중간쯤 제의적인 매듭을 짓고 고리를 만든 붉은색의 가는 장식띠를 둘렀다.

판니우스 종이 Fannius paper

기원전 150년에서 130년 사이 살았던 로마인 판니우스는 최하급 파피루스 종이를 처리하여 최고급 신관용 종이로 바꾸었다. 그라쿠스 형제가 이 종이를 사용한 덕분에 오늘날 우리는 판니우스의 종이 처리법 발명 시기를 알 수 있다. 이집트산 신관용 종이보다 훨씬 저렴하고 구하기 쉬웠다.

팔레라이 phalerae

금이나 은에 양각무늬가 새겨진 지름 7.5~10cm 정도의 둥글납작한 판. 로마 기사들이 휘장처럼 착용했고 자기 말을 장식하는 데 쓰기도 했다. 그러다 점차 전장에서 용맹을 뽐낸 병사에게 수여되는 훈장으로 쓰이게 되었다. 가로 세로 세 줄씩 총 아홉 개의 원판이 장식 가죽끈으로 연결된 형태였으며 쇠사슬 갑옷이나 판갑 위에 착용했다. 백인대장들은 거의 예외 없이 팔레라이를 달고 있었다.

팔루다멘툼 paludamentum

총사령관용 심홍색 망토.

포도주 wine

포도주는 로마인과 그리스인의 삶에서 빼놓을 수 없는 존재였다. 양조나 증류 장비가 없었으므로 포도주가 그들이 즐길 수 있는 유일한 알코올 음료였다. 이로 인해 포도주는 대단한 숭배와 경의의 대상이 되었다. 로마와 그리스에서 포도주의 신 바쿠스와 디오니소스가 생겨난 것도 이런 배경 때문이다. 흰색과 자색의 다양한 포도 품종이 생산되어 흰 포도주와 붉은 포도주로 만들어졌다. 마리우스 시대에 로마의 포도 재배기술은 특히 수준이 높아 그리스의 기술을 단연 능가했다. 예로부터 로마인들은 식물과 식재, 정원, 재배에 능했다. 특권계층 시민들이 외국으로 다니기 시작하면서, 기존 식물의 신품종과 완전히 새로운 식물 등 수많은 식물이 로마로 수입되었다. 포도나무에 있어서도 마찬가지여서 외국 품종이 꾸준히 도입되었다.

로마의 포도 재배업 종사자들은 접목에 능했고 해충 방제에 관한 지식이 풍부했다. 일례로 팔레스타인의 아스팔티테스 늪지(사해)에서 건져낸 역청을 포도나무의 목질부에 발라서 흑수균과 곰팡이 번식을 방지했다. 포도는 정확히 때를 맞춰 수확하여 큰 통에 담아 밟아 으깼다. 이때 통에서 흘러나온 포도즙은 최상급 포도주 생산용으로 따로 보관해두었다. 밟기를 끝낸 포도를 압축기에 넣어 즙을 짰는데, 이 기계는 오늘날 대량생산 기술을 도입하지 않은 포도원에서 쓰는 것과 비슷했다. 이렇게 짜낸 과즙은 일반 포도주에 썼다. 이 과정이 끝나면 포도를 또 한번 압축시켜서 묽고 신 최하급 음료를 생산했다. 이 음료는 매우 싼값에 판매되었으므로 하층민들이 많이 마셨고 노예들도 마실 수 있었다. 발효시킨 뒤 졸인 포도액을 추가하여 알코올 함량을 높이는 경우도 있었다. 발효 시에는 과즙의 등급과 포도주 제조자의 의도에 따라 공들이는 정도가 달라졌다. 양조통 안쪽에 밀랍(최상급 포도주를 만들 때)이나 소나무에서 채취한 송진(이렇게 만든 포도주는 송진이 일부 스며들어 오늘날 그리스의 레치나〔수지향을 첨가한 그리스산 포도주—옮긴이〕 같은 맛이 났다)을 바르고 과즙을 담아 서너 달 발효시키면서 수시로 더껑이를 걷어내주었다. 발효가 끝나면 바로 마실 포도주는 주로 암포라에 담았고, 가죽 부대에 담는 경우도 가끔 있었다. 그러나 숙성을 더 거칠 포도주는 먼저 체나 천으로 철저하게 걸러 암포라에 담고, 녹인 밀랍으로 꼼꼼히 밀봉하여 공기 침투를 막았다. 그런 뒤에 생산연도와 포도원, 포도의 종류, 포도주 제조자의 이름을 표시하여 서늘한 지하 저장고에 보관했다. 일부 고급 포도주는 나무통에 보관하기도 했다.
대부분의 포도주는 4년 안에 마실 용도로 만들어졌지만, 꼼꼼하게 밀봉한 포도주는 계속 발효되는 것이 아니라 숙성되었으므로 맛이 가장 좋아지는 시점까지 20년이 걸리는 경우도 있었다. 이들은 당연히 포도가 풍작인 해에 담근 빈티지 포도주였다. 요즘과 마찬가지로 포도주에 정통한 사람이 등장하여 현란한 미사여구를 쏟아내며 맛을 평하기도 했다. 포도주 감정가는 그 당시에도 많았다. 대표적 인물로 유명한 법률가 퀸투스 호르텐시우스 호르탈루스를 들 수 있는데, 그는 기원전 50년에 세상을 떠나면서 무려 1만 암포라의 포도주를 남겼다. 암포라 하나당 25리터 용량이었으므로, 그가 저장고에 보관했던 포도주는 25만 리터에 달했다는 뜻이다. 포도주를 그대로 마시는 일은 흔치 않았고 다양한 농도로 물을 타서 마시는 것이 일반적이었다.
마리우스 시대에 로마 여성들은 거의 포도주를 마시지 않았다. 공화정 초기에는 가장이 집안 여자들 중 누군가의 입에서 술냄새만 맡아도 그 자리에서 죽이는 것이 정당하게 여겨질 정도였다. 로마인들이 포도주에 물을 타는 방법으로 절제하는 모습을 보이기는 했지만, 그 시절에도 알코올 중독은 오늘날과 마찬가지로 큰 문제가 되었다.

풍자향 galbanum

시리아의 '부본 갈바눔(Bubon galbanum)' 나무의 수액으로 만든 수지. 고대에 약용으로 쓰였다.

프테루게스 pteryges

킬트처럼 허리에서 무릎까지, 혹은 소매처럼 어깨에서 팔꿈치까지 늘어뜨려 입었던 가죽으로 된 끈들. 가죽끈 끝부분에 술 장식이나 금속 양각, 세공 장식이 달린 것도 있었다. 전통적으로 로마의 장군과 고위 군관만 입었고, 사병은 착용하지 않았다. 프테루게스는 두 겹으로 겹치게 만들었으며 아랫도리를 보호하는 역할도 했다.

헤르마 herm

원래는 헤르메스 신의 두상이 놓이던 대좌(臺座)로, 전통적으로 전면 중간쯤이 발기한 음경을 포함한 남성 성기로 장식되어 있었다. 헬레니즘 시대에는 모든 흉상을 헤르마 위에 놓는 것이 관습처럼 되어, 이 말은 남성 성기 장식이 달린 모든 대좌를 가리키게 되었다. 오늘날 박물관에서 고대의 흉상 대좌를 보는 관람객은 전면 중간쯤에 사각형 빈 공간을 보게 될 것이다. 기독교 시대에 여러 헤르마들의 성기 부분이 고의로 훼손되었기 때문이다.

호박금 electrum

금과 은의 합금. 공화정 시대 이전에 사람들은 호박금이 그 자체로 하나의 금속이라고 생각했고 카피톨리누스 언덕의 유피테르 페레트리우스 신전의 호박금 막대처럼 호박금을 호박금인 채로 두었다. 그러나 공화정 시대에 호박금이 합금인 것으로 알려지면서 호박금은 소금 침투법이나 금속성 황화물 처리로 금과 은으로 분리되었다.

히메토스의 꿀 Hymettan honey

아테네 근교 히메토스 산의 벌들이 모은 꿀. 이 꿀이 널리 칭송받은 이유는 특별한 꽃에서 땄기 때문이 아니라, 양봉가들이 벌집을 훈연 처리하지 않았기 때문이었다.

히포카우시스 hypocausis

일종의 중앙난방(온돌)으로, 말뚝 위에 설치한 방바닥을 화롯불로 데웠다(초기에는 땔나무를 썼다). 마리우스 시대에 가정집에서 이용되기 시작했으며, 공공시설의 목욕물을 데우는 데도 이용되었다.

도시생활 및 직업

가도 via

주요 도로나 길.

가정교사(파이다고구스) Paedagogus

읽기, 쓰기, 산수 등 아이들의 기본 교육을 담당했다. 대부분 그리스인으로 노예나 해방노예 출신이었고 아이가 있는 가정에서 함께 생활했다. 하지만 그리스어뿐만 아니라 라틴어로도 수업을 해야 했다.

개정 금지일 dies nefasti

공화정 시대 달력에서 약 58일은 개정 금지일 표시가 되어 있었다. 개정 금지일에는 시민들이 수도 담당 법무관의 법정이나 재판소에 소송을 제기할 수 없었고, 민회에서 표결을 진행하는 것도 불가능했다. 그러나 원로원 회의는 열 수 있었고 상설 법정의 소송도 진행될 수 있었으며, 민회의 공판도 열릴 수 있었다.

검투사 gladiator

관객의 여흥을 위해 싸웠던 전문적인 전사. 에트루리아인들의 유산인 검투사는 로마는 물론 이탈리아 전역에서 큰 인기를 누렸다. 검투사의 출신성분은 군단의 탈영병부터 사형수, 노예, 자발적으로 등록한 자유인까지 다양했다. 공화정 시대의 검투사는 트라키아 투사와 갈리아 투사 두 부류뿐이며, 명예롭고 영웅적인 존재로서 세심한 관리를 받았고 이동의 자유가 있었다. 이들은 4년에서 6년 동안 활동하며 1년에 평균 4~5회 출전한 것으로 보인다. 공화정 시대에는 검투사가 죽는 경우는 드물었으며, 엄지를 위로 치켜세우거나 아래로 내리는 판결도 먼 훗날 제정 시대에 등장했다. 아마도 공화정 시대에는 국가가 소유하거나 관리하지 않았고 노예 출신 검투사가 거의 없었기 때문일 것이다. 이 시대 검투사는 개인 투자자들의 소유였으며 검투사를 발굴, 훈련, 관리하는 데는 막대한 비용이 들었기에 경기장에서 검투사들이 죽거나 불구가 되기를 바랄 수 없었다. 공화정 시대의 검투사는 대부분 로마인으로, 대개 군단의 탈영병이나 항명자였으며, 자발적으로 선택하는 직업이었다.

경기대회 games

라틴어로는 '루디(ludi)'. 그 기원이 적어도 공화정 초기까지 거슬러 올라가나, 그보다 더 오래되었을 것으로 추정되는 로마의 제도이자 오락. 처음에 경기대회는 장군이 개선할 때만 열렸으나 기원전 366년 루디 로마니(로마 경기대회)는 유피테르 옵티무스 막시무스 신을 기리는 연례행사가 되었다. 이 신을 위한 축제일은 9월 13일이었다. 처음에 루디 로마니는 하루 만에 끝났으나 공화정 시대가 흐르면서 점점 길어졌다. 훗날 다른 경기대회들이 연중 우후죽순처럼 추가되었으며 모든 경기대회의 기간도 점점 길어졌다(마리우스와 술라의 시대에는 열흘). 로마 경기대회는 생색내기용인 몇 차례의 권투와 레슬링 시합을 포함하기는 했지만, 그리스 경기대회처럼 선수가 참여하는 스포츠적인 요소는 전혀 없었다. 처음에 로마 경기대회는 대부분 전차 경주로 구성되어 있었고, 세월이 흐르면서 점차 동물 사냥과 특별히 설치한 극장에서 상연하는 연극을 포함하게 되었다. 로마 경기대회의 첫날에는 화려한 종교 행렬이 경기장을 통과한 다음 한두 차례의 전차 경기가 열렸으며, 첫날에만 열리는 권투와 레슬링 경기가 이어졌다. 다음날부터는 극장에서 연극들이 상연되었는데, 비극보다는 희극이 훨씬 인기 있었고 종국에는 자유분방한 아텔라 익살극과 광대극이 최고의 인기를 누렸다. 경기대회가 막바지에 이르면 전차 경기가 중심이 되었는데, 다양성을 위해 동물 사냥도 곁들여졌다. 공화정 시대의 경기대회에는 검투사 시합이 없었다(검투사 시합은 개인이 주최했고 일반적으로 장례식의 부대 행사였으며 원형경기장보다는 포룸 로마눔에서 주로 열렸다). 경기대회는 국가가 비용을 댔지만 명성을 얻고 싶은 야심가들은 조영관 재직중에 사비를 들여서 국가의 지원금이 허락하는 것보다 다 더 화려하게 '자신의' 경기대회를 열었다. 대규모 경기대회들은 대부분 대경기장(키르쿠스 막시무스)에서, 규모가 더 작은 경기대회들 중 일부는 플라미니우스 경기장에서 열렸다. 로마의 남성 자유인 시민들과 그들과 동행하는 여성들이 관람할 수 있었는데(입장료는 없었다), 여성들은 극장에서는 남성들과 따로 관람했으나 경기장에서는 남성들과 함께 관람할 수 있었다. 노예나 해방노예는 경기대회를 관람할 수 없었다. 이는 15만 명 정도를 수용했을 대경기장조차 자유인들 외에 해방노예들까지 수용할 만큼 크지 못했기 때문일 것이다.

경기장(키르쿠스) circus

전차 경주가 열리던 곳. 주행로 자체는 길고 폭이 좁았으며, 중앙 분리대인 스피나(spina)가 세로 방향으로 주행로를 나누었고, 끝부분에는 메타이(metae)라는 원뿔형 돌들이 있어 전차들의 전환점 역할을 했다. 외야석 스타일의 계단식 목재 객석이 주행로를 완전히 에워싸고 있었다. 한 경기는 일곱 바퀴를 도는 것으로, 컵에 담긴 달걀 7개와 돌고래 모형 7개를 이용하여 몇 바퀴 돌았는지 표시했다. 달걀과 돌고래가 둘 다 구비되었던 것으로 보이나, 아그리파는 대경기장에 새롭고 더 좋은 돌고래 모형을 제공한 것이 분명하다. 한 경주는 25분 정도 진행되었다. 현재는 빨강, 초록, 흰색, 파랑 4색이 공화정 중기 및 말기와 제정 시대까지 사용되었다고 추정된다. 저자는 이 4색이 네 명의 경쟁자들을 의미했다고 생각한다.

구(區) vicus

도시의 제법 큰 가로. 짧은 거리에만 국한되지 않았고, 가로 자체보다도 가로 양쪽에 늘어선 건물들을 의미했다. 원래는 거리 양쪽을 따라 여러 건물이 퍼져 있는 시골의 작은 마을을 뜻하는 말이었다. 어느 도시든 군주나 정치가가 자신의 명예를 드높이려고 거리에 자기 이름을 붙이는 경우 외에는 수 세기 동안 거리명이 바뀌지 않는다. 그러므로 저자는 로마 시 지도를 만들 때 제정기 로마의 거리명 중 새로운 지역이나 제정기 도시계획에 속하지 않은 모든 명칭을 그대로 가져왔다. 인스테이우스 구, 유가리우스 구, 투스쿠스 구, 파트리키 구, 롱구스 구 등은 모두 언제나 이 이름이었을 것이다. 오르비우스 언덕길, 파트리키 언덕길, 카피톨리누스 언덕길, 아르겐타리우스 언덕길, 타베르놀라의 풀리우스 언덕길 등이나 알타 세미타도 마찬가지다. 로마의 거리 일부는 그곳에서 일어난 활동에서 이름을 따왔다. 산달라리우스('신발수선공') 구, 아르겐타리우스('은행가') 언덕길, 파브리키('발명가') 구 등이 그 예다. 투스쿠스(에트루리아) 구를 비롯한 일부는 지명을 담고 있었고, 일부는 가령 말룸 푸니쿰 구('석류나무로 이어지는 길')처럼 어디로 가는 길인지 설명하기도 했다.

극장 theaters

공화정 시대 로마에서는 상설 극장을 짓는 것이 금지되었다. 그래서 매번 연극 공연을 포함한 경기대회 직전에 목재 구조물을 세웠다. 공화정 초기에 연극은 도덕적으로 저급하며 사람을 타락시키는 것으로 여겨졌으며, 이러한 태도는 폼페이우스 시대까지도 단지 조금 누그러졌을 뿐 계속되었다. 극장에서 여자는 남자와 같이 앉는 것이 금지되었다. 희극과 익살극을 좋아해 마지않던 하층민들을 중심으로 한 대중의 압력 때문에, 정무관들과 원로원은 연극 공연을 눈감아줄 수밖에 없었다. 하층민들은 극장이 임시로만 운영되는 데 항의했다. 이러한 목재 구조물은 원형극장 형태로 지어졌으며, 중앙무대는 물론이고 측면무대와 숨겨진 배우 출입구를 포함한 배경막까지 갖추고 있었다. 배경막은 관객석 최상단과 높이가 같았다. 공연이 끝날 때마다 극장 구조물은 바로 해체되었다. 극장을 짓는 데 사용했던 자재는 경매로 처분하고, 그를 통한 수익금은 상설 극장 건립 기금에 보탰을 것으로 추정된다. 고대의 여타 도시들과 마찬가지로, 로마 역시 최대 1만 명을 수용했던 목재 구조물을 분해한 자재를 보관할 정도로 큰 건물이 많지 않았다.

급료 stips

스팁스. 이 책에서 사용된 의미로는 주인이 노예에게 지불한 급료이다. 다른 말로 '페쿨리움'이라고도 했다.

노나이 Nonae

한 달에서 특별히 취급되는 세 날(칼렌다이, 노나이, 이두스라는 고정된 지점들을 기준으로 하여 거꾸로 날짜를 표현했다) 중 두번째. 긴 달에는(3월, 5월, 7월, 10월) 7일이었고 다른 달에는 5일이었다. 유노 여신에게 바쳐진 날이었다.

니사이아 말 Nesaean horse

고대 세계에서 가장 크다고 알려진 말 품종. 실제 크기는 논란의 여지가 있지만, 아르메니아와 파르티아 왕들의 기병대가 이 말을 이용한 것을 보면 무장한 중세 기사가 타고 다니던 말과 비슷하거나 더 컸을 것이다. 본래 카스피 해 남서쪽의 메디아에서 서식했고, 공화정 말기에는 대부분의 고대 세계로 퍼져나갔다.

대필가 amanuensis

구술된 내용을 글로 받아 적는 사람.

디베르티쿨룸 diverticulum

로마의 성문들에서 뻗어가는 주요 간선 도로들을 이어주는 '도시 외곽 순환 도로'라는 뜻도 있고, 간선도로가 직접 연결되지 않는 주요 도시들에 연결되도록 두 갈래로 갈라졌다가 다시 합쳐지는 구역을 뜻하기도 했다. 보통 제정 시대부터 존재했다고 간주되지만, 플라미니우스 가도의 두 디베르티쿨룸은 공화정 말기에 이미 존재한 것이 분명하다. 또한 카리나스와 폼페이우스의 경우, 스톨레티움에 연결된 디베르티쿨룸이 없었다면 그렇게 빨리 도착할 수 없었을 것이다.

라니스타 lanista

검투사 양성소의 경영자. 반드시 검투사 학교의 소유주였던 것은 아니다. 때에 따라 검투사 양성소를 감독하기도 했지만 이는 본래 훈련관의 임무였다.

라티움 축일 feriae Latinae

매년 알바누스 산 위에서 열리는 라티움 축제일. 고정된 날짜가 아니라 새해 첫날 신임 집정관들이 유피테르 옵티무스 막시무스 신전에서 열리는 원로원 회의에서 정하는 날짜에 열렸다. 관련된 신은 유피테르 라티아리스였다.

라티푼디움 latifundium

개인에게 임대되어 운영되던 대규모 공유지. 주로 농경지가 아닌 방목지로 이용되었다. 보통 일꾼으로 노예들이 동원되었는데, 죄수처럼 줄줄이 사슬에 묶이고 밤이면 에르가스툴룸이라 불리는 막사에 갇혀 지내는 일이 많았다. 라티푼디움 운영은 주로 기사들보다 원로원 의원들의 돈벌이 수단이었다. 이탈리아가 식량 자급이 불가능했던 주요한 원인이 바로 이 라티푼디움이었다. 라티푼디움 때문에 많은 소농들이 땅을 잃었고, 일자리가 줄자 사람들은 도시로 흘러들었다.

리테라투스 literatus

문학자.

말라리아 malaria

네 가지 말라리아 원충에 의해 발생하고 학질모기 암컷이 전파하는 악성 전염병. 이탈리아 전역에서 발병하는 풍토병이었다. 로마인들은 말라리아의 증상이 다양하다는 것을 알았다. 사일열이나 삼일열이 있는가 하면, 더 심각한 말라리아는 주기에 따라 열이 오르내리지 않았다. 로마인들은 말라리아가 늪지 근처에서 가장 빈번하게 발생한다는 것을 알고 포메티아 늪지와 푸키누스 호수를 두려워했다. 하지만 그들은 말라리아가 모기에 의해 전염된다는 사실은 몰랐다.

메레트릭스 meretrix

매춘부.

메레트릭스 마스쿨라 meretrix mascula

남자처럼 생긴 여자 매춘부.

메르케도니우스 Mercedonius

로마 달력의 계절과 실제 계절의 차이를 조절하기 위하여 2월 끝자락에 추가하던 20일을 의미한다.

메타 meta

복수형 메타이. 원형경기장 중앙분리대인 스피나의 양 끝에 세워진 기둥 또는 방첨탑.

방수관(放水菅) adjutage

상수도 본관과 건물 지관을 연결하는 관으로 공공 또는 개인 소유였다. 조영관의 관할하에 크기와 안지름이 엄격한 법 규제를 받았다. 로마인들은 물의 움직임을 이해할 때 수량을 따질 뿐 수압은 고려하지 않았다. 하지만 중력급유의 원리를 이해했기에 저수지를 도시에서 가장 높은 지대에 배치했다.

빌리쿠스 vilicus

감독자. 이 시리즈에서는 교차로단의 관리인을 가리키는 말로 사용되었다.

상선 merchantman

상업용 화물선. 전투용 갤리선보다 길이는 훨씬 짧고 폭은 넓으며(길이와 폭 비율은 4대 1), 전나무 같은 소나뭇과의 튼튼한 목재로 건조되었다. 노보다 돛을 주로 이용하도록 설계되었지만 바람이 잔잔하거나 해적에게 추격당하는 상황에 사용할 노도 부착되어 있었다. 돛은 가로돛 방식으로 하나만 설치하는 것이 일반적이었지만, 주돛대 앞쪽으로 작은 앞돛대를 붙이는 경우도 있었다. 조타 장치는 보통 뱃고물 양쪽에 하나씩 붙어 있는 커다란 키잡이 노 두 개였다. 선미루가 높았고 화물을 보호하기 위해 갑판이 덮여 있었으며, 선실은 선박 중앙과 선미에 있었다. 곡물이나 포도주 같은 화물은 암포라(해당 항목 참조)에 실었다. 일반적으로 대략 화물 100톤을 운송할 수 있었던 것으로 보인다. 상선은 밤낮으로 바다에 머물 수 있었고 솜씨 좋은 선장이라면 먼바다 횡단도 가능했지만, 대부분 해안선을 따라 이동했고 선장은 땅거미가 지면 항해를 멈추고 항구로 돌아왔다. 밤낮으로 항해를 멈추지 않고 먼바다까지 건너다녔던 유일한 상선은 곡물 운반용 대형 화물선뿐이었을 것이다. 이러한 대형 화물선은 병력 수송선으로 곧잘 이용되었다.

섹스틸리스 Sextilis

로마의 신년이 3월에 시작되던 시절에는 여섯번째 달이었으나, 첫번째 달이 1월로 바뀌면서 여덟번째 달이 되었다. 하지만 섹스틸리스라는 명칭은 그대로 유지되었다. 우리가 아는 8월(August)이라는 명칭은 아우구스투스 황제 통치기에 와서야 붙여진 것이다.

수도교 aqua

마리우스 시대에는 수도교가 네 개 있어 로마 시내로 깨끗한 물을 끌어왔다. 아피우스 수도교(기원전 312년)가 제일 먼저 건설되었고 구 아니오 수도교(기원전 272년), 마르키우스 수도교(기원전 144년), 테풀루스 수도교(기원전 125년)가 차례로 세워졌다. 공화정 시대에 수도교 건설 및 수도 공급은 감찰관과 도급계약을 맺은 수도회사에서 관리했다.

스피나 spina

경기장이나 시합장의 중앙 분리대.

시월의 말 October Horse

10월 이두스(전통적으로 전쟁 철이 끝나는 시기)에 그해 최고의 군마들을 뽑고, 경기장이 아닌 마르스 광장의 풀밭에서 두 필씩 전차에 묶어 경주를 했다. 우승팀 전차의 오른편에 묶여 있던 말은 경주 코스 근처에 마련된 마르스 제단에 바쳐졌다. 창으로 죽인 말의 머리는 소금덩어리와 함께 쌓아올리고, 꼬리와 생식기는 바로 포룸 로마눔으로 옮겨 레기아의 제단에 피를 뿌렸다. 의식이 끝난 후 말머리가 수부라 주민들과 사크라 가도의 주민들로 구성된 군중에게 던져지면 사람들은 그것을 얻기 위해 싸웠다. 사크라 가도 주민들이 이길 경우 말머리는 레기아 외벽에 걸렸고, 수부라 주민들이 이길 경우 마밀리우스 탑(수부라에서 가장 눈에 띄는 건물) 외벽에 걸렸다. 이러한 의식을 치른 이유는 알려져 있지 않다. 전쟁 철의 종료와 관계있으리라고 짐작가능하지만, 로마인들 스스로도 그 기원을 정확히 몰랐을 수도 있다. 확인할 수는 없으나 전차 경주에 출전한 군마들이 공마였을 가능성도 충분하다.

시장(마켈룸) macellum

노점이 늘어선 야외 시장.

아고니아의 날 dies agonales

공화정 로마의 달력에서 아고니아의 날은 네 번, 1월 9일과 3월 17일, 5월 21일, 12월 11일이었다. 아고날리스의 정확한 뜻은 논쟁의 여지가 있으나, 확실한 것은 모든 아고니아의 날에는 제사장이 레기아에서 양을 희생제물로 바쳤다는 사실이다. 유피테르와 야누스, 마르스, 베디오비스, 솔 인디게네스 신과 관련이 있었던 걸로 보인다.

아고라 agora

그리스나 헬레니즘 문화권에서 공공 회의소 및 도심 역할을 하던 열린 공간. 흔히 주랑이나 공공건물에 둘러싸여 있었다. 로마의 포룸에 해당한다.

아케이드 arcade

지붕이 덮인 좁은 보도 양쪽으로 상점들이 길게 늘어선 건물. 오늘날 유사한 장소로 터키 이스탄불의 그랜드바자르를 꼽을 수 있을 듯하다(크기는 고대 아케이드가 훨씬 작았을 것이다).

언덕길(클리부스) clivus

경사진 길. 즉, 언덕길. 언덕이 많은 도시 로마에는 언덕길이 많았다.

에르가스툴룸 ergastulum

죄수나 노예를 감금하는 막사. 그라쿠스 형제 시대부터 대규모 목축업자의 수가 증가하면서 악명이 높아졌다. 이런 지주들은 라티푼디움(해당 항목 참조) 운영을 위해 사슬로 함께 묶인 노역자들을 썼고 그들을 에르가스툴룸에 가둬놓았다.

엠포리움 emporium

두 가지 뜻이 있었다. 상업활동이 전적으로 해상무역에 달린 항구도시(예를 들어 델로스 섬), 또는 수입 · 수출업자의 사무실이 입주한 부둣가의 큰 건물을 의미했다.

율리우스 달 Julius

율리우스 카이사르가 살해되고 신으로 받들어진 후 로마의 7월 즉 퀸틸리스 달은 율리우스 달로 바뀌었다.

의자 가마 sedan chair

아래에 틀을 대어 두 명에서 네 명이 메고 갈 수 있게 만든 개방형 의자. 지금의 택시처럼 돈을 내고 이용했을 것으로 추정된다.

이두스 Idus

한 달에서 특별히 취급되는 세 날(칼렌다이, 노나이, 이두스라는 고정된 지점들을 기준으로 하여 거꾸로 날짜를 표현했다) 중 세번째. 긴 달에는(3월, 5월, 7월, 10월) 15일이었고 다른 달에는 13일이었다. 유피테르 옵티무스 막시무스 신을 위한 날로, 유피테르 대제관이 카피톨리누스 언덕의 아륵스에서 양을 산제물로 바쳤다.

익살극(미무스) Mimus

그리스에서 시작된 극 형태로 로마에서 기원전 3세기부터 점점 더 선풍적인 인기를 끌었다. 희비극 배우는 가면을 쓰고 철저히 극작가의 대본에 따라 연기했지만, 익살극 배우는 가면을 쓰지 않고 오늘날의 애드리브처럼 즉흥 연기를 펼쳤다. 줄거리와 상황은 늘 비슷한 레퍼토리를 따랐지만 공식 대본이 있는 것은 아니었다. 정극을 좋아하는 사람들은 익살극이 저속하고 외설적이라고 욕했지만, 로마에서는 익살극이 인기를 끌면서 정극을 2위 자리로 끌어내렸다. 16~18세기 이탈리아에서 발달한 희극 코메디아 델라르테의 고정 캐릭터들은 익살극에 영향을 받은 것으로 보인다. 일례로 할리퀸과 제스터의 알록달록한 의상은 익살극의 어릿광대가 입던 켄퉁쿨루스 의상과 비슷하다.

장날 nundinus

8일을 주기로 돌아왔다. 단수형 눈디누스(nundinus)보다는 복수형 눈디나이(nundinae)로 사용되는 경우가 더 많았다. 특별한 경우를 제외하고, 재판은 장날에 열렸지만 민회는 장날에 열리지 않았다. 장날과 그다음 장날 사이의 기간을 눈디눔(nundinum)이라고 했다. 로마의 한 주에 해당하는 눈디눔은 8일로 이루어져 있었다.

칼렌다이, 노나이, 이두스를 제외하면 로마의 날짜에는 명칭이 없었다. 달력에는 알파벳 A부터 H까지가 요일처럼 적혀 있었고, 아마도 A에 해당하는 날이 장날이었을 것이다. 1월의 칼렌다이와 장날이 겹치면 한 해 동안 재수가 없다는 미신이 있었으나, 여덟 개 알파벳으로 이루어진 요일은 해가 바뀐다고 다시 처음부터 시작하지 않았고 중간에 윤달 삽입이 가능했기 때문에 그런 상황은 주기적으로 발생하지 않았다.

징세청부업자 publicani

회사의 형태로 조직화하여 국고위원회와 계약을 맺고 속주에서 세금을 징수한 업자. 주로 영향력 있는 상급 기사들이었다. 정부와의 계약상 표면에 드러나지는 않았으나, 국고위원회가 요구한 것보다 더 많은 돈을 속주 주민들로부터 뜯어내 수익을 얻을 수 있는 권한이 있었다. 그 수익금은 상당히 큰 편이었다. 로마 정부는 국고위원회가 규정한 금액을 얻기만 한다면 속주에서 얼마를 거둬들이든 상관하지 않았기 때문이다.

카타미투스 catamite

동성애 목적으로 이용하는 아이

칼렌다이 Kalendae

한 달의 고정된 세 지점을 나타내는 세 날 중 첫번째. 날짜는 이 세 지점—칼렌다이, 노나이, 이두스—으로부터 거꾸로 셌다. 매달 첫번째 날인 칼렌다이는 유노에게 바쳐진 날로서 처음에는 초승달이 뜨는 때와 일치하도록 맞춘 것이었다.

켈라 cella

특별한 명칭(또는 가정집에서 기능)이 없는 방. 신전에 있는 방들은 모두 켈라라고 불렀다.

코타부스 cottabus

식당에서 하던 놀이. 포도주잔 바닥의 앙금을 크고 평평한 그릇에 던져넣어 튄 얼룩의 빗살 개수로 승자를 가렸다. 정확한 방법은 전해지지 않는다.

쿨타리우스 cultarius

H. H. 스컬러드의 철자 표기. 『옥스포드 라틴어 사전』은 '쿨트라리우스(cultrarius)'를 선호한다. 종교적 임무를 수행하는 공무원으로, 제물로 바친 동물의 목을 자르는 역할을 했다. 죽은 동물의 처분을 돕고 자신이 쓰는 도구들을 관리하는 일도 했을 것이다. 희생제물이 필요한 의식이 매우 많았던 공화정 로마에서는 이 일을 정규직으로 수행하는 사람이 많았다.

퀸틸리스 Quinctilis

로마의 신년이 3월에 시작하던 시절에는 다섯번째 달이었으나, 첫번째 달이 1월로 바뀌면서 일곱번째 달이 되었다. 우리가 아는 7월(July)이라는 명칭은 위대한 율리우스(Julius) 카이사르에게서 유래했고 그의 사후에 널리 이용되었다. 하지만 키케로의 편지를 통해 카이사르가 살아 있을 때 7월에 '율리우스'라는 이름이 붙었음을 알 수 있다.

팅기타나 원숭이 Tingitanian ape

바바리 원숭이. 꼬리가 없으며 육상생활을 하는 짧은꼬리원숭이속의 한 종. 고대 지중해 지역에는 원숭이와 영장류가 흔치 않았지만, 현재에도 지브롤터 지역에서 발견되는 짧은꼬리원숭이는 늘 북아프리카에 서식했다.

파스티 fasti

원래 영업을 할 수 있는 날들을 의미했지만 달력, 휴일과 축제 목록, 집정관 목록(로마인들이 숫자보다도 재임 집정관으로 연도를 파악했기 때문일 것이다) 같은 여러 다른 의미도 갖게 되었다. 달력은 디에스 파스티(dies fasti)와 디에스 네파스티(dies nefasti)로 나뉘었으며 레기아와 공회당 등 다양한 건물 벽면에 붙여졌다. 로마인들은 달력을 보고 그해의 영업일과 민회 날, 기념일과 흉일 및 축제일을 알 수 있었다. 지금과 달리 1년이 355일로 고정되어 있었기에, 신관단이 특별히 2년마다 2월 뒤에 20일을 추가 삽입할 때를 제외하고는 달력과 계절이 일치하는 경우가 드물었다. 당시 날짜를 세는 방법은 오늘날 우리가 '3월 1일', '3월 2일' 하고 연속적으로 숫자를 세는 것과 달랐다. 로마인들은 칼렌다이(Kalendae), 노나이(Nonae), 이두스(Idus)라는 한 달의 세 날을 기준 삼아 역순으로 날짜를 셌다. 예를 들어 '3월 3일'이 아니라 '3월의 노나이 나흘 전', '3월 28일' 대신 '4월의 칼렌다이 나흘 전'이었다. 아래의 표를 참조할 것.

월	일 수	칼렌다이 날짜	노나이 날짜	이두스 날짜
1월	29	1	5	13
2월	28	1	5	13
3월	31	1	7	15
4월	29	1	5	13
5월	31	1	7	15
6월	30	1	5	13
7월(퀸틸리스)	31	1	7	15

8월(섹스틸리스)	29	1	5	13
9월	29	1	5	13
10월	31	1	7	15
11월	29	1	5	13
12월	29	1	5	13

페르무타티오 permutatio

금융 관련 용어. 이를 통해 로마 안팎의 기관들끼리, 심지어 아주 멀리 떨어진 기관도 실제로 돈을 주고받지 않고 송금이 가능했다.

페쿨리움 peculium

법적 소유권이 없는 사람(예: 노예)에게 임금 형태로나 정기적으로 지급된 돈, 또는 미성년자가 이자나 배당금으로 벌어들인 돈을 가리킨다. 따라서 페쿨리움은 그것을 번 사람이 돈을 직접 관리할 수 있게 될 때까지 법적 후견인이나 주인이 대신 맡아두었다.

포룸 forum

온갖 공적·사적 업무를 위한 야외 공공회합 장소.

포르타 porta

도시나 마을의 성문. 로마의 성문에는 모두 거대한 떡갈나무 문짝과 내리닫이 쇠창살문이 달려 있었다.

포파 popa

종교적 임무를 수행하는 공무원으로, 제물로 바치는 동물의 머리를 거대한 망치로 내려치는 역할을 했다. 죽은 짐승의 목을 자르는 일은 쿨타리우스(해당 항목 참조)의 몫이었다.

프로누바 pronuba

결혼식에서 신부 들러리 역할을 맡은 기혼 여성. 단 한 번만 결혼한 사람이어야 했다.

하수도(클로아카) cloaca

배수관, 특히 하수관. 매우 광범위한 배수시설이 로마 역사 초기에 설치된 것은 분명해 보인다. 고대 로마의 역사가 리비우스에 따르면 기원전 390년에 갈리아인이 로마를 사실상 완전히 파괴한 이후, 원하는 대로 해주지 않으면 평민계층이 한꺼번에 베이(로마 근교에 있던 에트루리아인 도시)로 이주할까봐 두려워한 원로원 때문에 재건 공사 계획이 제대로 이루어지지 않았다. 그래서 과거의 도시계획에 따라 조성한 거리는 더 넓고 하수 주관을 따라 나 있었지만 새 거리는 더 좁고 구불구불했으며, 하수 주관 위에 세워진 건물도 많았다.

회당(바실리카) basilica

법정 등 공공시설이나 상점, 사무실 등 상업시설로 이용된 2층짜리 대형 건물. 채광창이 있고 옆으로 길게 뻗은 베란다 아래 아케이드식 상점이 늘어서 있었다. 로마 공화정 시대에 전직 집정관 정도의 사회적 지위를 지닌 공공심이 있는 몇몇 로마 귀족이 사비로 지었고, 건축이 완료되면 조영관의 관리를 받았다. 포르키우스 회당으로 알려진 최초의 회당은 감찰관 카토가 세운 것으로 아르겐타리우스 언덕길의 원로원 의사당 옆에 있었다. 포르키우스 회당에는 은행 사무실과 호민관단 본부가 있었다. 이 시리즈의 배경이 되는 시대에는 그 밖에도 포룸 로마눔 낮은 구역 둘레에 셈프로니우스 회당, 아이밀리우스 회당, 오피미우스 회당이 있었다.

휴일(페리아이) feriae

휴일에 공적 의식에 참여하는 것은 의무가 아니었지만 전통적으로 사업과 노동, 재판을 하지 않고 사적인 것을 포함한 언쟁도 피해야 했다. 휴일에 노동을 쉬는 것은 노예들과 소를 비롯한 일부 동물들에게도 적용되었지만 말과(科) 동물들은 예외였다.

흉일 dies religiosi

불운하고 불길한 날. 여러 종류가 있었는데, 예를 들어 문두스(해당 항목 참조)가 열려 죽은 자들이 돌아다닐 수 있는 사흘과 6월에 베스타 신전이 열리는 날들, 마르스 신관단인 살리(해당 항목 참조)의 의식이 있는 날들은 흉일이었다. 흉일에는 결혼이나 여행부터 모병 및 민회 회의 등 가급적 아무것도 하지 않아야 화를 피할 수 있다고 여겼다. 매월 칼렌다이와 노나이, 이두스의 다음날은 극히 불길한 흉일이어서 디에스 아트리(dies atri), 즉 '검은 날'이라는 특별한 이름이 붙여졌다.

언어

게라이! Gerrae!

헛소리! 말도 안 돼!

겐스 후마나 gens humana

인류.

~권 ius

유스. 이 책에서는 법과 모스 마이오룸에 따른 논쟁의 여지가 없는 권리나 자격이라는 의미로 사용되었다. 관련 표현으로는 평민 구제권('유스 아욱실리 페렌디' 참조), 이마고 제작권('유스 이마기니스', '이마고' 참조) 등이 있다.

남창(살타트릭스 톤사) saltatrix tonsa

재미있는 정치적 비방어로, 키케로가 피케눔 출신의 폼페이우스 추종자 루키우스 아프라니우스를 가리켜 이 말을 쓴 것이 가장 유명한 예다. 단어 그대로 옮기면 '면도한 무희'라는 뜻. 즉, 여장을 하고 매춘행위를 한 남성 동성애자를 가리키는 말이다. 중상과 명예훼손이 법적 혐의의 대상이 아니던 시절에는 정치적 비방의 영역에서 무슨 말이든 허용되었다!

네메르 nemer
라틴어로는 그냥 나무라는 뜻이지만 갈리아어로는 떡갈나무를 지칭한 것으로 보인다.

네모 nemo
'아무도 없다'를 뜻하는 라틴어.

논 프로 콘술레, 세드 프로 콘술리부스 non pro consule, sed pro consulibus
폼페이우스에게 가까운 히스파니아의 퀸투스 세르토리우스와의 전쟁 지휘권을 허락해야 한다고 주장하면서 루키우스 마르키우스 필리푸스가 했던 유명한 말. 사소한 말장난처럼 보이지만 이것은 기발한 발상이었고, 아직 원로원 의원이 아닌 폼페이우스에게 집정관급 임페리움을 허락하는 것을 완고히 반대했던 많은 원로원 의원들의 마음을 돌리는 데 큰 역할을 했다. 직역하면 '임기를 마친 집정관 자격이 아닌 그해 집정관들의 대행 자격'을 뜻한다.

도미네, 도미나 domine, domina
주인어른, 마님. 호격.

똥돼지 piggle-wiggle
라틴어로는 포르켈라(porcella). 조롱할 때나 친근한 애칭으로 사용되며 여자의 성기와 연관된 표현이다.

마르카 marca
말을 가리키는 갈리아어. 갈리아어는 라틴어와 매우 유사해서 로마인들이 아주 쉽게 배울 수 있었다. 이 탓에 갈리아 단어가 원래 라틴어에서 유래해 갈리아 단어가 되었는지 반대로 원래 갈리아 단어였던 것이 라틴어 단어가

된 것인지 알 수 없는 경우가 흔하다.

마테르 Mater
어머니라는 뜻의 라틴어 단어.

메디쿠스 medicus
가운뎃손가락. 가운데를 뜻하는 'medius(메디우스)'와 의사를 뜻하는 'medicus(메디쿠스)'를 활용한 말장난. 가운뎃손가락은 직장(直腸)검사에 사용되는 손가락이어서 그 자체로 "이걸 쑤셔 넣어주겠어!"하는 무례한 동작을 의미했다.

메움 멜 meum mel
라틴어 애정 표현. "나의 꿀."

멘툴라 mentula
남자의 성기를 가리키는 음란한 라틴어 속어.

멘툴람 카코 mentulam caco
매우 저속한 라틴어 속어. "자지에 똥을 갈겨주마!"

발레 vale
'잘 있어라', '안녕'을 뜻하는 라틴어.

베네피카 venefica
마녀를 뜻하는 라틴어.

베르파 verpa
경멸의 표시보다는 폭언으로 더 많이 쓰인 라틴어 욕설. 음경을 뜻하는 단어로—포피가 뒤로 젖혀진 발기된 상태만을 가리키는 듯하다—동성애의 어감

이 있었다. J. N. 애덤스 박사는 각종 문헌과 고적에 새겨진 그림이나 문자에 나타난 증거에 입각하여, 이 단어가 할례를 받은 성기를 의미했을 가능성을 배제하고 있다.

변절자 tergiversator

귀중한 정보와 생각할 거리를 잔뜩 주신 에리히 그루엔 교수님께 감사를 전한다! 작은 부분이긴 하지만 저자는 특히 이 단어와 관련한 정보를 높이 평가한다. 'tergiversator'는 정치적 전향자를 가리키는 매우 인상적인 표현이다.

뿔에 감긴 건초 hay on his horn

고대의 황소는 커다란 뿔이 있었고 거세해도 순해지지 않는 경우가 있었다. 사람을 뿔로 받은 적이 있는 소는 경고 표시로 뿔을 건초로 감싸놓았다. 행인들은 거리에서 뿔에 건초가 감긴 소가 마차를 끌며 지나가면 뿔뿔이 흩어져 피했다. 따라서 이 말은 덩치가 크고 순해 보이지만 돌변하여 치명적인 공격을 가하는 사람을 가리키게 되었다.

세계의 언어(링구아 문디) lingua mundi

전 세계인에게 통용되는 언어. 이 시리즈의 처음에는 그리스어였다가 후에 라틴어로 바뀌었다.

수페르스테스 Superstes

'살아남은 자'라는 뜻의 라틴어.

스쿠라 scurra

익살꾼, 광대를 뜻하는 라틴어.

스티물루스 stimulus

로마인들에게 스티물루스는 방어시설의 일환으로 참호 바닥에 박아놓은 뾰족한 나무 말뚝을 의미했다. 또한 가축을 몰 때 사용하는 뾰족한 도구를 가리키는 말로도 쓰였다. 더 확장된 의미로는 극심한 정신적 고통이나 걱정을 야기하는 어떤 것을 뜻한다.

시누스 sinus

뚜렷한 만곡 또는 주름을 뜻하는 라틴어. 원래 이 용어는 여러 맥락에서 다양한 뜻으로 쓰였지만 이 시리즈에서는 두 가지 의미로만 사용했다. 첫째로는 일반적으로 '만'이라고 부르는 지형을 가리키는 말로 쓰였으며, 시누스 아라비쿠스(아라비아 만, 지금의 홍해) 등이 여기에 해당한다. 두번째 의미는 오른팔 아래에서 시작해 왼쪽 어깨 위로 연결된 토가의 주름장식으로, 이는 토가를 입은 로마인에게 서류와 손수건을 넣어두는 주머니 역할을 했다. 그러나 돈주머니만큼은 항상 튜닉 허리띠에 단단히 묶어두었다.

시베 sive

'또는', '내지'라는 뜻의 라틴어.

아모, 아마스, 아맛 amo, amas, amat

나는 사랑한다, 너는 사랑한다, 그/그녀/그것은 사랑한다.

아미쿠스, 아미키 amicus, amici

친구, 친구들.

아부스 avus

할아버지.

아비아 avia

할머니.

에카스토르! 에데폴! Ecastor! Edepol!

로마에서 놀라움이나 경탄을 표하는 감탄사 가운데 가장 점잖고 거슬리지 않는 것. '이런!'이나 '와!'와 비슷한 정도의 표현이다. 여자들은 '에카스토르!', 남자들은 '에데폴!'이라고 말했다. 어근으로 보아 카스토르와 폴룩스에서 유래된 말로 추정된다.

엑세운트 옴네스 exeunt omnes

직역하면 "모두 퇴장!" 이것은 희곡이 처음 생겼을 때부터 극작가들이 사용한 지문이다.

우루스 urus

학명 Bos primigenia. 오늘날 유럽 들소의 조상으로 100만여 년 전 멸종되었다. 검고 어깨까지 키가 180센티미터 가량이었으며 앞쪽으로 구부러진 무시무시한 한 쌍의 뿔이 달려 있었다. 카이사르의 시대에는 아르두엔나 숲에서 사라진 뒤였지만 게르마니아의 인적 없는 숲에서는 여전히 어슬렁거리고 다녔다.

이넵테 inepte

무능력한 바보.

인 로코 파렌티스 in loco parentis

부모를 대신하여. 오늘날에도 사용되는 표현이나 지금은 의미가 다소 희석되어 있다. 공화정 시대 로마인에게 부모를 대신한다는 것은 부모의 완전한 권리와 고유한 책임을 모두 짊어진다는 의미였다.

인술수스 insulsus

무미한, 풍미 없는, 너무 지루한.

인프라 디그니타템 infra dignitatem

일별할 가치도 없는.

카카트! cacat!

젠장!

캄푸스 campus

평원 또는 평평한 땅.

코르푸스 아니무스퀘 corpus animusque

몸과 영혼.

코마타 comata

'장발의'라는 뜻을 가진 라틴어 단어.

쿤누스 cunnus

여성의 성기를 일컫는 극히 모욕적인 라틴어 비어.

쿤눔 링게레 cunnum lingere

여성의 성기를 핥는다는 뜻의 매우 저속한 라틴어 표현.

쿨루스 culus

항문을 뜻하는 기본적인 라틴어 단어.

쿨리보니아 culibonia

J. N. 애덤스 박사에 따르면 항문 성교를 하는 매춘부라는 의미인 라티움어 비어. 이러한 맥락에서, 푸블리우스 루틸리우스 루푸스는 1부 『로마의 일인자』에 나오는 편지에서 '보니(boni)'와 관련한 말장난을 했다.

쿼드 에라트 데몬스트란둠 quod erat demonstrandum

'더이상 증명할 것이 없다' 혹은 '이상 증명이 된 내용'을 뜻하는 라틴어.

퀸 타케스! quin taces!

조용히 해!

키토카키아 citocacia

'악취 나는 풀'이라는 뜻의 조금 상스러운 라틴어 표현.

타케 Tace!

복수형은 타케테(tacete). '조용히 해'라는 뜻의 라틴어.

타타 tata

'아버지'를 뜻하는 라틴어 약칭으로 '아빠'에 가까운 표현. 한 가지 덧붙이자면, 저자는 어머니를 부르는 약칭으로 거의 전 세계적으로 통하는 '마마'를 사용했으나 원래 라틴어는 '맘마'이다.

테라 잉코그니타 terra incognita

'미지의 땅'을 뜻하는 라틴어.

토가를 입은 togate

토가를 입은 남자를 표현하는 정확한 영어 용어.

티로 tyro

'풋내기', '초보자'를 의미하는 라틴어.

파르부스 Parvus

'하찮을 정도로 작은'을 뜻하는 라틴어.

파보 pavo

공작새. 가이우스 마티우스가 카이사르를 부른 별명.

파테르 파트리아이 pater patriae

'조국의 아버지'를 뜻하는 라틴어.

파트라티오 patratio

J. N. 애덤스 박사에 의하면 이 용어는 남자의 사정(射精) 행위 자체보다는 오르가슴에 이르렀다는 뜻으로 사용되었다.

페니키아의 Punic

카르타고나 카르타고 사람과 관련된 형용사. 카르타고인들의 원래 고향땅인 '페니키아'에서 유래된 표현이다.

페카툼 peccatum

'사소한 잘못'을 뜻하는 라틴어.

페쿨라테스 Peculates

'공금 횡령자'라는 뜻. 카툴루스가 새로운 유피테르 신전을 지을 자금을 횡령했다는 혐의를 제기하면서 카이사르가 카툴루스에게 붙였던 코그노멘이다.

펠라토르 fellator

복수형은 펠라토레스(fellatores). 매우 노골적인 라티움어 비어로, 펠라티오를 하는 남자를 가리킨다. 펠라티오를 받는 남자는 이루마토르(irrumator)라고 했다.

펠라트릭스 fellatrix

남자의 페니스를 빠는 여자. 복수형은 펠라트리케스(fellatrices).

펠리키테르 feliciter

"행운을 빌어!" 또는 "아주 행복하기를!"

펠릭스 felix

직역하면 '운에 만족한'으로, 순간적인 기분과 더 관련이 있는 오늘날의 해석인 '만족한'과 달랐다. 라틴어 '펠릭스'는 운명의 여신 포르투나와 불가분의 관계였다.

포덱스 podex

몸 뒤쪽에 난 구멍을 뜻하는 비속어. 항문보다 똥구멍에 가깝다.

푸실루스 Pusillus

'보잘것없을 정도로 크기가 작은'을 의미하는 라틴어 형용사.

풀렉스 pulex

'벼룩'을 뜻하는 라틴어.

피핀나 pipinna

사내아이의 성기.

혜성 stella critina

머리털 같은 긴 꽁지가 달린 별.

화폐 및 도량형

데나리우스 denarius

순은 약 3.5그램으로 만들었다. 매우 드물게 발행되는 금화 한두 종류를 제외하면 공화정 로마의 주화 중 액면가가 가장 컸다. 6천250데나리우스는 1탈렌툼이었다. 실제 유통되는 주화는 세스테르티우스보다 데나리우스가 많았을 것이다.

도량 measures and weights

로마에서는 길이를 대부분 신체 부위를 기준으로 삼아 피트, 핸드, 걸음(보)으로 셌다. 1로마피트는 296밀리미터로 오늘날 12인치보다 살짝 짧으며, 1로마피트를 12로 나눈 것이 1로마인치였다. 5로마피트가 1걸음이고, 1,000로마걸음이 1로마마일인데 이는 오늘날 1마일보다 대략 285피트가 짧아서 20로마마일이 19마일이다. 이 차이가 그리 크지 않기 때문에 나는 소설에서 길이를 말할 때 굳이 로마마일이나 로마피트로 구분해 쓰지 않았다.

1로마파운드(리브라)는 327그램으로 오늘날 1파운드의 10분의 7이고, 이것을 12로 나눈 것이 1로마온스(웅키아)다. 더 큰 단위로는 탈렌툼(해당 항목 참조)이 있었다.

드라크마 drachma

이 시리즈에서는 그리스 통화를 다룰 때 이 단위를 사용했다. 무게가 약 4그램으로 데나리우스와 거의 동일했기 때문이다. 그러나 로마 주화의 주류성과 균일성 때문에 로마가 화폐 경쟁에서 승리하고 있었다. 공화정 말기의 세계는 그리스 주화보다 로마 주화를 사용하는 것을 선호하기 시작했다.

메딤노스 medimnus

곡물을 비롯해 용기에 부을 수 있는 고체의 양을 측정하는 건량 단위. 1메딤노스는 5모디우스였다. 부피로 10미국갤런(40리터), 무게로 65로마파운드(47.5영국파운드 또는 23킬로그램)에 해당한다. 1메딤노스의 곡물은, 도정 시에 제거되는 껍질만큼 물이나 기타 재료가 추가된다고 가정할 때 30일간 1로마파운드의 빵을 매일 두 개씩 만들기에 충분했다. 방 한두 칸짜리 인술라에서 사는 일반 로마인들은 빵 굽는 일을 마을 제빵사에게 맡겼고(유럽의 많은 지역에서는 비교적 최근까지 이런 식으로 빵을 공급받았다), 제빵사는 곡물 일부를 대가로 챙겼다. 그러니 결과적으로 평범한 로마인은 밀 1메딤노스를 받아 30일간 매일 큰 빵 1개를 손에 받아들었을 것으로 짐작된다.

모디우스 modius

로마에서 곡물을 측정하던 단위. 1모디우스는 약 4킬로그램 혹은 8리터에 해당한다. 공공 곡물은 한 달에 5모디우스씩 배급되었는데 이는 1메딤노스에 해당했다. 이 정도 양이면 매일 큰 빵 하나를 만들기 충분했다.

세스테르티우스 sestertius

작은 은화로, '세미스 테르티우스(semis tertius)'에서 유래된 명칭이다. 2와 2분의 1 아스를 뜻하며, 4분의 1 데나리우스와 같다. 라틴어 문서에는 HS로 표시되었다. 데나리우스보다는 덜 쓰인 것으로 보이지만, 로마의 회계기록 단위였기 때문에 공화정 시대의 라틴어 문서에서 자주 눈에 띈다.

스타디온 stadia

그리스의 거리 측정 단위. 1스타디온은 대략 1펄롱이며, 가장 손쉬운 계산법은 8스타디온을 1로마마일로 환산하는 것이다.

아스 as

로마 주화 중 가장 가치가 낮았다. 동으로 만들었다. 10아스는 1데나리우스였다.

유게룸 iugerum

로마의 토지 측량단위. 1유게룸은 0.252헥타르였다.

큐빗 cubit

로마에서는 잘 쓰이지 않던 그리스와 아시아의 길이 단위. 일반적으로 팔꿈치부터 손가락 끝까지의 거리로, 37.5cm 정도였을 것이다

탈렌툼 talent

한 사람이 나를 수 있는 짐의 무게로 정의되는 고대의 중량단위. 주로 금괴나 무거운 물건, 고액의 돈에 적용했다. 1탈렌툼은 대략 22~25킬로그램이었

고, 금 1탈렌툼은 당연히 은 1탈렌툼과 중량이 같지만 가치는 훨씬 컸다.

플레트론 plethron
그리스의 토지 측량단위.

학문 및 개념

소요학파 Peripateticism
아리스토텔레스가 창시하고 그의 제자 테오프라스토스가 발전시킨 철학 유파. 안타깝게도 테오프라스토스의 후계자들은 아리스토텔레스의 하나밖에 없는 원고를 생각 없이 스켑시스(트로아스 한 마을)의 넬레우스에게 넘겨버렸고, 그 원고는 넬레우스의 창고에 150년간 방치되었다. 소요학파(逍遙學派)라는 명칭은 철학자들이 토론하면서 자유롭게 거닐던 포장된 산책길에서 유래했고, 아리스토텔레스도 문답을 나누면서 이 길을 걸었다고 한다. 이 시리즈의 배경이 되는 시대에는 부정적인 평가를 받았는데, 아리스토텔레스가 천착했던 질문에서 멀어져 문학, 문학비평, 화려하고 부정확한 스타일의 전기, 도덕적인 문제 따위에 집중했기 때문이다.

수사학 rhetoric
그리스인과 로마인이 일종의 과학에 가깝게 발전시킨 웅변술. 실력을 갖춘 웅변가는 정확한 규칙과 관례에 따라 연설했는데, 이는 사용하는 단어에만 국한된 것이 아니었다. 수사학에서는 몸동작이나 제스처도 아주 중요했다. 수사학에는 다양한 스타일이 있었다. 아시아식은 미사여구와 극적인 요소가 많았고, 아티케식은 좀더 절제되고 지적이었다. 정치 연설이나 법정 연설을 들으러 오는 사람들은 다들 수사학에 일가견이 있었고 아주 비판적이었기 때문에, 그들에게 인정받기란 쉬운 일이 아니었다. 공화정 초기와 중기에는 그리스인 수사학 교사들이 괄시받았고 심지어 로마에서 그들의 존재가 불법으로 간주되기도 했다. 감찰관 카토는 자타가 공인한 그리스 수사학자들의 적이었다. 하지만 스키피오 파벌과 교육을 많이 받은 로마 귀족들로 인해 그리스 애호가 커지면서 적대적 분위기는 많이 누그러졌다. 그라쿠스 형제 시대에는 귀족 자제들이 대부분 그리스인 수사학 교사에게 수업을 들었다.

스토아학파 Stoicism

기원전 3세기에 페니키아인 키프로스의 제논이 창설한 철학 유파. 철학적 사고체계로서 특히 로마인들에게 매력적으로 받아들여졌다. 기본 이념은 오로지 덕(강인한 인격)과 그 대척점에 있는 나약한 인격에 집중했다. 다시 말해 덕은 유일한 선이고 나약한 인격은 유일한 악이라고 보았다. 돈, 고통, 죽음 등 인간을 괴롭히는 여타 문제들은 중요한 것으로 간주되지 않았는데, 도덕적인 인간은 본질적으로 선한 인간이므로 설령 빈곤하고 끊임없는 고통 속에 있으며 사형선고를 받았다 할지라도 당연히 행복하고 만족한다고 여겼기 때문이다. 제논이 강의했던 아테네의 스토아 포이킬레에서 명칭이 유래된 스토아학파는 결국 로마로도 유입되었다. 그 철학은 지극히 실용주의적이고 상식적인 성향의 로마인 사회에서 그다지 인기가 없었으나, 그럼에도 일부 열성적인 지지층은 분명히 존재했다. 그중 가장 유명한 인물이 바로 카이사르의 가장 극렬한 적이었던 카토 우티켄시스다.

아니무스 animus

『옥스퍼드 라틴어 사전』에 가장 잘 정의되어 있다. "육체에 반대되는 개념으로서 정신. 육체와 더불어 인간 전체를 구성하는 정신 또는 영혼." 또다른 정의가 여럿 있지만 이 시리즈에서 사용된 맥락을 설명하기에는 이것이 가장 적절하다. 하지만 고대 로마인들이 영혼의 불멸성을 믿었던 것은 아님에 주의하자. 아니무스 단순히 살아 움직이는 힘, 타고난 생명력을 의미했다.

아모르 Amor

문자 그대로 '사랑'. 아모르(Amor)를 거꾸로 하면 로마(Roma)가 되기 때문에 공화정 시대 로마인들은 아모르가 로마의 비밀스럽고 중요한 이름이라고 여겼다.

아카데메이아학파 Academeia

플라톤학파(아카데메이아는 플라톤이 세운 철학학원의 이름—옮긴이).

야만인 barbarian

의성어인 그리스어 단어에서 파생된 어휘. 그리스 사람들은 야만인이 말하는 소리를 맨 처음 듣고 '바바'(bar-bar) 하고 짐승이 짖는 소리 같다고 생각했다. 지중해나 소아시아 지역에 정착해 사는 민족에게는 쓰지 않았고, 주로 훌륭하다거나 바람직하달 만한 문화를 갖고 있지 못한 비문명권 종족이나 민족을 지칭하는 말로 사용되었다. 갈리아인, 게르만인, 스키타이인, 사르마티아인, 마사게타아족 등 주로 스텝 지대 사람들이 야만인으로 간주되었다.

에피쿠로스학파 Epicureanism

기원전 3세기 초 그리스의 에피쿠로스가 창시한 철학 유파. 본래 에피쿠로스는 극도로 정제된 금욕주의에 가까운 쾌락주의를 옹호했다. 사람은 쾌락을 극도로 음미하고 연장하며 즐겨야 하므로, 일체의 무절제는 그의 목적에 반하는 것이었다. 이들에게 공적 생활이나 그 외 스트레스가 많은 직업은 모두 금기시되었다. 그러나 로마에서 이러한 교의는 상당히 수정되어 에피쿠로스학파로 자처하는 귀족도 공직에 몸담을 수 있었다. 공화정 말기 에피쿠로스학파 사람들에게 최고의 즐거움은 음식이었다.

오스키어 Oscan

삼니움족, 캄파니족, 루카니족, 아풀리족, 브루티족은 물론 이탈리아 남부의 여러 부족이 사용했던 언어. 공화정 말기 중앙 이탈리아에서 가장 흔히 사용했던 언어이기도 하다. 인도유럽 어족이지만 라틴어와는 크게 비슷하지 않았다. 오스키어를 구사하는 일부 사람들은 표기에 라틴 문자를 이용하기도 했지만, 가장 큰 오스키어 사용자 집단인 삼니움족을 포함해 더 많은 사람들은 에트루리아어에서 비롯된 알파벳을 이용했다. 많은 로마인들이 오스키어를 구사할 수 있었고, 로마에서 상연된 아텔라 지역을 배경으로 한 익살극에서는 배우들이 오스키어를 구사하기도 했다.

올바른 행동 right act

스토아학파의 도덕관을 따르는 사람들이 사용했던 용어. 훌륭하고 적절하고 옳은 행동을 의미한다.

카르투슈 cartouche

타원형(또는 모서리가 둥근 직사각형) 테두리로 둘러싸인, 이집트 파라오들 각자에게 특유한 그림문자. 이 관행은 프톨레마이오스 왕조의 통치자들까지 쭉 이어졌다.

키니코스학파 Cynicism

시노페의 디오게네스가 창시한 철학 유파. 플라톤학파에서 말하는 식의 '학파'가 아니었으며, 생활 규칙이 그렇게 복잡하지도 않았다. 기본적으로 소유로 인한 속박으로부터의 자유와 단순함을 신봉했다. 모든 인간 활동과 세속적인 열망을 이기적인 것으로 보고 철저하게 불신했다.

페르소나 persona

사람이 자신을 보여주는 방식. 엄밀히는 '가면'을 뜻하므로, 다른 사람들에게 보이는 모습을 가리킨다.

헬레니즘 Hellenism

알렉산드로스 대왕이 지중해 및 아시아 지역에 진출하며 문화적 영향을 끼친 이후 그리스 외부에서 번성한 그리스 문화를 가리키는 용어.

회의학파 Skepticism

피론과 그의 제자 티몬이 창설한 철학 유파. 근거지가 트로아스의 도시 스켑시스인 데서 유래한 명칭이다. 정론의 존재를 인정하지 않았으며 지식에 통달할 수 있는 사람은 아무도 없다고 믿었고, 결과적으로 모든 것을 불신했다.

히브리스 hubris

오늘날에도 사용되는 그리스어 단어. 지나친 자만심을 의미한다.

마스터스 오브 로마 가이드북(증보판)

1판 1쇄 2015년 7월 27일
2판 3쇄 2019년 10월 11일

지은이 콜린 매컬로 | 옮긴이 강선재 신봉아 이은주 홍정인 | 펴낸이 신정민

편집 신정민 신소희 | 디자인 고은이 이주영
마케팅 정민호 정현민 김도윤 | 홍보 김희숙 김상만 오혜림 지문희 우상희
저작권 한문숙 김지영 | 모니터링 서승일 이희연 전혜진
제작 강신은 김동욱 임현식 | 제작처 한영문화사

펴낸곳 (주)교유당
출판등록 2019년 5월 24일 제406-2019-000052호

주소 10881 경기도 파주시 회동길 210
문의전화 031) 955-8891(마케팅), 031) 955-3583(편집)
팩스 031) 955-8855
전자우편 gyoyuseoga@naver.com

ISBN 978-89-546-5231-5 03900

* 이 도서의 국립중앙도서관 출판예정도서목록(CIP)은 서지정보유통지원시스템 홈페이지(http://seoji.nl.go.kr)와 국가자료공동목록시스템(http://www.nl.go.kr/kolisnet)에서 이용하실 수 있습니다. (CIP제어번호: CIP2018021635)